ちくま新書

世界経済史講義

水野和夫
Mizuno Kazuo
島田裕巳
Shimada Hiromi

1830

世界経済史講義【目次】

編集協力　斎藤哲也

はじめに

島田　裕巳

世界における経済の歴史について知りたい。

そのように考えている人は少なくないだろうし、私もその一人だった。

ところが、現実には『世界経済史』のような書物は、これまで刊行されてこなかった。私が考える『世界経済史』には、先進国だけではなく、中国やインド、あるいはイスラム圏や日本の経済も含まれる。

そうなると、扱うべき範囲があまりにも広く、それを単独で執筆できる著者を探すのは難しい。共著なら可能かもしれないが、そうなると、世界経済の歴史を一貫したものとしてはとらえられなくなってしまう。

私は、二〇年ほど前から水野和夫氏とお付き合いがあり、二〇〇八年のリーマン・ショックの直前には『資本主義2.0』(講談社)という対談本も刊行した。水野氏の著作は世界経済の歴史を俯瞰的に眺めているところに特徴があり、『世界経済史』を書けるとしたら、水野氏をおいて他にいないと考えてきた。

そこで、私の方から提案させていただき、朝日カルチャーセンターの新宿教室で、オンラインの形で「世界経済史講義」を一年間にわたって講義していただいた。それをまとめたのが本書である。

全体の構成や、各回においてどういった話をしていただくかは、私の方で簡単なレジュメを作り、そのなかで水野氏に対する質問を投げかけるという形で行った。質問のなかには、相当に難しいものもあったように思う。質問する方は簡単だが、答える側は相当に苦労したのではないだろうか。

私のような宗教学を学んできた人間が、聞き手になるのは意外なことと思われるかもしれないが、本文を読んでいただければ分かるように、経済と宗教という現象は密接に関係している。宗教に対する目配りをすることで、経済の歴史はよりダイナミックな形で理解されてくるはずである。

編集に携わっていただいた筑摩書房の羽田雅美さんとは三〇年を超えるお付き合いだが、唯一の教室の対面の受講者になっていただいた。

最終的な構成は、水野さんの名著『資本主義の終焉と歴史の危機』（集英社新書）の構成を担当された斎藤哲也氏にお願いした。カルチャーセンターの担当者である平田友美さんともども感謝したい。

第一章

経済の始まり

†一三世紀に「資本」が誕生した

島田　二〇二三年の初めに、朝日カルチャーセンターの新宿教室で、「資本主義の始まりと終わり」というタイトルで水野さんと話をしました。私と水野さんは、実は二〇〇八年に『資本主義2.0』（講談社）という対談本も出しています。リーマンショックが起こる直前のことです。当時は資本主義のあり方が大きく変わってきたということで、その状況を「資本主義2.0」と規定しました。

それから一六年が経ち、その間にいろいろなことが起こりました。情報環境も世界のあり方も大きく変わってきています。はたして現在の経済をどのように見ればいいのか。それを巨視的な視点から理解するために、現代に至るまでの世界経済の歴史が一体どうなってきたのかを考えようというのが、本書のテーマになります。

では、そもそも経済とは一体どういう現象なのでしょうか。そこから話をはじめたいと思います。

水野　人々が、投資という概念を意識した経済現象がいつから始まったかと言いますと、利子（利潤）のつくお金という概念が誕生した一三世紀だと思います。この時期から、「明日よりあさっては良くなる」という信念をもった冒険商人たちが経済活動に専念するようになりました。

経済活動をすることによって明日は今日より悪くなる、あさってはもっと悪くなるのであれば、経済活動をする人はいません。

人間はあらゆるものが足りないというところからスタートして、充実した生活を追求してきました。お米が足りないからもっと欲しい、家が小さいからもう少し広い家に住みたい、毎日同じ服を着て学校に行ったけど、たまには違った服を着ていきたい。モノの不足が人々の欲求を生み出してきました。

私は、一三世紀に「資本」という概念が誕生したと考えています。ここでいう資本の定義は「利息がつく」ということです。利息がつくとは、日々のくらしの営みに、「今日よりも明日は良くなる」という時間の概念が入ってくることにほかなりません。つまり資本が誕生したことで、今日より明日、明日よりあさってということになっていくわけです。

一三世紀に始まった経済活動は商人が担っていたのですが、彼らの地位はものすごく低くて、変わり者で抜け目のない人たちと見られ軽蔑の対象でした。でも商人の生活を見ていると、家がだんだん広くなっていくし、教会の司祭よりもきらびやかで高価な服を着ている。あるいは、家に招かれていったら、豪華で美味しい料理が食卓に並んでいる。

商人たちを見習えば、自分たちも豊かになれるのではないかと思い始めていく。経済活動が「いかがわしい」というところから、徐々に「みんなのためになる」のだとなっていく。信者が豊かになっていけば、結果として教会も寄付が多く集まっていくわけです。

島田 「資本主義2.0」の話をした時に印象的だったのは、日本の位置づけです。日本の社会は、戦後、急速に経済が拡大して、一時は「ジャパン・アズ・ナンバーワン」と呼ばれるぐらいに世界の中でも最先端に躍り出ました。しかも、バブルの崩壊を経験したのは日本が最初でした。

日本が他の先進国を追いこして、先頭に立ってしまった。二〇〇八年のリーマンショックが起こる前、日本はすでに金融危機を経験していました。それが、それからの世界で起こることの予兆になっていました。まさに『資本主義2.0』が刊行された後にリーマンショックが起こったわけですから。

今の日本が置かれている経済状況は、決して世界に遅れを取っているというわけではないかもしれません。他の国もだんだん日本のようになってくる。中国も一時、ものすごい勢いで経済が発展しましたが、今明らかに曲がり角で、不動産の分野ではバブルがはじけたとも言われ、いろいろな問題が起こっています。そのように考えていいということでしょうか。

水野 そうだと思います。明治維新からやってきた日本の資本主義は、日本独自の資本主義というわけではありません。日本はヨーロッパが発明した資本主義を取り入れたのであって、資本の自己増殖を目指すという基本的な点は欧米と変わりません。多少、終身雇用とか年功序列といった日本独自のことも取り入れたのですが、利潤追求という点では同じことをしてきた。

ヨーロッパの民法や商法を取り入れて株式会社制度も整えてきました。資本を投入して、毎年技術改良を進め、より安価で性能のいい家電製品や自動車を大量生産することに成功しました。

ウェストファリア条約、あるいはイギリスの名誉革命以降、欧米が三〜四世紀かけて近代化したプロセスを、日本は明治維新以来、わずか一〇〇年間でたどらなければなりませんでした。戦争で一旦御破算にして、戦後七〇年で急速に「追いつき追い越せ」と必死に働いて、ある意味では欧米を追い越した。でもフルスピードで走ると、資本主義のいろいろな問題が出てきます。長年かけてゆっくりと近代化したヨーロッパは、これらの問題点を覆い隠す余裕があった。

一人当たり国民総所得（GNI）で韓国が二〇二三年に日本を追い抜きました。韓国が民主化宣言したのがソウルオリンピック前年の一九八七年です。その前は軍事政権でした。四〇年弱で日本を追い越しました。中国が外国資本を積極的に受け入れ「世界の工場」になったのは、一九九七―九八年のアジア通貨危機以降のことです。

モダニゼーションの先鋭化した現象がジャパニゼーションという形で出ていると思います。たとえば、首都圏への人口集中はソウルと東京が世界で最も高くなっています。近代化は都市化を促しますから、後発国は首都への集中が極端に起きます。人口集中度合いをみると、ソウル（京畿道《キョンギド》、仁川《インチョン》広域市を含む）には四九・六％、東京圏（一都三県）に二八・八％となっています。一方、パリは一八・二％、ロンドンは一三・四％、ニューヨークは七・四％、ベルリンにいたってはわずか四・三％です（国交省、令和元年「各国の主要都市への集中の現状」）。首都圏への人口集中と地方の消滅はコインの表と裏の関係にあります。つまり日本や韓国の方が、地方消滅のスピードも非常に速いということです。出生率も同じです。韓国の出生率は、日本以上のスピードで低下の一途をたどってますからね。

†日本の大都市が直面する曲がり角

島田　二〇二五年には、大阪で万国博が開かれることになっていて、その後にはカジノを含んだＩＲが誕生するようですが、それに関して採算が合わないんじゃないかとか、いろいろ言われています。大阪は日本の経済史の中で言うと、一番先進的な地域でした。江戸時代に、金融が発達したことによって伸びていった。大阪で起こっていることは、他の国がこれから経験していくことなのでしょうか。

水野　大阪で起こっていることは、東京、名古屋でも共通性があると言えます。東京、名古屋、大阪はメトロポリスが集積したメガロポリスです。この三つの都市の首長は、政権与党の自民党でもないし野党第一党の立憲民主党でもないために国政と整合性がとれていません。そのいい例が東京の少子化対策です。東京は財政が豊かですから、子ども向けの手当は厚い。本来国がやるべきことを東京都でやっています。もちろん効果がでれば、国がそれを全国に広げればいいと思うのですが、うまくいっているとは言えません。二〇二三年の東京の出生率は〇・九九と全国で最も低いですからね。東京に隣接する神奈川は一・一三、千葉・埼玉は一・一四で、大阪一・一九、愛知一・二九です。全国平均一・二〇を上回っているのは愛知県だけです。

これからの経済を考えると、二〇二五年大阪万博は、周回遅れに見えます。今さら新たにパビリオンを作ったところで、これからのあるべき姿が見せられるはずはありません。地球の持続性を考えたら、既存の設備を使う工夫をすればいいと思います。成功例として挙げられる一八六七年の第二回パリ万博は、これから開花していく機械化文明がどう展開していくかを提示していましたが、それは当時、未来に関して一本のレールが敷かれているかのように、世の中の方向性がある程度見通せたから成功したと言えます。こういう路線でいけば、産業革命のイノベーションがどうやって世界中に普及していくか、ある程度見えていた時代だから未来像を提示できたのです。

もちろん今回の大阪万博でも、近代社会ではない未来図を提示するのでしょうが、未来のことは基本的にはわからない。わからないことをやるのも、もちろん意味があると思いますが、それが果たして今の状況に合っているのかは疑問です。

「二〇二五年日本国際博覧会協会」が大阪・関西万博で目指すものとして、次の二つを掲げています。一つは、持続可能な開発目標（ＳＤＧｓ）達成への貢献、もう一つは日本の国家戦略

Society5.0の実現です。

この二つは、すでに政府が何年も前から掲げている目標ですから、国と自治体、そして企業の三者合わせて二三五〇億円（当初一二五〇億円）もの予算をつぎ込んでするとなのかと思います。このほか、インフラ整備計画に関連する施策（会場周辺のインフラ整備や会場へのアクセス向上、安全性の向上など）に九・七兆円もかかるそうです。

一つの方向性を出すのは、今の社会では無理だと思います。せっかくやるのでしたら、「より速く、より遠く、より合理的な」近代社会のアンチテーゼとして「よりゆっくり、より近く、より寛容に」のコンセプトに基づいた社会の姿を、見せてほしいと思います。SDGsを掲げなければならないのは、近代社会が限界にきていることの表れですから。

メガロポリス（大都市圏集積帯）を構成している東京、大阪、名古屋に共通しているのは、民主主義の根幹を揺るがしかねない選挙のあり方が問われているということです。これらの首長は、選挙において数百万票も取らないと当選できません（名古屋市長は四〇万票ほど）。選挙運動期間が二〜三週間ほどしかなく、候補者がどういう主張をしているのか見極める時間が少なく、事前の知名度が決めてとなってしまう傾向が強いのです。理想が高くても、無名の人にはほとんど当選のチャンスがないのが現状です。

メガロポリスと民主主義は相性が悪いと言えます。極端な意見が支持を得て、民主主義に欠かせない熟議が疎かになりかねないからです。このように急速な近代化（都市化）が生み出すメガロポリス化は、ポピュリズムにつながりやすいのです。近代化の成功の象徴である大都市のあり方そのものが、曲がり角に差しかかっているのです。

†経済史の難しさ

水野　経済史を見ていくのはなかなか難しい。というのは、経済はつかみどころがない。たとえば、政治だったら政治家という存在がいて、一応選挙で洗礼をうけます。確かに経済人はいますけど、その経済人は経済学では「合理的経済人」と仮定されて、「見えざる手」が機能する市場で利潤追求をすることが社会全体の利益にもつながるという前提になっています。

しかし、ビリオネア（純資産が一〇億ドル以上の長者）に代表される経済人の活動が経済に大きな影響を与える場合、社会全体の利益の増加につながっているどころか、多くの人を不幸に陥れているのが現実です。だとすると経済学が想定する経済人は建前にすぎないことになりますから、経済人が営む経済という現象自体もどのように捉えていいか、明らかではありません。ましてや経済の歴史になると、物々交換の時代から貨幣が生まれて金融が盛んになっていくプロセスを通時的に理解するのは非常に困難です。実際、貨幣や資本が豊かさの実現にどのように貢献したかという観点で、古代・中世・近代を統一的に把握するような本はないと思います。

私は一九七三年に大学に入学しましたが、何も知らない学生でも、経済学部では経済史の序列が低いことは明らかでした。学生に一番人気のある科目は、理論経済学です。歴史を捨象して普遍化していき、今の経済現象とか経済政策に直接結びつくからです。序列としては、理論経済学、二番目に経済政策、三番目に経済学史となって、経済史はさらにその下です（笑）。

島田　水野さんが研究されているのは、世界経済史ですよね。

水野　はい、そうです。経済学のなかで一番下です。九〇年代ぐらいから理論経済だけではダメだなと感じるようになりました。証券会社に勤めていて、経済史が大事だということが、九〇年代の後半にようやくわかってきました。

島田　具体的なきっかけは何だったんですか。ちょうど金融危機の頃ですよね。

水野　そうです。九七、八年の金融危機の頃、日本の証券会社の経済調査部は、債券投資環境を中心に調査していた。お客さんが機関投資家ですから、国債を買うか売るかの判断材料を提供するために金利見通しをするのですが、金融危機の影響で、一〇年国債で金利が一％を割りこむ事態になりました。これは明治維新以降、日本で一度も起きたことがない超低金利です。外国に目を転じると、二〇世紀以降、米国債利回りが最も低かったのは、第二次世界大戦に参戦した一九四一年に記録した、一・八五％です。

島田　経済が今後発展する見込みがあまりないと見られていた、ということですか。

水野　そう、金利が低いということは成長率が低いということを意味します。大恐慌の時は、デフレで失業率は三割近く、物価は年一〇%ほど下落しました。日本の九七、八年の金融恐慌の時の失業率は五%ぐらい、物価はマイナスせいぜい一%弱です。

世界大恐慌時は新古典派経済学が主流で、市場に任せれば万事うまくいくと考えられていたので、経済政策なんてない時代でした。実際、当時の主流派経済学者たちは「労働者が賃下げを飲まないから失業率が高くなる」と言っていました。ちなみに、そうではないと主張したのがケインズです。

私は、九〇年代後半に日本の国債利回りが一%を割りこんだことは、一九三〇年代の世界大恐慌とは比較できないようなもっと大きな背景があると思ったのです。そして経済史をずっと遡ると、一六一九年のイタリア・ジェノバで記録した一・一二五%が人類史上最も低い金利であり、しかも一六一三年から二一年まで一〇年以上にわたって一%台前半という超低金利が続いていました。でも、その時代には経済史が存在しておらず、歴史学の一部として扱われている程度です。経済学者が登場するのは、アダム・スミス以降のことです。

†経済史に革命をもたらすブローデルとの出会い

島田　アダム・スミスは経済学の父と呼ばれていますね。父より前に経済の歴史はなかったわけですね。

水野　経済だけを扱った経済史が、当時はなかった。今でもほとんどないと思います。それで当時『岩波講座 世界歴史』を買って読みました。政治や経済のことが少しですが書いてあるからです。そこで初めて、ブローデルが『地中海』で文化も政治も経済も一体化してとらえていると知りました。ちょうどイタリアのジェノバで金利が急低下していくあたりの状況が書いてあった。歴史学者から見た経済史です。現在の超低金利を理解するのに、「長い一六世紀」のイタリア・ジェノバで生じた超低金利の背景がとても参考になりました。

島田　歴史の世界でも、経済に関してはあまり扱われてこなかった。むしろ、政治権力の推移を追うことの方が重要ではないかという認識が強かったのでしょうか。

水野　要するに歴史の焦点は、カール五世がこうやったとか、ルイ一六世の重商主義だとか、トップの人物やその政策にありました。ブローデルは、当時の庶民が残した日記を丹念に調べて、「ああ、こういう生活をしていたんだ」という方法をとった。

島田　いわゆる社会史という方法論ですね。

水野　そうです。たとえば、金利が低くなっていく時には都市国家の中で権力争いが起きたんだとか、右派と左派が争っているように見えるけど、実は裏で手を握っていたんだ、ということがわかってきた。今でも同じことをやっていますね。ネオコンとネオリベが思想的に近くなっているのもその一例です。金利が下がっていくと金持ちの柄《がら》がますます悪くなっていくという点も、今のビリオネアと同じですよね。

島田　ブローデルの本に出会った時、どういった感想を抱いたのでしょうか？

水野　圧倒されました。『地中海』（普及版、邦訳）は五分冊に分かれて、一冊が五〇〇ページ前後はあったから全体で三〇〇〇ページにもなります。最後には、一〇〇〇ページを超える博士論文をベースにして書いたとある。そんな長い博士論文があるのかと驚きました。『地中海』を訳された浜名優美《はまなまさみ》さんは、ブローデルの研究姿勢について「『人間の科学』であり、人間の諸科学の総動員、総合ということになる」（第一巻、五九九頁）と述べています。まさに現在の資本主義の本質を研究するのに、このスタンスが必要だと思いました。

『地中海』のほかに、ブローデルのもう一つの大著『物質文明・経済・資本主義 15－18世紀』（三巻、邦訳）も、資本主義とはどういうものかを知る上ですごく参考になりました。そして、島田先生ともよく議論になる、ル・ゴフの『中世の高利貸』につながります。ブローデルにはル・ゴフの原型があります。それらに比べて、私が大学で七〇年以降学んできた理論経済学は全然役に立たない。今の（金利）一％以下の状況が、なぜ起きているかが解明できないのです。

黒田さん（前日銀総裁）は私よりちょっと上の年代ですから、学生の時は理論経済学がもっとも重視されていた時代に勉強していると思います。黒田さんは法学部だから、大蔵省に入ってから経済学を研究されたのだと思いますが、その時も新古典派の理論経済学全盛の時代でした。クロダノミクス、異次元金融緩和は、新古典派経済学理論をもとに組み立てられていますが、一向にデフレ解消、二%成長は実現できなかった（笑）。

島田　黒田さんもブローデルを読むべきですね。

水野　読んでおられるとは思いますが、それを現在の政策にどう当てはめるかを考える必要があります。ブローデルの中にヒントは、いっぱいあります。

†経済史と社会史の交差点

島田　そこがスリリングですね。経済学と経済史の関係をどうとらえるか。宗教学とともに、宗教史という学問のジャンルはあります。実は、宗教学という言葉は日本ではよく使われるのですが、世界的には宗教史と言われることが多いです。

水野　正常じゃないですか。

島田　今のお話からすると、そうかもしれないですね。宗教学の国際的な学術大会があって、日本でも戦後二回開かれています。ところが、英語で言うと国際宗教史学会なんです。宗教学という言葉は、そこに入っていない。だけども、日本では宗教学・宗教史という形をとっていて、東大でも、私が出たのは宗教学・宗教史専修課程と両方が入っています。そういう意味では、宗教史が宗教を捉える時の基本であるという考え方が世界的には強いのかもしれません。

水野　日本では、「学」と入れた方が上だという意識がありますね。

島田　逆に言うと、経済史がいかに難しいかということではないですか。

水野　多分そうだと思います。日本ではほとんど残っていないでしょうが、ヨーロッパがすごいのは、教会に全部史料があります。

島田　いや、日本もお寺にあります。日本の史料も相当すごいですよ。貴族の日記などもありますし、荘園の記録もかなり残されています。

水野　経済学者が調べきれていないということですか？

島田　日本史の学者は、そういう史料を相当活用しています。

水野　ヨーロッパの教会には、たとえば一三世紀からのイギリスの賃金統計が残っています。当時、統計庁はないので、後から統計を作り出すんです。教会を建てた時、この大工さんはこれだけの賃金を得て、小麦をいくらで買ったとかという記録が残っている。それを貨幣換算して、現在に至るまでつなげるわけです。賃金の記録があるし、物価水準も計算できるし、もちろん貸し借りの記録が残っているので金利もわかります。

ヨーロッパの研究者たちは、二〇世紀になってからどんどん昔に遡ってデータをよみがえらせている。一三世紀からこういうことが起きている、生活水準も、金利も、賃金も、物価もわかる。それで「長い一六世紀」になって、一三世紀に産声をあげた資本主義が危機的な状況になります。利子率（利潤率）が趨勢的に低下していって、当時世界で最も豊かな国イタリアの国内ではもはや優良な投資先はなくなってしまいました。オスマン帝国の台頭で中世ヨーロッパが閉じた空間となったからです。それでやむなく大西洋に出て「大航海時代」を開いたのでした。「長い一六世紀」のヨーロッパでは、労働分配率をうんと下げて実質賃金が五割も減少したのです。今も「長い一六世紀」と同じことをやってますね。

島田　ヨーロッパだったら教会、日本だったらお寺が経済活動の主体として大きな意味を持っていたことが、そういう史料が残っていることに結びついている。その上で、理論的に全体を俯瞰して見ていくのではなく、社会史の方法論に従って細かく実態を見ていくことによって、経済がどういう風に変化していったのかを考えていこうという流れができている。だけど、まだ始まったばかりで、全体を見通して世界経済史、あるいは日本経済史にまで仕立て上げるだけの人が現れていないということですよね。

水野　歴史学者の人を中心に経済史を掘り起こす作業は進んでいますが、経済学の人はそこまで踏み込んでいないような気がします。

†浮世離れした理論経済学の現実

島田　この本がきっかけになって、そういう人がこれから出てくるんではないでしょうか。そうなってきた時の経済史の意味を、どのようにお考えですか。

水野　経済現象は、リアルタイムで実験できません。たとえば、日本を地理的に分割して、Aグループは市場原理主義中心で自助努力の社会にして、Bグループは大きな政府で福祉を充実させるといった実験はできません。

あるいは資本主義経済だと、市場を通しての経済活動ですから、西日本と東日本に分けて経済活動をやるのもなかなか難しい。西の市場の方が野菜の値段が高かったら、東の農家がみんな西に持っていって、平準化されてしまいます。あるいは、西日本の銀行は貸し出し金利二％にして、東日本の方が金利ゼロでやりましょうというのは、実際はなかなか難しい。

島田　社会主義では、そういうことは可能なんでしょうか？

水野　社会主義の場合、中央共産党が一党独裁ですので、違った命令を出すこと自体、党が絶対的に正しいという前提に反してしまいます。実験は多分できないです。実験したとしても、失敗した方はみんな怒りますよね。「どうしてくれるんだ！　失業しちゃったじゃないか」と。

とはいえ、人類の歴史は実験の繰り返しだと思います。大多数の人にとって理想的な社会はいまだに実現していません。過去人間がやってきた経済活動は実験データの宝庫と言えます。歴史学と経済学を、まずは統合する必要があります。それは経済学の中の序列をひっくり返すことです。

島田　経済がこれだけ重要になってくると、何らかの形でシミュレーションする必要はありますよね。

水野　シミュレーションは、コンピューターの中でやっています。笑い話があるのですが、異次元金融緩和をやって何年か経った後に、理論経済学のトップの教授に「新古典派の言う通りに、消費者物価二％にちっともならない。どうしたらいいんですか」と聞いたら、返ってきた答えが「それはコンピューターの中では、すでに解決している」（笑）。それを聞いて、理論経済学は浮世離れしているなと感じました。現実に生きている人がやっていることは間違っていて、自分たちの理論経済学の体系の中では、とっくにデフレは脱却しているということです。これはダメだなと。

島田　そういう意識が、理論経済学を研究している人の中にはあるんですね。

水野　黒田さんの時代に、日銀がなぜ異次元金融緩和をやっても二％にならないのかという総括レポートを出しています。反省はしていないんですが、理由が「欧米の人々は、中央銀行のトップの人が言うことをみんな信用している。だけど日本の人は信用していない。黒田さんがいくら二％になると言っても、信用していない」――何を言っているのだろうと（笑）。

島田　「予言の自己実現」みたいなことを期待しているんですね。

水野　「予言の自己実現」を求めている黒田さんは、自分が神様になったつもりなのでしょう。黒田さんの言うことを、なぜみんなが信じなきゃいけないの？　と思いますよね。でも、日銀としてみればそれを信じないのは国民が悪いのだ、と。きっと国民をバカにしているのでしょう。

島田　江戸時代の殿様の話みたいな感じがします。殿様の言うことは、いくら理不尽に思えても、それに従うしかない。

水野　ほんとですね、日本の経済学者だけではなくて日銀のスタッフも、これだけ優秀な自分たちが、二％になる政策をやっているのにならないのは、国民が日銀を信じていないからだ、と思っていた。

†大恐慌とケインズ政策の教訓

島田　なぜ信じられないのかを考えてほしいですね。ただ、経済学では歴史が実験になるというところが重要ですね。

水野　そうです。大恐慌や先ほど話したイタリアの都市国家の時代などです。経済史で大事なのは、今と比較すべき実験場所はいつだったのかを見極めることです。そこを間違えると大変なことになります。

島田　間違えた事例はありますか？

水野　九〇年代に「大恐慌以来だ」と言って、もっと積極財政を行うべきだと主張する人がいました。これはケインズ政策に基づくものです。でも当時の、財政が均衡している状況の時の積極財政と、今のように一〇〇〇兆円を超える借金がある時の積極財政では状況が異なります。また国債を出して大丈夫かと、みんな心配になってますますお金を使わなくなります。

島田　ニューディール政策は、成功したんでしょうか。成功したがゆえに、後世に悪影響を与えているということでしょうか。

水野　当時は失業率が三〇％近く、社会保障も失業保険もなく、賃下げすれば職に就けると、当時の主流派経済学者は考えていました。ケインズは、賃金が下方硬直的であることを前提に、新しい職を公共投資で作り出しました。明日生きるのも厳しい人々を救ったという点で、ケインズの政策は緊急避難的には効果的でした。

島田　そういう政策は、それまでになかったんですね。

水野　なかったですね。それまでは市場メカニズムが問題を解決すると信じられていました。価格が上下に動いて需要と供給が調整されるという考え方です。しかしケインズは、賃金が価格であり、下方硬直性があるため、数量を動かさなければならないと主張しました。経済学者の中で「革命」と名がつくのはケインズ革命だけです。マルクスでさえ「マルクス革命」とは言いません。

島田　マルクスは、資本主義の分析ですね。資本主義に代わるものとして社会主義を想定していますが、そうした社会主義が経済的にどういうメカニズムによって動くものなのかという具体的な議論にまではいっていない。資本主義が崩壊すると、権力の移行が起こって自然に社会主義に移行すると。私から見ると、マルクス主義というのはキリスト教の終末論の焼き直しのような部分があります。そういう意味で、マルクス革命という言い方が成立しないのかもしれない。

しかも、社会主義のソ連や中国は、その後、めちゃくちゃなことをやりますよね。スターリンが大粛清をするとか、中国も大躍進の運動が提唱されましたが、それに失敗して、どれだけの人が死んだかわからない。北京では犬がいなくなった、食糧が不足して食べちゃったからですね。そういう悲惨な状況を生んでいます。だから、マルクスは社会主義をどういう風に作り上げるかに関して、十分な考えを示していなかったということですよね。

水野　島田先生の、マルクス主義はキリスト教の終末論の焼き直しというのは、なるほどと思いました。その通りですね。マルクスの資本主義批判は確かに鋭いものでした。『資本論』の副題は「経済学批判」であり、当時の古典派経済学に対する批判は的を射ていました。『資本論』をマルクスが書いたことを伏せて読めば、「これは現代のことを言っているのでは？」と思うほどです。例えば、「血の立法」という法律。三回浮浪者として捕まると死刑になるという極端な法律です。当時、あまりにも仕事が過酷で、浮浪者になる方が楽だったため、多くの人が逃げました。

島田　今で言う派遣切りですか。

水野　はい、まったくその通りです。もちろん死刑にはならないですけど。政府は労働の規制緩和は働き方の多様化のためだと言っていますが、実際にはリストラに使われていて、これは一六―一七世紀の浮浪者取締法と同じです。似たようなことをやっているなと思います。

島田　公共事業を拡大することによって不況を脱することができるという考え方は、本当にケインズが考えたことなんですか。

水野　そうだと思います。彼は『雇用・利子および貨幣の一般理論』を出版する一年前、一九三五年の段階で、同じ経済学者の友達にあてた手紙に、「今、私は世の中を一変させる経済理論を書いている」と書いている。当時主流派だった新古典派を葬り去るような経済理論を書いていると。他に誰かが言ったかもしれないですが、あれほど体系化し、理論的な革命を起こしたのはケインズだけでしょう。

島田　そのやり方は、それ以降も有効だったんでしょうか。

水野　ジョンソン大統領が「偉大な社会」の実現を掲げ、「大砲とバター」の両方を追求しました。バターは福祉の充実を意味し、もう一方は「大砲」ということでベトナム戦争をやった。それで、財政基盤が脆弱になりました。ケインズ政策では、高い失業率と高い物価とは、本来トレードオフにある関係で、どっちかは受け入れなければいけない。だけど、ベトナム戦争にのめり込み、石油危機に見舞われスタグフレーションが起きました。高インフレと高失業の両方を受け入れなければいけないことになって、それでケインズ主義に基づいた福祉社会、大きな政府がダメだということになりました。断定はできませんが、ベトナム戦争の泥沼にはまり込んでいなければ、二度のオイルショックにもう少しましな政策を打ち出せたかもしれません。

†肥大化するシンボル・エコノミー

島田　ジョンソン大統領の時にケインズ政策が効かなかったことの理由として、一国の経済と世界経済の違いがあるんじゃないでしょうか。アメリカだけで経済を回していくのと、グローバル化が進んでいく中で経済を動かしていくのは、根本的に違いますよね。そこが一番問題だと思うんですが。

水野　その通りだと思います。経済学では、最初に国内経済ありきです。国内で貯蓄超過になれば経常収支黒字となり、貯蓄不足になれば経常収支赤字となります。経常収支は残余の概念です。日本は経常収支で黒字を稼いで、それを海外投資するというお金の流れがあると経済学は教えていますけど、現状は、どう考えても先に資本の流れがあって、それに見合うだけの経常収支が生まれます。グローバリゼーションの世界では内需が残余となります。

このことはすでにドラッカーが八六年に『マネジメント・フロンティア』で指摘しています。彼は「世界経済はその基盤において、その構造において、おそらくもはや後戻りできないほどに、すでに変わってしまったのである」(二七頁)と主張し、三つ目の構造変化として「財・サービスの貿易よりも、資本移動が世界経済を動かす原動力となった。(中略)しかし両者の関係は、著しく弱まり、さらに悪いことには予測不能となった」と指摘しています。

ドラッカーは主流派経済学者ではなく、当時のサミュエルソンなどの主流派からは「変わったことを言っているな」という位置づけでした。しかし、ドラッカーの著作は今でも新鮮で、サミュエルソンの本はほとんど読まれていないと思います。後の展開を見ても、ドラッカーの指摘通りに進んでいます。世界を動かす原動力は資本の流れであり、シンボル・エコノミーが世界を動かし、リアル・エコノミーは従属変数となっています。

それまでの経済学では、リアル・エコノミーが主役で、国内で貯蓄が過剰になれば輸出が増え、ドルが入超し、円高になるという考え方が主流でした。しかし、ドラッカーは「もうそういう時代ではない」と指摘しました。私も九〇年代半ばに彼の著作を読んで、ドラッカーが言っていることは主流派と全然違うと感じました。

リアルの世界では、労働力と資本を使って実質GDP五五八兆円（二〇二三年度）の財・サービスを生産する活動が行われ、労働力は不可欠です。企業の損益計算書では、まず固定費として賃金が売上から控除され、残余として企業利益が算出されます。労働者が重視されるため、国内需要が優先され、輸出が残余の概念となっていました。つまり一国経済は労働力重視のリアル経済ですが、グローバリゼーションは資本が国境を自由に越えるシンボル・エコノミーが主役となります。

島田　その場合のシンボル・エコノミーとは、具体的には？

水野　日本語では象徴経済、あるいは記号経済と言ってもいいでしょう。株価という記号や為替変動、国境を越える資本の動きがシンボル的なものです。ボタン一つで帳簿上だけで資本が国境を自由に行き来し、モノ自体は何も動かない。シンボルの世界では、資産と資産の交換によって思惑（人間の欲望）が株価や地価を決めています。損益計算書上では、非正規労働者の人件費が変動費扱いされ、利潤が優先されて賃金が残余となります。

シンボル・エコノミーが世界を動かしており、ドラッカーはシンボル・エコノミーが肥大化してリアル・エコノミーを圧倒するようになったのは、「不愉快な問題」から目をそらすためだと言っています。

当時の八〇年代の問題は、アメリカの双子の赤字、つまり貿易赤字と財政赤字です。これを放置しておけばドル急落の懸念がありましたが、レーガン政権は減税して国民の支持を得つつ、スターウォーズ計画でソ連と対決しました。一九八五年のプラザ合意で為替レートを二四〇円から一二〇円に調整し、為替というシンボルを動かしたのです。

島田　そういう転換が八〇年代に起こっている。そうした経済のダイナミックな動きが経済史になるわけですが、それを捉えることはなかなか難しいし、まして経済は西欧中心で来ています。資本主義を生み出したのはヨーロッパの社会かもしれないけれど、経済活動は世界全体で行われているわけですね。中国も、近代になる時点ではGDPが一番多かった。人口が多いから、中国は圧倒的な経済力を持っていた。

それに目をつけた西欧が中国に進出していくわけで、そうしたことも経済史では視野に入れておかなければならない。最近では、オイルマネーということで、イスラム圏の経済が注目されています。世界の経済全体を、今までの尺度とは違うものとして見ていかなければならない、そういう時代に来ていると思うんです。

水野　これまではドル基軸通貨制で、世界経済はすべてドル圏に依存していました。ベルリンの壁が崩壊して九〇年代には東側もドル圏に入り、世界経済は拡大しました。しかし、最近ではロシアがルーブル決済、中国が人民元決済を進めており、ドル圏がどんどん狭くなってきています。二〇〇一年の九・一一でビン・ラディンがアメリカを攻撃し、「テロとの戦い」が始まりましたが、二〇一三年九月、オバマ大統領（当時）はシリア内戦に対する軍事介入を拒否しました。二〇一四年にはロシアがクリミア半島を占領し、「アメリカは世界の警察官はやらない」と宣言し、ドル圏の縮小が進みました。

九〇年代に世界が一つになったかと思われた瞬間がありましたが、中東で紛争が起きるようになってロシアが介入して、再び分裂し始めている。西洋史があり、ロシア史があり、中国史があるという状況です。その意味では、グローバリゼーションを錦の御旗に掲げて資本が神となって、「ニューワールドオーダー」に基づく「資本の世界帝国」を構築しようとする目論見は頓挫しつつあります。

島田 中央アジア史も、重要ですよね。最近、中央アジアで国際会議がよく開かれるようになっています。そちらの方の経済が注目すべきものになっています。昔だったらロシアがウクライナに侵攻したら、アメリカの軍事的介入がありえました。今は、ウクライナを支援はしていますが、直接的な軍事介入はできない、そういう時代になっている。

アメリカの覇権国家としての地位が衰えたことによって、他の国が経済で強くなっています。そうなってくると、それぞれの地域の経済を視野に入れたトータルな形での経済史を考えないと、先行きも見通せないんじゃないですか。

†世界帝国から地域帝国へ

水野　これから世界は、ドル圏とユーロ圏、そしてルーブル圏と人民元圏が一体化して、中露圏や中東のイスラム圏に分かれていくと思います。おそらく、この四つのブロックに分かれていくでしょう。ドル圏・ユーロ圏と中露圏は、もうお互いに取引をやめようという方向に進むのではないかと考えています。一九九〇年九月一一日の米ブッシュ大統領の「ニュー・ワールド・オーダー」があっけなく潰《つい》えたように、結局古代ローマ以来の「世界帝国」は見果てぬ夢なのです。

島田　大胆な仮説ですね。

水野　帝国はその定義の中に「世界帝国」であることを内包しているのですが、今後は「地域帝国」という意味に変わっていくと思います。EUがその象徴的な例だと言えます。国民国家の正当性とは「闘争状態」をなくすことにあると思いますが、国民国家システムでは戦争をなくすことは無理だというのが二一世紀の現実です。

現時点のところ米中新冷戦は貿易摩擦段階ですけど、徐々に米系の企業が撤退するのだろうと思います。なぜかというと、中国が「アメリカがいろいろ決めているけど、アメリカの言っていることが普遍的な価値じゃない」と言っている。「アメリカやヨーロッパが作った近代社会の価値観には、自分たちは縛られない」と宣言したも同然です。

「人権と自由と平等」、これは守らなければならない価値観です。自由を経済的に保障するのが所有権ですが、中国は所有権は絶対的なものではないと言っている。所有じゃなくて使用権、利用権です。中国の資本主義は近代社会とは相いれないのです。米中新冷戦の前に、アメリカが中国に知的所有権をなんとかしろと言って、中国は「はい、わかりました」と法律を作りましたが、アメリカが「そんなんじゃダメだ」と言って、その辺から揉めています。

世界経済がグローバル化していくと、知的所有権、外国にある所有権の保護が一番大事になってきます。だけど、中国はそれを飲めないと言っている。そうすると、取引しても、突然ここは接収されますといったことが起きるかもしれない。ロシアの「サハリン2」でも英国BPやシェルが撤退を決めています。

九〇年代に世界が一つになるチャンスがありましたが、ビン・ラディンが出現し、アメリカの絶頂期に秩序が崩壊しました。頂点に立つ人のところに富が全部集まってくる仕組みが見えてしまった。世界の富をウォール街に「蒐《あつ》める」（コレクト）ことが白日のもとに曝し出されたのです。

ワールドトレードセンターへの攻撃には、そのメッセージが込められていると思います。ワールドトレードセンタービルは、合理性を追求した近代の象徴であり、富の集まる場所を攻撃したのです。九・一一は一五二七年の「ローマ劫掠《ごうりゃく》」に匹敵すると言われています。ローマ劫掠は中世が崩壊し、近代がまだ出現していない「歴史の危機」の真っただ中で起きた事件です。

島田　九・一一の事件に関しては、アメリカの国務省が報告書を作成して、刊行はしているんですが、なにしろ犯人グループはみんな自爆して死んでしまったので、グループに属していて、その報告書で証言している人物は一人しかいないんです。その人物はテロを実行する前に、違う場所で捕まっていた。その人物の証言を元にする以外に証人がいない。だから、真相は意外とわからないし、実際にワールドトレードセンターを襲ったグループと、それを指示したとされるビン・ラディンが、本当はどう関係しているか、憶測でしか語られていないんですね。

水野　ワールドトレードセンター（WTC）ビルを爆破した犯人とビン・ラディンがつながっているという物的な具体的な証拠はないのですか。

島田　私は、ビン・ラディンの指示によって彼らが動いたのではないと思っています。実行犯となったハンブルクのグループが自発的に行動を起こし、華々しい成果を上げた。そのために、ビン・ラディンは自分の仲間がやったと言い出したんではないでしょうか。彼の構想ではなかったと思うんですね。そうしたところでも、真相がよくわからない。

ただ、水野さんがおっしゃったように、世界経済の中心になる最先端の象徴的なものを破壊する方向に行ったということが、歴史的な意味を持ったのかもしれないですね。あれだけの人数の人たちが、攻撃に加わって自爆したわけですから、そういう流れを象徴している。

水野　本当の意図はわからないままなのですね。

島田　報告書を読みましたけど、その点はすごく曖昧です。攻撃に加わらなかった他の人たちにも取材はしているのですが、はっきりしたことはわからない。かかった費用の計算までなされてはいるんですが、動機の部分の解明が意外と十分にはなされていない。

同じ時期には、いろいろな国でテロ事件が起こりましたけれど、それぞれ事件の犯人が全部捕まったかというとそうでもなかったり、動機がよくわからなかったり、そういう部分は結構あります。

だけれども、あの時期に集中的に、オウムの事件もそこに含まれるかもしれないんですが、起こったことは、長い目で見るとすごく大きな意味があります。それ以降、アメリカを中心にものを考えていくのではない方向にどんどんと傾いてきている。今では、中国とかインド、ロシア、トルコ、イランといった、そういう国の影響力が相当に増していることは事実で、そうなってくると、それぞれの地域で経済がどう発展してきたのか、あるいは、そこで人々がどう経済を見てきたのかを考えないと、今後はよくわからないんじゃないですか。

水野　リアルの世界は四つくらいの「地域帝国」に地球が分割され、それぞれが没交渉の方向になっていくと思います。四つとは南北アメリカ帝国、EU帝国、中露帝国、そしてイスラム帝国です。せいぜい最初の二つは交流が続くでしょうが、後ろ二つの帝国の価値観があまりにも違いすぎるので、なるべく関わりあいをもたない方がいいのではと思います。シンボルの世界では資本の世界帝国一つですが、これが永続するとリアルの世界は殺されてしまいます。

「大航海時代」以降、ヨーロッパは海を支配して世界を一つにする方向に進みました。海の支配により、離れた大陸の市場が結びつき、資本主義が最大の力を発揮しました。ヨーロッパには資源が乏しかったため、金をカリフォルニアに、トウモロコシを南米に求め、世界中で取引を行う必要がありました。しかし一九九〇年代のグローバル化では、地球の裏側にまで取引に行く必要はなかったのではないでしょうか。日本も、ブラジルから農産物を輸入していますが、本来は国内で作るべきです。

島田　鶏肉などブラジルから結構きていますね。

水野　日本で作ればいいじゃないですか。

島田　そうなんですが、そこにはコストの問題がある。

水野　化石燃料、気候変動の問題もあります。南米から大型船で一番広い太平洋を日本まで運搬するエネルギーコスト、輸送費を含めても南米の方が安いのは、これまた大問題です。グローバル化で価格が収斂、あるいはフラット化するというのは幻想だったことになります。先進国と言われている日本は人件費が高い。ＢＲＩＣＳは成長率が高いのでしょうけど、先進国よりは豊かな生活をしてないブラジルの人に鶏肉を作ってもらって、一番広い太平洋を横断してたくさん重油を使って、CO_2も出して、そういうことをいつまでも続けていていいものかということです。

グローバリゼーションと宗教の結びつき

島田　安全性もありますが、食料の確保ということでは自国で生産した方が好ましいわけですよね。問題はグローバリゼーションというところにあると思うのですが、その定義自体がかなり難しいですよね。ただの国際化ではない。では、一体なんなのかと言うと、意外とよくわからない。

水野　グローバリゼーションとインターナショナリゼーションを八〇年代に区別した、経営学の先生がいました。インターナショナリゼーションは、企業が貿易をする時にその国の人の事情に合わせた製品をわざわざ作る。グローバリゼーションは、その国の人の嗜好《しこう》に全く合わせないで、「我が社の製品を共通で使ってください」ということです。グローバリゼーションの経営者の頭の中には、国境という概念がない。

Appleは、そういう感じですよね。多少日本のアプリは入っているんでしょうけど、日本人の手が小さいのにこんな大きいのを作ってどうするのだろうと思います。だんだん大型化してきますね。

自動車も、もちろん右ハンドル、左ハンドルはあるんですけど、日本の会社が作る自動車もどんどん大型化して、車庫に入らないような車をたくさん作っている。日本で軽自動車が売れるのはよくわかります。ダウンサイジングしたい人は軽でどうぞとなって、欧米の顧客に合わせて自動車をつくっている日本メーカーのグローバルサイズに合わせろと言わんばかりです。

農産物もそうですよね。狂牛病の時に日本は全数検査しないと牛肉は受け入れられない。向こうは抽出検査で大丈夫だと言う。食品の安全もだんだん骨抜きになりますし、車検制度もそのうちどうなるか。ビッグモーター事件で車検制度が崩壊するとか、別のところで崩壊してますが（笑）。

島田　矛盾がそういう形で出てくることで、意外に変わっていくってことはありますね。

グローバリゼーションの背景として気になってくるのは、世界宗教の存在ですね。一神教であるキリスト教とイスラム教、それに仏教が、世界宗教として国境を越えて広がり世界を席巻してきました。中でも、キリスト教とイスラム教が非常に大きな勢力になっていて、信者数では世界第一位と第二位ということで拮抗《きっこう》している。今のところはキリスト教が第一位ですが、イスラム教の広がった地域の方が人口が増えているので、かなり近づいている。今世紀中には逆転するのではないかとも言われています。

一神教がこの二〇〇〇年間に世界宗教として広がったことで、考え方とか思想とかあるいは制度とかいろいろなものがその下に統合されるようになってきた。一神教の仕組みが、もしかしてこのグローバリゼーションの背景にあるんじゃないかと思います。

水野　それは大いにあると思います。近代人は、宗教を追放して全員資本教に入信しました。貨幣（ドル）教でもいいですけど、貨幣を回転させて資本を増やすという仕組みはとてもわかりやすい。貨幣は比較可能だし、計量可能だし、無限性がある。蓄積しても上限がない。たくさん増やした方がありがたみがある。一神教の神様は、今や資本となって唯一頼れる存在となったのです。

多神教の信者になると、こっちの神様とあっちの神様とどっちがいいか比較しなきゃいけない。こっちの貨幣、資本よりも別のものがあるということになると、一つの統一的な世界ができるのに邪魔になる。中心になるべきものが一つの方が、強い秩序ができる。

島田　そのために、宗教を通して人類全体が歴史を共有するようになったんじゃないかと思うんですね。旧約聖書の最初の五つの文章が「モーセ五書」ですが、それがユダヤ教ではトーラーという聖典になっていて一番重要なんです。その中には、「創世記」とか「出《しゅつ》エジプト記」があって、天地創造からはじまってアダムとイブの話とか、アブラハムやノアの物語とかが語られています。

それは、あくまでユダヤ民族の歴史だったんですね。ところが、キリスト教がそれを旧約聖書として取り入れて、あたかもキリスト教の歴史であるかのようになった。それを今度はイスラム教が、自分たちの原点は「創世記」に登場するアブラハムにあると言い出したことによって、ユダヤ人の歴史をキリスト教の歴史でもあり、イスラム教の歴史でもあるという、そういう流れが作られるわけです。

しかも、ギリシャの思想もそこに組み込まれていく。ギリシャは一神教の世界ではなく、多神教の世界なのに、一神教はギリシャ哲学を取り込んでいきました。最初は、イスラム教神学がアリストテレスなどを取り入れ、その影響で、キリスト教神学が作り上げられていきます。キリスト教世界における中世哲学の確立は、そうした形で起こるわけですね。ギリシャからの流れは「ヘレニズム」で、一方、ユダヤ教から始まる一神教の流れは「ヘブライズム」になるわけですが、その両方が統合されるようになって、最終的にはそれが西洋の歴史であるという話になっていく。アダムとイブの神話から始まって、知的にはギリシャの伝統を引いているという世界像、世界歴史が作り上げられていく。考えてみると、ユダヤ民族の歴史が世界性を持つというのは、おかしいことではないか。最近それに気がつきました。

水野　それはキリスト教徒がユダヤ教の教義を乗っ取ってキリスト教中心の世界史を捏造《ねつぞう》した

ということですか。

島田　乗っ取りですね。西洋が、自分たちの優位、正当性を誇示する上で、二つの流れを吸収したことが決定的に大きい。進化論が言われる前の段階では、アダムとイブから人類の歴史が始まっているという以外に、歴史を語る手段がなかった。

そこに進化論が入ってくることによって、変わることは変わるんです。人類の起源はアフリカにあると言われてますが、自分たちのルーツはアフリカだと思ってる人はいないし、そういう言説は全然出てこない。やっぱりアダムとイブです。こういう世界史が作られることによって、グローバリゼーションの基礎ができたんじゃないかと最近考えています。

水野　なるほど、それは壮大な世界史ですね。

島田　そのあたりのことも世界経済史の中で見ていく必要がありますね。人類の歴史は実態としてどういうものなのかという点ですね。アフリカから人類が発祥したとは言われても、そこから後に歴史がどのように展開してきたのか、それを全体として語る物語が欠けています。

ユダヤ教から始まる一神教の聖典の一番の特徴は、神と人間がどう関わったかがそこに記されていることです。その点は、ギリシャ神話や日本の神話と比較するとはっきりします。ギリシャ神話は神々の物語で、日本の神話も天皇が生まれるまでの神々の物語になっています。ギリシャ神々は登場しますが、そうした神が人間とどう関わるかは語られていないんですね。ところが、一神教の神話では、神が人間を創造するわけで、そこからして神と人間がどう関わるかが語られているんですね。

水野 それは、やっぱり強固な絆が最初からあるわけですね。

島田 神の意志によって人類の歴史が出来上がっているんだ、という面が非常に強い。キリスト教世界は、その後ユダヤ人を徹底的に差別する。キリスト教は物語や神話、さらには歴史をユダヤ人から収奪することで、それを自分たちのものにし、その代わりに、本来の語り手であるユダヤ人は排除していています。

水野 乗っ取った後は、逆に邪魔になるわけですか。

島田 ユダヤ人に歴史の正当性を主張されると困るんじゃないですか。そういう主張を展開したユダヤ人の学者も、いないかもしれないですが。

水野 じゃあ、ユダヤ人自身も気がついてない?

島田 ユダヤ人であるフロイトは、自分のことを無神論であると言うんです。あるいは、そこに気がついたのかもしれないですね。無神論の立場をとることで、ユダヤ教でもないしキリスト教でもないという立場を取った。そうしたことも、経済史を考える時に出てくるんじゃないかと思います。

†世界経済史の課題

島田　世界経済史という今まで経済学の中で馬鹿にされてきた領域を大幅に復権させるために、また今の経済を考える上でも、我々はどういう経済史を歩んできたのかが重要なんじゃないかと思うんですけど、どうでしょうか。

水野　世界経済史を理解するためには、まず経済学、宗教学、歴史学を統合しなければならないでしょう。現代人の行動をみても、精神的には古代や中世から大して進歩していないように思います。そう考えると、「世界経済史」は現代史でもあると言えます。

経済は、「明日は今日より良くなる」という前提で進んできました。そして日本はその頂点に到達したのかもしれません。今日より明日、明日よりあさってが良くなると期待し、その尺度が金利でした。金利が高いということは、今もっと我慢すれば、将来がより良くなるということです。しかし、今の金利はゼロに近い。これは、我慢しなくても良い生活が維持できることを意味します。

宗教の世界では「永久に我慢しろ」「死ぬまで我慢しろ」と言い、死んだ後には天国に行けると説きます。しかし、神が追放された現代では、今日より明日、明日よりあさってが良くなると期待し、それを金利で測ってきました。一三世紀初めには一三%の金利があり、我慢が強いられてきましたが、金利のある世界が八〇〇年も続いたのです。ようやく金利がゼロになり、宗教に代わって貨幣が世の中の中心に置かれてきた八〇〇年が、大きな転換期を迎えています。次に何を中心に置くのかを模索する時代に突入したのです。

神が追放された時代、ドイツの市民詩人ハンス・ザックス（一四九四—一五七六）が「貨幣はこの世における世俗の神である」と言ったように、宗教改革の最中に新しい中心が現れました。一三世紀の商人から一五四三年コペルニクスの宇宙論が出てくるまでには三〇〇年強の時間を要しています。しかし、今は利子率がゼロになったばかりで、資本に代わるべき概念が何かについて、まだ準備が整っていません。そのため、貨幣に執着するビリオネアが増え、しばらくは貨幣と資本の時代が続くでしょうが、それに代わる概念を見つけることが、経済学、宗教学、歴史学を統合した世界経済史の課題となります。

水面下で、次に何を世の中の中心に置くべきかという動きが始まっており、それを日本人が最初に示してほしいと思います。もしヨーロッパ人がそれを言い出すと、ヨーロッパ中心の世界が変わらないことになってしまいます。

島田　日本でこそ、新しい経済思想が出てくるべきであるということですね。

第二章

ローマ帝国に見る帝国と経済

†経済活動の萌芽

島田　今回のテーマは、ローマ帝国を中心とした「帝国と経済」についてです。世界の歴史の中で勃興してきたさまざまな帝国がありますが、帝国と経済との関係がいかなるものなのか、そういう話になると思います。

その前に、経済の始まりを一体どういうところに求めればよいのかを考えてみたいと思います。一般には、物々交換から始まり、貨幣が導入されることによって貨幣経済に移行してというような形で説明されます。それによって、生産力がだんだん向上し、農業革命、さらには産業革命が起こって、資本主義社会が成立したと説明されますが、この点はどうでしょうか。

水野　経済は、必要なものが自分たちにないために物々交換から始まったと言われますが、実際には最初から貝殻や何らかの貨幣が使われていたと思われます。人参とキャベツを直接交換していたということは、実際にはなかったのではないでしょうか。たとえば、一五世紀には胡《こ》椒《しょう》を丸い革袋に入れて重さを測り、貨幣として使っていました。偽造ができなければ、どんなものでもよかった。また、貸し借りも存在しました。たとえば、「今日はお米がないから隣の家に一〇〇グラム借りる」というように、計算貨幣として帳簿に記録するだけでよかった。

物々交換の前に、隣人や親族どうしでの貸し借りがあり、それが広がっていきました。隣町に行くと、具体的な貝殻や胡椒、金属貨幣が使われました。

島田　最初から貨幣、前回の話でいくとシンボルになるもの、そういうものが媒介になるんですね。

水野　いくら、誰に借金を負っているという記帳がなければ、誰も貸してくれないですよね。

島田　記帳するといっても、古代の段階では文字をどの程度使ってたのか。記録するための紙などもないですからね。

水野　石を置いておくなど、何らかの方法で記録していたのではないでしょうか。記録がなければ誰も貸してくれないでしょうし、「忘れた」と言われたら、それで終わっちゃいます。

島田　証文はすごく重要ですよね。

水野　シュメール王国のくさび形文字が最初で、あれが紀元前三四〇〇年頃です。その前はどうだったのかと思いますが、数は数えられていたでしょうし、金利の記録もシュメール王国から始まります。

島田　文字もそのために開発された、ということもあり得るんでしょうか。

水野　あるのでしょうね。債権債務関係は所有権を構成する重要な要素なので、一番大事なものです。もちろん、所有権の概念は近代になって確立されたのですが、人間は共同生活をしている限り、貸し借り関係は生じます。

島田　では、最初から所有という観念はあったんでしょうか？

水野　あったと思います。ただ、それが法的に認められるかどうかは別問題です。個人的には「あのおじさんにお米何グラム貸している」というような意識はあったでしょう。人間は単独では生きられません。動物よりも弱いので、共同生活をしないと生きていけないから、最初から生存のための経済活動があったはずです。たとえば、イノシシを追いかける時も、一人では追いかけられません。追い立てる人と待ち構える人がいて、共同で何かをしたら成果を分配します。通常は単純に均等割りします。一生懸命走った人に多く分けるということはなく、一〇人いれば均等に一〇分の一ずつ分けます。大家族では足りないので、少人数の家族に「少しイノシシを分けてください」と頼むようなこともあったでしょうね。

島田　マルクス主義では、原始共産制という言い方をしますね。所有と原始共産制とはどういう関係だったんでしょうか。

水野　原始共産制とは、自分の持ち物ではなく、この家族のもの、あるいは親族や部族の酋長がすべて所有していて、そこに属する人々に酋長が分け与えるという形だったと思います。エンゲルスは『家族・私的財産・国家の起源』で、共同所有に対する個人所有が勝利したのはギリシャの一夫一婦制だと述べています。

†農業革命とエネルギー効率

島田　生産という側面では、どうですか。狩猟採集という社会からだんだん農業の方向に移行してきたと考えていいですか。

水野　いいと思います。投入エネルギーと獲得エネルギーを考えれば、確実に農業生産の方が獲得するエネルギーが多い。狩猟は一生懸命二四時間走っても、消費したエネルギーに比べて得られるイノシシのエネルギーが少なく、割に合わないことがあります。だけど、農業でしたら農地面積、耕作面積から一つの種《たね》で一年後にどれだけの実がなるか、大体予想できる。インプットとアウトプットの関係では、必ず差額としての獲得物が得られます。

島田　農業によって社会が経済的に安定してくると、何がそこで起こるんでしょうか。

水野　農業になり始めると、帝国に結びつくと思います。農業社会になると定住するようになりますから、皇帝は領土を広げることに専念できます。経済は今日より明日、明日よりあさって良くなるということです。手でおにぎりを作るよりは機械で作った方がたくさん作れる。そのためには、食品製造機械を作る必要があり、それにはおにぎりを作っている人を機械の製造に回さないといけない。その人が食品製造機械を作っている間は、おにぎりを作る人が減るので生産力が落ちる。だけど、一年後に一〇〇人力の機械ができて、大量のおにぎりを作ってくれるとわかっている。

人類最初のマシーンは、機械時計です。一四世紀に教会や市庁舎の上に設置されました。日時計では労働時間を正確に測れないため、都市化とともに機械時計が必要になりました。農業社会では日が暮れたら作業をやめ、日の出とともに働くというシンプルな生活が成り立ちましたが、都市化が進むと労働時間を管理する必要が出てきました。

古代帝国はすべて領土帝国で、領土をどんどん外へ外へと押し広げていく。最初はローマ市民だけがローマ帝国の市民で、属州の都市は市民じゃない。途中から、ローマの領域の人には兵役を終えればローマ市民権を与えることにして、どんどん版図を広げていく。おにぎり製造機械を作る技術があれば、機械に投資すればいいのですけど、それがない時には面積を広げるしかない。そこで帝国は膨張する。農業社会においては、基本的には辺境をどんどん広げていく。帝国は、ローマの時代から常に世界帝国を目指す。実際にはそんなことできないですが、理念としての世界帝国があります。

古代では、中国に秦の始皇帝がいた。ローマにはアウグストゥスがいた。でもお互いの軍隊が物理的に接する、目でみる距離に居合わせることがないので、世界帝国と言っても別に問題はない。船や飛行機を作るとすぐ接触しますから、戦争になってしまいます。

帝国の誕生以来世界帝国を目指して、農作物は全部ローマに集める。辺境がどんどん広がっていくにつれて、ローマに送る途中のフィレンツェとかヴェネチアにも上納品があって、ローマの周りの都市も栄えていくということです。

†帝国の本質

島田　帝国は世界の歴史の中で無数に生まれてきました。帝国は必ず拡大していくんですが、途中で限界に達して解体の方向に向かい、新しい帝国が生まれる。ローマ帝国が生まれる前も、古代のバビロニアがあり、ペルシャにアケメネス朝ペルシャが生まれる。その後アレキサンダー大王が現れて、ほぼペルシャの領土と同じぐらいの帝国を築くんですが、三二歳で亡くなってしまう。早く亡くなりすぎたせいもあり、後継者がちゃんと育ってなかったので、帝国は解体していく。ですから、アレキサンダー大王の帝国には名前がないんですね。帝国として後に続くことがなかったからですね。

なぜ、帝国が生まれては拡大していくのか。現代だったら技術革新によって経済が発展していく、経済政策もあります。技術革新ができない世界で経済の規模を拡大していくために、帝国がどうしても必要だったと考えていいんでしょうか。

水野　そうだと思います。帝国が誕生するのは、帝国民が秩序安定を求めるからです。版図を広げていけば、中心に住んでいる帝国民は他の帝国が攻めてきても距離があって安心していられます。周辺にいる帝国民ももっと領土を広げていけば、安心です。結局、帝国は世界帝国を目指します。

帝国の定義はたくさんあります。古代ローマ帝国、カール大帝の西ローマ帝国再興（フランク王国）、そしてカール五世のスペイン帝国、パクスブリタニカのイギリスの帝国など、歴史上の帝国は多様です。

ホブソン、それからレーニンの金融帝国論など、それぞれ時代を特定して帝国を定義していますが、私が一番いいと思うのは、アメリカの政治学者のマイケル・ドイルが、一九八〇年代に古代ローマから現代に至るまで通時的に適用できる帝国の概念を打ち出しているものです。理論は特定のところにしか当てはまらないより、普遍性がある方が優れています。

ドイルによれば、帝国の三条件があって、一番目は、中央統治機構を備えた強力な中心を持っていること。二番目は、抵抗力が弱い周辺があること。三番目が、中心と周辺をつなぐイデオロギーとか、軍事的な諸々の装置を備えていること。

この理論は、国民国家の時代においても、帝国が存在することを明らかにしてくれます。二〇世紀以降でいえば、強力な中央統治機構は政治面ではワシントン、経済でいえばウォール街です。抵抗力の弱い永田町や霞が関には米国の命令に拒否権がない。それから、経済ではグローバリゼーションというイデオロギーがあって周辺のアメリカ帰りのエリートはそれを信奉しています。そして、根底には日米韓を強く結びつける「自由と人権」という普遍的な価値観が存在している。あるいは諸装置として米軍、在日米軍とか在韓米軍が存在している。アメリカも帝国だと思います。その場合「非公式の」という形容詞がつく帝国となります。

島田　今の定義については、中華帝国が一番よく当てはまるのではないかと思います。古代から、中央に皇帝を中心とした強大な権力がある。その周辺で夷狄《いてき》という形で野蛮な人間がいるわけですが、中国の皇帝の徳を慕って朝貢《ちょうこう》してくる。貢物《みつぎもの》を持ってやってくると、それに対して中華帝国の皇帝は倍返しをする。そこには、皇帝を中心とした中華というイデオロギーがある。

水野　アレキサンダーの時は、中心は不動だという概念がなかったらしいですね。中央集権的な首都を持ってない。

島田　アレキサンダー大王は、ひたすら遠征を繰り返して、版図を広げていきました。

水野　中心は動いてはいけません。神様もそうだし、ローマの皇帝もそうだし、ワシントンの大統領も不動の中心でした。アレキサンダー大王は、自分はギリシア神話の英雄ヘラクレスの子孫だと信じていましたので、いわば神のような存在でした。ローマはインペリウムという支配権、命令権がある。マイケル・ドイルは、そのことを最初の条件で言っていると思います。

島田　アレキサンダーの場合のように未熟な帝国の場合、絶えず皇帝が前線に赴かなければいけないから、どんどん移動していく。それでは、中央に権力を作るという段階に達しなかったということですよね。

水野 仏文学者の松浦寿輝《まつうらひさき》さんが、『帝国とは何か』という本の中で、「帝国の表象」というタイトルでカフカ（一八八三―一九二四）の「皇帝の綸旨《りんじ》」を取り上げて帝国の本質を述べています。わずか三頁ほどの「皇帝の綸旨」を読んでみたのですが、私には何を言いたいのかよくわからなかったです。松浦先生はこの作品を読み解いて、一人称としての「皇帝」と二人称としての「きみ」が登場し、皇帝が使者に「綸旨」を「きみ」に届けるよう家臣団の前で命ずる。しかし、どこへとかいつまでとかの指示もなく、「綸旨」の中身も明らかにされていない。

このカフカの「皇帝の綸旨」はまさにマイケル・ドイルの三条件から構成されています。死が間近い皇帝＝「中心」、どこにいるのかわからない「きみ」＝周辺、「綸旨」＝中心と周辺を結びつける諸装置となります。カフカが書いたのは一九一九年、オーストリア＝ハンガリー帝国が終焉を迎えた時です。カフカはオーストリア＝ハンガリー帝国の周辺にあたるプラハ生まれです。「皇帝の綸旨」は現存の帝国が死しても、新たな帝国が生まれることを示唆しているかのようです。

島田 そのポイントは、どういうところにあるんですか。

水野 帝国とは、永遠性を持っていることです。綸旨に「いつまでに届けよ」といった期限がないし、「どこに届けよ」という指示もない。松浦先生は、この作品がインターネット空間のような無限の空間を示唆していると指摘しています。削除もできず、永遠に漂うような存在です。仏文学者の松浦先生と政治学者のドイルが全く違う視点から同じ結論にたどり着いています。学問が細分化しアプローチは違っていても、到達点は同じというのは学問の面白さが現れていると思いました。専門バカにならないように気をつけたいと肝に銘じています。

†帝国拡大の限界とその代償

島田　少なくとも国境線を持たないのが帝国ですよね。中心ははっきりしているけれど、周辺に行くに従って、政治のあり方とか、統治のあり方が緩くなっていく、そういうことですね。

水野　イギリスの歴史学者ブライアン・ウォード＝パーキンズが『ローマ帝国の崩壊』で述べているように、ローマ帝国が滅んだ理由には二一〇項目ものリストがあると言います。また、ポール・ケネディが『大国の興亡』で提唱した「オーバーストレッチ論」もあります。帝国が領土を広げすぎたり、七つの海に艦隊を派遣したりすると、負担が大きくなりすぎて崩壊してしまうという考えです。実際、帝国はいつも版図を広げすぎて滅んでいます。経済力に裏打ちされた財政力が限界に達してしまうのです。

たとえば、ハドリアヌス帝（在一一七—一三八）の時代が、領土獲得の利益が軍事力行使のコストを上回った最後の時期と言われています。辺境に行くと、軍隊は遠征しなければならず、そのために遠征費や物資の調達費が増加します。結果として給料の遅配が起こり、派遣されたローマ軍は真面目に戦わなくなります。

島田 だいたい現地で略奪しますね。

水野 略奪したり、現地の人と同化して結婚したり、農民になることもあります。そうなると、蛮族が攻めてきても「どうぞ通ってください」となり、戦争を避けるようになります。結局、世界帝国を維持する財政力は、過去に一度も成功したことがないのです。

スペインのカール五世とフェリペ二世の時代でも、南米のポトシ銀山から大量の金銀財宝が運ばれてきましたが、途中でドレークに横取りされたり、海難事故で失われたりしてコストがかさみました。ドレークが一度の襲撃でイギリスに持ち帰った金銀財宝で、イギリス政府の債務が一気に解消されたほどです。それでもスペインは膨大な金銀財宝を持ち帰りましたが、それなのに……

島田 経済がもたない。

水野 そうです。当時、オランダのフランドル地方は非常に栄えていましたので、オランダの独立を許したことで、スペインの経済力が低下しました。オランダの独立を支援したのはイギリスでした。そして、スペインが無敵艦隊を送った際にも敗北してしまいました。

経済力のある地域を支配し続けることは基本的に無理があるのです。帝国は人類の夢と言えるかもしれませんが、もし世界帝国や世界政府ができれば戦争は一応避けられるでしょう。しかし、その代わりに人権や自由がどうなるかは疑問が残ります。

島田　帝国は、皇帝がいて強力な支配をする。その下で帝国民は税金を取られ収奪をされるというイメージがあると思うんですけど、必ずしも収奪されるだけという関係でもないんじゃないですか。帝国ができることによって、経済が発展し、インフラの整備が進む。それによって市場が形成される。帝国の中だと自由に人の行き来ができるから、その中に生活している人はかなり豊かな生活ができる。

水野　その通りです。世界帝国ができる前は、隣国から突然命や財産を奪われるリスクがありましたが、ローマ帝国の支配下に入ればそのリスクは減少します。もちろん、ローマの豊かな生活を支えるために重税が課せられますが、それは「パックス・ロマーナ」の代償と言えます。

ローマ帝国の支配下に入ることで、最初に屈服した地域にはおこぼれ的なメリットがありました。人間は無秩序には耐えられないため、秩序ある社会を望みます。それが帝国であったり、国民国家であったりします。秩序と自由という選択肢が衝突することもありますが、帝国の支配を受け入れることで市民から臣民になる。そうなると、インペリウムという命令権が次々と下され、最終的には重税が課せられます。この選択をどうするかが人々にとっての戦いだったのでしょう。

島田　一般の臣民には力がないから、そういうものを受け入れざるを得ないという面と、それによって経済が発展していくということが、現実にローマ帝国ができることによって起こった。そうした状況の中で、人々は帝国の支配を受け入れることが得策であるという判断を下したんじゃないですか。

水野　最初はそれでオッケー、市民権も与えられてよかった。だけど、ハドリアヌスの長城が築かれ、これ以上の拡大ができなくなると、ローマの中央政府は重税を課すようになりました。やがて社会は二極化し、軍隊は現地化して、蛮族が来た時には「どうぞ通ってください」という状況になってしまった。万里の長城でも、外部からの攻撃ではなく、内部の人々が門を開けてしまったのです。

　帝国が拡大している間は、周辺に住む人々も相対的に中央に近づいて利益を享受できたのでしょうが、拡大が止まると、コストが利益を上回り、重税によって二極化が進み、最後には反乱が起こるのです。

島田　それはなんだか、ネズミ講の話を聞いてるような感じがしますね。最初に参加した人たちはかなり儲かる。ところが、勧誘して講のメンバーを増やしていこうとすると、あるところで限界に達してしまう。それ以上、メンバーが増えなくなる。そうすると、もうお金が入ってない。そういうのにちょっと似てますね。

水野　なるほど、確かにそう言えるかもしれないですね。

島田　帝国には、二つ問題があると思うんです。ローマの場合には、あまりにも版図が広がったがゆえに、一人の皇帝で支配できなくなり、複数の皇帝が立つようになりました。それがやがては帝国の東西への分裂に結びついていった。これは、モンゴル帝国の場合も共通していますね。モンゴル帝国は、一気に広大な領域を支配するようになりましたから、それぞれの地域の中に皇帝の代理がたくさん生まれて、モンゴル帝国が分裂していく原因になった。帝国は無限に拡大できないがゆえに、どこかで分割されてしまう宿命を負っている。

帝国が拡大すると、中央にはたくさんの税金が入ってくる。入ってきた税金をどうするかがもう一つの問題で、帝国の存亡を決めるような側面がある。イスラム帝国の場合、ローマ帝国よりも後になりますが、やはり拡大していくことでたくさんの税金を集めることができるようになった。そうすると、豊かな中央が生まれる。

ムハンマドという人がイスラムを開くわけですけど、ムハンマドが亡くなった後、最初の時期に信者になった人間が、自分たちやムハンマドの親族の間で税金を分配するというやり方を取った。ただ、そういう風に分配すると当然、腐敗する可能性がある。その時中心になったのが、ムハンマドの後継者であるカリフという存在ですが、カリフは禁欲的な生活をすることで、腐敗を防ごうとした。そういう事例があります。

逆に、モンゴル帝国の場合は、集まってきた金を仲間でどんどん消費してしまった。それが、モンゴル帝国が意外に長く続かなかった原因になっていると思うんですが、帝国と分配の問題は、特にローマの場合はどうなんですか。

水野　ローマ市民は、おそらく相当豊かな生活をしてました。市民に重税が課され、辺境はもうこれ以上増えないことになると、都市化政策を推進していくんですね。今のスペインやフランスあたりに都市をいっぱい作って、都市の豪族が税金を徴収する人に任命された。その人がローマから一〇〇の税金が課せられたら、一三〇ぐらい地元から取って中間で三〇を自分のポケットに入れ始める。そうやって都市化が進むと、豊かなガリアやスペインの一部には都市貴族が生まれましたが、その周りには重税に苦しむ貧民が増えていきました。

土地が広がらなくなった時には、帝国の内部からより厳しく税の取り立てをしました。今も、日本がゼロ成長になって何をやってるかというと、非正規社員を作って正規から非正規に置き換えて年収半分ぐらいにして、浮いた人件費を利益に回す。ゼロ成長ということは、これ以上の成長のフロンティアが日本国内にない。半導体工場を作っても、自動車工場を作っても、コンビニを作っても、なかなかリターンが得られない。そうなると、日本国民の中で立場の弱い人を見つけて、「努力したものは報われる」というスローガンを作って、非正規になった人は努力してないからだという屁理屈を言い始めて絞り取る。

帝国も国民国家も、やってることは基本的には同じじゃないかなと思います。統治システムとして、帝国がいいのか国民国家の方が優れているのか、まだ結論は出てないいんじゃないかということです。

島田　今の話だと、どの社会も同じような方向に行かざるを得ないということでしょうか。発展は限界に達するわけで、帝国の場合には、版図の拡大あるいは維持が、ある時点から非常に難しくなってくる。コストの面でもできなくなってくる。帝国が広がることで経済が豊かになったのが限界になって、じゃあどうするかという時に内部の搾取に向かう、そういうことですね。

水野　はい、そうです。国民国家の場合、領土に頼らなくても、毎年の節約によってアダム・スミスが述べた「諸国民の富」、つまりGDPを増加させることが可能です。特に産業革命以降、イノベーションが一人当たりの生活水準を引き上げてきました。領土の面積に関わらず豊かになることができるのです。

しかし、全要素生産性（TFP）という概念で日本のイノベーションを測ると、この一〇年、二〇年は経済成長率を〇・六％ぐらいしか押し上げてないのです。米議会予算局（CBO）の報告書によると、アメリカでも九〇年代半ば以降、もっともTFPが高くなったのは、一九九五〜二〇〇七年で平均一・七％です。リーマンショック後は〇・九％に鈍化しました。このIT社会において一・二％（一九九五〜二〇二三年の平均）しか成長率を押し上げられない。だけど、エジソンとフォードの二〇世紀の前半はおよそ三％押し上げています。

とりわけ二度の石油危機以降。イノベーションによる経済成長率押し上げ効果に期待してみたものの、IT革命も経済全体を押し上げるには力不足です。先進国は全部共通です。イノベーションが経済成長率を押し上げるのは、難しくなってきている。そうなると、欧米で新自由主義が台頭し、国民に「努力した者が報われるのだ」というスローガンを植えつける。資本の自由化を錦の御旗に掲げて、ウォール街が世界中のお金を集めて、南米に投資したり、アジアに投資したり、工場の高い利潤率を得る。蒐集（コレクション）したお金は、アメリカの三％国債で調達し、アメリカは資本の命令権（インペリウム）を行使して、投資先の民間企業に対しては、ROEで一〇％以上のリターンを要求するのです。

†帝国と帝国主義

島田　帝国と帝国主義は似ているところもあるとは思うんですけれど、根本的に違うところがあるわけですよね、そこはどうですか。

水野　帝国主義というのは、国民国家システムを前提として一八、一九世紀の事実上「非公式の帝国」となったイギリスが植民地主義を正当化するヨーロッパ側の理屈です。一方、帝国は古代・中世の「皇帝のいる帝国」、近代国民国家体制を建前とする「非公式の帝国」、どちらも内包する概念です。ヨーロッパ人は根底で、文明人が野蛮人を指導する責務があると考えています。

勝手な理屈だと思いますが、反論できないですよね。たとえば、インドや北アフリカの人たちに「イギリスの真似をすれば、あなたたちもイギリスのような豊かな生活ができますよ。文明化されたイギリスやフランスのやり方を見習いなさい。午後三時のティータイムに紅茶が飲めますよ」。紅茶はインドから来て砂糖はキューバから来て、イギリスは何も作ってないのですが、言われた方は「あ、そうか」と受け入れる。さっきのマイケル・ドイルの定義で言えば、三つとも満たしています。

島田　最後に、イデオロギーという条件がありますね。

水野　イデオロギーは、豊かな文明人の生活ができる、三時に紅茶とクッキータイムがありますよという理屈だと思うんです。それは、屁理屈です。カナダとかオーストラリアとかニュージーランドは違うんでしょうけど、アフリカや南米、そして東南アジア、南アジアなどでは、このイデオロギーが支配的でした。

島田　だけど、現地の人々もイデオロギーを受け入れるわけですよね。

水野　上層部は受け入れる。留学したりして帰ってきて、現地の政府のトップになってイギリスとのコネクションができる。
島田　ローマは理想の世界で、ローマ帝国が分裂した後、西ローマ帝国は非常に短期間で終わってしまう。一方、東の方はビザンツ帝国という形で、一五世紀まで一〇〇〇年以上にわたって続く。西ヨーロッパでも、ローマ帝国を再興しなければならないという動きはあって、神聖ローマ帝国というところに行く。ローマを理想とする考え方は、かなり強力なイデオロギーとして作用していたんですね。
水野　『帝国主義』という本をマルクス系の歴史学者のリヒトハイムが書いてますが、そこに「帝国主義に免疫性のある社会経済構成体などは皆無」とあります。
島田　要するに、帝国主義が普遍的ということですね。
水野　はい、リヒトハイムはそうみているようです。帝国主義とは国民国家が帝国に憧れて採用したシステムと言えます。一九世紀は非公式のイギリス帝国があって、二〇世紀は米ソそれぞれ非公式の帝国があった。そうすると、ウェストファリア条約は一体なんだったのかということになります。この条約によって、帝国を否定して、オランダ共和国という皇帝のいない世界初めての共和国が生まれたとされています。
また、第一次世界大戦でオスマン帝国、ロマノフ王朝、オーストリア＝ハンガリー帝国がすべて崩壊し、帝国に終止符が打たれたとされ、国民国家の勝利だと言われました。でも、米ソの帝国主義が生まれる。それで平和になったかというと、二〇世紀は「殺戮の時代」とも言われ、人口あたりの戦死者、あるいは戦争に巻き込まれて死んだ民間人も一番多い。

島田　昔は武器が発達していないから、戦死者も少ない。もちろん、原爆などの大量破壊兵器もなかった。

水野　そうです。国民国家が成立し、選挙で選ばれたリーダーや君主が全権を委任され、国内で平和を保つことができても、それが二〇〇カ国に及んでも世界平和にはつながっていません。国連も全く機能していません。長尾龍一《ながおりゅういち》先生が書かれた『リヴァイアサン』（講談社学術文庫）という本の中で、「帝国が『主権国家』へ分裂したことが、世界秩序に責任を持つ政治主体の消失をもたらした人類史上最大の誤りではないか」と述べています。その理由は「国際秩序に責任を持つ主体を決めなかったからだ」とあります。本当にその通りだと思います。今、プーチンが核戦争の脅威をちらつかせていますが、それを止める人が誰もいない。バイデンもお手上げ状態です。

†キリスト教の拡大と経済的要因

島田　イデオロギーを形成する上で、キリスト教が果たした役割は非常に大きいですね。もともとはユダヤ人の民族宗教だったユダヤ教からキリスト教が生まれて、ローマ帝国の中で拡大していく。ただ、どうやって広がったのか、そのあたりの詳しいことは、実はよくわからないんですね。

最初は弾圧されたにも関わらず、キリスト教徒はローマ帝国の中で増えていった。それは、経済的な問題と連動していたんではないかと思うんです。ローマ帝国の経済が発展していくと、その恩恵にあずかれない人たちが生まれて、最初その人たちがキリスト教に惹かれていく。数が増えていくことによって、帝国の側としてもこれを利用せざるを得ない状況が生まれて、結局キリスト教を公認し、やがてローマ帝国の国教のような役割を担わせられるようになった。ローマ帝国とともに、キリスト教は世界に広がっていきました。

イスラム教の方が後から生まれるのですが、文明的に言えばイスラム教の方が優れていた時代がかなり続きます。ギリシャの文明を最初にイスラム教が取り入れて、それによってギリシャ語のものをアラビア語に翻訳して、その成果を生かしてイスラム文明が高度に発展していく。十字軍によって、キリスト教がそれを逆転するような事態が起こる。

十字軍の後に、キリスト教の方も、イスラム文明が保持していたギリシャ文明を取り入れることでヨーロッパ文明として発展していく。キリスト教が一番宗教として高度なもので、最も優秀な思想、信仰である、これ以上のものはない。そういう形で、例えば中南米に進出していった際にも、絶対の自信を持ちながらキリスト教化を押し進めていった。キリスト教が最高の宗教であるという捉え方が生まれたことが非常に大きい気がします。

水野　三一三年のミラノ勅令で信仰の自由が認められ、キリスト教が公認されました。さらに三八〇年になると、キリスト教がローマ帝国の国教となりました。ハドリアヌス帝（在一一七―一三八）の時代以降になると、貧民と上層部に二極化していき、キリスト教が貧しい人たちの心のよりどころになってくる。

五世紀はじめになると西ゴート族がイタリアに侵入してくるようになり、ローマの秩序が乱れたのはキリスト教のせいだと言われるようになりました。そこで当時の第一人者であるアウグスティヌスは『神の国』を書いて、キリスト教のせいではないと主張した。

たとえば「正義とは何か」という章では、アウグスティヌスは、アレキサンダー大王と海賊の行為に何の違いがあるのかと問います。捕らえられた海賊が、「アレキサンダー大王がやっていることと私の行為は同じだが、違いは、彼は大きな船で、私は小さな船でそれを行っているだけだ」と答えました。アウグスティヌスは、キリスト教としてこの問いに答えなければならなかったのです。

『神の国』に肝心な答えは書いてないんですが、アウグスティヌスは「正義があるかないかが重要だ」と述べています。アレキサンダーには正義があり、海賊には正義がない。海賊や盗賊は強奪した富を仲間内で分け合います。正義とは「交換的正義」と呼ばれる適法的正義であると。キリスト教は分配を重視しています。貧しい人々にはフードスタンプのような、今日の食事を確保するための支援が提供されます。要するに、報われない人々にも生きていくだけのものは与えられるというのが、キリスト教帝国の理念です。

万が一死にそうになった時は助けますということがあるから、みんなキリスト教を信じ、ローマ国教になった時には人々はローマ皇帝も信じる。その言い伝えは、カール五世の時代まで書籍にして、教育係が皇帝に教えていたらしいです。一部の人たちのためだけの帝国ではありません、ということをずっと引き継いで教育している。それはそれで素晴らしいですよね。どこで途絶えてしまったのかよくわからないんですが、少なくともカール五世の時には、そういう教育係がいた。

国民国家になっても、日本に住んでいれば失業保険などでそういう理念が受け継がれています。だから、ローマ帝国とキリスト教帝国のいいところは「交換的正義」があるということ。新自由主義者たちが失業保険を廃止して一律のベーシックインカムにしようと言っているのは、アウグスティヌスの理念には反するものだと感じます。

†利子の禁止

島田　ローマ帝国においてキリスト教が国教化されることで、神という存在が非常に大きくクローズアップされる。唯一絶対の神、それまでローマでもギリシャでも知らなかった考え方ですよね。ギリシャは、完全な多神教の世界ですから。そこに、ユダヤ教に発する一神教の考え方が入ってきて、ユダヤ教の段階ではユダヤ民族だけを支える神であったのが、ローマ帝国では世界の中心に神があるという形になった。皇帝は神によって認められた存在ということで、正統性を確保できるようになり、それによって世界を支配する構図が明確化する。そこが、キリスト教がローマ帝国の中に広がっていったきわめて重要な意義ということになります。

一つ注目したいのは、キリスト教の場合には、さっきの交換的正義もそうかもしれないですが、経済に対して否定的なところがありますね。その点は、イスラム教と比較するとはっきりする。なにしろムハンマドが商人だった。そこから発しているので、イスラム教は商売に対して根本的に肯定的です。利子ということは、経済史においてきわめて重要な事柄で、これから繰り返し触れることにもなりますが、ユダヤ教の伝統を受け継いでいるイスラム教でも、利子をとることは禁止です。けれども、商売が悪いものだという考え方がない。ところが、キリスト教の方は、商売に対してかなり否定的なところがあります。

たとえば、イエスの伝記である『マタイによる福音書』などの中に、イエスが商売をしている人間たちを追い出してしまうエピソードが出てくる。神殿は祈りの場所だから、そんなところで商売してはまかりならぬということです。こっちで仕入れたものを、距離が離れた場所に持っていって、それだけで利益を得るやり方は根本的に間違ってるという考え方がキリスト教の中ではかなり強いですね。一三世紀ぐらいまでだとは思うんですが。

水野　商売というのは、どこかから仕入れて別のところで高く売ることです。それが公正な価格かどうかということが当然議論になりますね。

島田　同じものを、違う場所、違う時期に仕入れた値段より高く売ってしまうことは不公正ではないのかと。

水野　一三世紀以前においてはそういった商行為はダメと言っていたのが、一四、一五世紀ぐらいになるとみんなのためになるのであればいいのではと考えるようになる。自分たちにないものを持ってくるのだから。都市は、周辺に肥沃な農村を抱えているのが一番理想ですが、そんな条件を満たす都市はほとんどない。一一世紀ぐらいから農村を出て都市に集まるようになる。都会では自給自足できないので、遠方から必要なものを持ってくるしかない。都市化が進展すると、安く仕入れてその都市に必要なものを高く売る。そうしないと、逆に都市市民が死んでしまうから認めざるを得なくなっていきます。

キリスト教、特にカトリックの経済的な対応はすごく現実的です。ゼロ成長時代においては、貸し借りは利息を取るとみんな最後は借金を返せなくなる。だけど、どんどん経済が成長していくと、商人のやっていることも認めようとなる。人間は何も考えなくても、まずは本能的に安く仕入れて高く売る、これは儲かるぞっていうところで、理屈は何もない。正当なのか不当なのかわからなくても、とにかくそれをやれば自分に利ザヤが入ってくる。

そういったことをやり出す人たちがいて、のちのスコラ神学者が、商人たちの行動を見て、一三世紀以前のキリスト教の教えを厳密にやっていたら、キリスト教が受け入れられなくなるのではないかと心配する。聖職者、司祭とか県知事みたいな人が行うパーティーよりも、商人がみんなを招いたパーティーの方が、豪華な食事が並んでいるし、豪華な服を着ている。ついに教会は華美な洋服は着てはいけないという命令を出すのですが、みんな無視する。商人のやっていることは生活が良くなるのだと、みんなが思い始める。すると、理屈はあとから考えて、「貨幣は種子である」と利殖を肯定するんです。そうやって「貨幣は石だ」、つまり利子禁止という考えから切り替えて、現実に対応していくわけです。

島田　キリスト教では清貧の教えが説かれてきました。清く貧しく生きることが理想とされているわけです。イエス・キリストの生き方がそうだったと見なされているところもあるし、そういう伝統から清貧の生活を実践する人が生まれてくる。最初は、隠修士《いんしゅうし》という人たちが荒野に出ていって、孤独な生活をして、豊かさを求めないということをやっていた。それがだんだん発展して、今度はそういう志を持つ人たちが集まって共同で生活するのが修道院になるわけで、そういう清貧の伝統がキリスト教の中にできました。

経済が発展してくると、そういう考え方が通用しなくなって、商売も認めなきゃいけないし、利子も認めなきゃいけない。だけど、それ以前は経済がそんなに発展していない社会でしたから、清貧を重んじる価値観がキリスト教の教えとして重要視されたんだと思います。

水野　当初は商人の比率は、すごく少ないと思います。リスクのある冒険商人なので、みんなやりたくない。あるいは、多言語を修得しているなどかなりの才能がないと難しい。だけど、一一世紀ぐらいから都市ができて、一三世紀になって利子が認められて一〇〇年か二〇〇年くらいかかって、ようやく商人が台頭し、君主の財務係として登用されるようになる。

宮松浩憲《みやまつひろのり》先生の『金持ちの誕生』（刀水《とうすい》書房）によれば、土地持ちじゃなくて金持ちという表現ができるようになったのは、一一～一二世紀です。都市化の進行とともに「金持ち」が誕生したということは、都市に資本が集まってきたということです。それまでの豪族はすべて土地持ちだったのが、土地を持ってない商人の羽振りが良くなる。

まさにこれは経済の大転換です。ゼロ成長時代から一一～一三世紀にかけて、商人の地位が高くなってきました。教会は商行為を弾圧していると信者が離れると思い、そこでガラッと切り替える。すごいと思います。原理主義じゃなくて、現実に合わせてこういう理屈で利息を認めよう。「安く仕入れて高く売っているだけではないか」と非難していた人たちも、「これは必要な行為だ」と現実に対応して、理論を修正していったのです。

島田 古代からローマ帝国の時代を経て、一一世紀から一三世紀になるまでの間には経済の成長は、あまりなかった。それは、どういう意味ですか。

水野 都市化が進むためには、鍬《くわ》、鋤《すき》などの農機具ができて生産性が上がり、余剰農産物が生まれる必要があります。農村では長男だけで十分な農産物を収穫できるようになると、次男、三男が都市に出ていくことが可能になります。農村では自分たちだけで消費しきれない分を都市に持っていくようになります。こうした農業の発展が起こらないかぎり、都市化は進みません。それまでは限られた耕地しかないので、余剰生産物がない。貴族や国王に拠出した残りはすべて自分たちで消費し、それで終わりという状態だったため、都市化にはつながりませんでした。

†キリスト教はなぜ利子を容認したのか

島田 毎日の生活がずっと同じように続く。明日が今日よりも良くなるという感覚は、その時代にはまだなかった。それは、まだ経済学の対象になるような現象がなかったということですか。

水野 古代ギリシャの時代には、家政学という概念はありましたが、経済学として最も重要な概念が登場するのは、一三世紀の利子が認められる時代からです。利息がつくお金、つまり資本（キャピタル）が文献上初めて登場するのが一二一一年です。それまでは、キャピタルという言葉は牛の頭数を指すものでした。たくさんの牛を持つ人が富を持つとされていたのです。しかし、子牛が爆発的に増えるわけではないので、投資という概念が生まれてから初めて、資本が飛躍的に増えるようになりました。

投資をするためには、まず節約して我慢する必要があります。この節約（投資）を理論化したのがアダム・スミスです。スミスは、節約して分業し、たくさんのものを作ることで市場ができるとしました。市場でたくさんのものを売って儲けるためには、節約が必要だというわけです。これは一七七〇年代の話ですが、五世紀以上経ってようやく理屈が追いついてきたのです。しかし、その前、一三世紀頃から投資は節約と結びついていました。セーブ（save）が経済学で最も重要な概念です。セーブしたもの、セービングがインベストメントになり、キャピタルになるのです。セーブには「救済」という意味もありますね。

島田　救世主はセービアですからね。

水野　そうですね。セービアの第一号はノアの箱舟です。人類救済という意味で、絶滅するというマイナスをゼロに戻す、つまり現状を回復するためのリスク回避という意味でのセーブです。

島田　洪水は、堕落した人間を懲らしめるために、神が引き起こしたことですけどね。腐敗、堕落した人類を一掃するために、信仰が深いノアの一家だけを救う、他は全部洪水で流してしまうという、非常に乱暴なやり方をするんですけど、それがやはりセーブ。

水野　神も冷徹なんですね。そこから、アダム・スミスのセーブも来ている。一三世紀には、リスクの回避に努めれば明日良くなるという生活の向上のためのセーブだったのですね。アダム・スミス以前の経済学は危機回避のためのセーブという意味合いが強く、アダム・スミス以降になると、積極的な利潤追求が前面にでてくるようになりました。

島田　要するに現状維持が基本原則だったと。

水野　そうです。危機を回避するためのセーブ、つまり救済が重要でした。キリスト教のフードスタンプのような施策も、分配の経済学の一環です。明日が良くなるという経済学は、少なくとも一三世紀から始まります。

島田　利子の禁止も、経済が定常的で変わらない社会の中では必要だった。

水野　毎年平均して一〇〇の所得しかない人が無駄遣いして、明日のお米がなくて隣に借りた時に、一〇〇グラム借りて三割の利息を取られたら、一三〇グラム返してくださいとなる。一〇〇の所得のうち、三〇は利払いで七〇が自分の生活費になったら四年目で破綻する。信者がみんな債務奴隷になったら、キリスト教としては困りますよね。利子の禁止は、債務奴隷を生まないためにやっていた。

島田　合理性があるということですね。

水野　キリスト教以外の人には、利息を取っていいことになっていました。

島田　もともとはユダヤ教の考え方だから、ユダヤ教の神を信じない、仲間でないものからは利子を取っていい。

水野　そうです。キリスト教徒以外から利子を取ることで、相手が滅び、最終的にはキリスト教に改宗させるという考えがあったのです。本当にキリスト教は現実的な宗教だと思います。

島田　利子の禁止がそれだけずっと生き続けたということは、経済のあり方に規定されてきたということですか？

水野　そういうことですよね。

島田　新約聖書の『ルカによる福音書』の中に「タラントンの話」というのが出てきます。ある人が自分の家来に商売をしなさいと言ってお金を与えて、自分は旅に出る。旅から戻ると、稼いだ者と、少し稼いだ者と、大事にそれを包んでしまっておいた者がいる。主人が誰を褒めたかというと、一番稼いだ者で、そのまま持ち続けたものは「悪いしもべ」だとして怒られる。「私の金をなぜ銀行に入れなかったのか。そうすれば、私が帰ってきた時、その金を利子と一緒に引き出したであろうに」と。この時代に銀行があったとは思えないので、金貸しなのかはよくわからないですが、こういう話が出てくる。これは、むしろ投資の薦め、今でいうＮＩＳＡみたいものですよね。利子の禁止には反している、そういう部分もあるんです。

水野　ルカの時代は、紀元前ですか。

島田　『ルカによる福音書』で、イエスの時代の話ですから紀元一世紀ですよね。ローマ帝国による支配がエルサレム周辺にも及んでいた時代です。

水野　ハドリアヌスの長城の手前ですから、どんどん経済成長していた可能性がある。

島田　聖書は結構矛盾していて、いろんなことが書かれていてどっちともとれる。これは利子の禁止と真逆です。こういう考え方もキリスト教の中にあった。けれども、それがクローズアップされなかったというのは、経済状況が定常的で変わらない中では、こういう考え方は生きてこない。そういうことですか。

水野　ハドリアヌスの前後で、たぶん違ってくるのだと思います。アウグストゥスからハドリアヌスの時代はどんどん版図が伸びていって、その時の経済成長率をどうやって測るのかわかりませんが、たぶん、経済成長していたのだと思います。

十三世紀の転換——救済から成長へ

島田　古代の経済成長率は測れるんですか。

水野　二〇世紀になって作ったのですが、元年にこれだけの一人当たりGDPで次は一〇〇〇年ぐらい飛んでます。元年があって、一〇〇〇年、二〇〇〇年があればわかるんですけど、そこまでは研究が進んでいません。現在の研究では、西暦元年の一人当たりGDPに関しては、イタリア、ギリシャ、フランス、スペイン、エジプト、イラン、イラク、トルコなどのデータがあります。元年で最も豊かな生活をしていたのはイタリアで、その次にギリシャが続きます。イギリスのデータは一〇〇〇年から始まっています。

島田　それは、成長がなかったことの一つの証しですか。

水野　その間が抜けているということは、そういうことですよね。記録がない、誰も関心を持ってない。関心があれば、おじいちゃんの代と比べてこういう生活をしていたというのがわかるでしょうから。だけど今のルカの話を伺うと、ハドリアヌスのところまでは、やっぱりローマは成長していたのかなと思います。

島田　新約聖書の成立はなかなか難しいところがあって、イエスが実際に言ったというよりも、イエスという救い主にふさわしい物語をどんどん作り上げていって、それで出来上がったものだと思うんです。そうなってくると、イエスの教えではなくて当時の考え方がその中に取り入れられている可能性がある。特にこういう話には当時の社会の経済観が反映されていて、経済発展の萌芽になるような考え方が、先進的なローマ帝国だから生まれていた可能性はあるのかなど。

水野　元年から一〇〇年ぐらいの間、当時としては世界で一番豊かだったのでしょうね。ルカの話がローマの話だったら、ローマ市民の三人に渡して、一番稼いだものが褒められるというのは、ローマが経済成長していたと言えますね。

島田　一八世紀のイギリスの歴史家のギボンが、九六年から一八〇年の五賢帝時代のローマ帝国を「人類が史上最も幸福であった時代」と定義しています。それよりも前になると思うんですけれど、ローマの平和、パックスロマーナという時代には経済的な安定があって、豊かさの方向に動き出してきた。そういう時代の考え方がここに反映してるということですかね。ただ、本格的な経済史は一三世紀ぐらいからようやく始まる。それまでは、見るべきものがあまりなかった。社会は、あまり変わらないまま来ていたということですね。

水野　一三世紀までは、同じセーブですけど「救済」、要するに崖から落ちる人をどう救うかという経済だった。

島田　思考法がまるで違いますね。豊かさを志向するんじゃなくて、マイナスをいかに補っていくかというところに重点があった。

水野　一三世紀に、来世より現世の方が大事であるという人間の考え方が非連続的に起きたと思います。それ以前は、現世は常に落ちるものだから、それだったら来世だと。

島田　最後の審判が訪れて来世はそれによって救われるという考え方が、やはり強い。

水野　中世の人がどう考えたか知るよしもないですが、一三世紀以降、現世の方が大事だと思った方が支持されやすくなりました。ダンテは別にして、来世で起きたことを記録に残している人はいません。今日より明日、明日よりあさってという方をみんな信じる。だから、神様、聖書を捨てて、貨幣を信じるようになっていったのです。

第三章 テンプル騎士団からメディチ家へ

――貨幣と金融の時代

†ヨーロッパ以外の経済

島田　今回はまず、ヨーロッパ以外の経済をおさえておこうと思います。現代においても、中国経済の発展は重要です。日本経済が世界の経済を席巻する勢いを示していた時期もありましたが、残念ながらあるいは必然なのか、だんだん振るわなくなってきました。

対照的に、中国経済が市場経済を社会主義の中に導入することによって大きく発展してきた。中国は世界の工場という言い方をされていましたが、現在では消費市場としても非常に大きな規模を持っている。ただ中国経済も、今大きな曲がり角に来ている。

一方、インドも中国以上に人口が多くなってきて、これからの世界経済の中でどれだけ重要な存在になっていくのか注目が集まっています。

中国経済やインド経済が、もともと非常に大きな比重を占めていたことを改めて確認しておく必要があります。アンガス・マディソンの『世界経済の成長史　1820～1992年』(東洋経済新報社)という本の中にありますが、一八二〇年ですから今から約二〇〇年前、人口では中国とインドが世界の五割を占めていて、GDPでも四割を占めていた。経済規模として中国の力、あるいはインドの力が大きかった。こういうことは注目されていなかった気がするのですが、いかがでしょうか。

水野　確かに、一八二〇年当時、中国とインドは世界経済の中で非常に大きなシェアを持っていました。その一方で、オランダやイギリス、ドイツ、フランスなどのヨーロッパ諸国が、小規模ながら「二重革命」すなわち市民革命と産業革命により、国民国家の形成に取り組んでいました。当時、国民国家と帝国との争いが続いており、最終的に第一次世界大戦で国民国家が勝利したかのように見えました。しかし、その後、アメリカが「非公式の帝国」として台頭してきました。

帝国と近代社会という二つの政治システムの争いは、第一次世界大戦で国民国家の勝利として決着がついたように見えましたが、二〇世紀には再び帝国の時代が訪れました。アメリカとソビエトの二大帝国が一九八〇年代になると軍拡競争で互いに相手を倒そうとしました。その結果、ソビエトが崩壊し、アメリカのブッシュ大統領が「ニュー・ワールド・オーダー」という新しい世界秩序を掲げましたが、それも短命に終わりました。今や、複数の帝国が存在し、地球が分割される時代に入ってきたように感じます。

以前にも話しましたが、法哲学者の長尾龍一先生が「人類が発明した中で最悪なものは国民国家システムだ」と指摘しています。その理由は、国際秩序に責任を持つ主体が明確に定められていないからです。国境線を引いてその中で平和を保てば世界平和が実現するという考え方がありましたが、それは結局、二〇世紀に二つの世界大戦を招く結果となりました。

これからの二一世紀は、再び「見果てぬ夢よ、もう一度」として世界秩序を作り上げるのか、それとも世界秩序は幻想だったと認め、「自由と人権を重視する国」と「専制君主を持つ国」の二つに地球を分断し、お互いに干渉せずに平和を維持するか。あるいは、場合によってはイスラム圏を含めた三つの分割となるかもしれません。どちらの道を選ぶのかが問われる時代です。

島田　中国やインドが、国民国家や帝国という枠組みの中で一体どう位置づけられるのでしょうか。中国は中華帝国という形で、一つのまとまりを持っている。ただ他の帝国と比べた場合、内部の分裂と統合は繰り返してきたんですが、版図の拡大で言うと、意外と中国は強くない。

たとえば、日本に対して版図を広げようとは試みてこなかった。中華帝国は、外側の夷狄《いてき》が自分たちに朝貢してくるというシステムをとったわけですから、その夷狄を滅ぼすという考え方があまりなかった。インドの場合は、広大な版図のなかでラージプートと呼ばれる地方政権が群雄割拠する時代が続いていて、その後にイスラム政権が生まれ、ムガル帝国などが支配するわけですが、地方は依然として分裂状態が長く続いた。イスラム政権が誕生しても、イスラム教徒は少数派にとどまり、多数派であるヒンドゥー教徒をうまく統治はできなかった。それが、大英帝国によって植民地化されるまで続いたわけですね。

ですから、国民国家や帝国という枠組みで考えた時に、中国とインドはそれでは割り切れないんではないでしょうか。中国はいろんなものを発明しましたから、文明の力としては相当なものがあって、その背景に、人口が多い、国土が広い、GDPはかなり高いということがあった。一時帝国主義、植民地主義によって押さえつけられたけれど、近年になって中国が経済的に発展してくるのは、力をもともと持っているわけですから、必然的なことではないかと思います。

水野　インドは、これまで主体的に資本主義の歴史に登場してきませんでした。一方で、中国には、コロンブスよりも一〇〇年ほど前の一五世紀初めに鄭和《ていわ》という人物が、アフリカの東海岸まで大船団を率いて大航海に乗り出しました。彼の船はコロンブスの船よりも数倍大きく、中国人は「コロンブスの船は小さいな」と思ったことでしょう。

鄭和が大航海から戻り、皇帝に「海外はどうだったか」と問われた際、「中国にないものはない」、要するに新しいものは何も見つからないと報告した。「わざわざ船で遠くに行く必要はないです。全部中国にあります」と。皇帝が「じゃあ、リスクをとってまで大航海やらなくてもいいじゃないか」と言ってやめてしまった。本当に中国は豊かだったのでしょう。

中国はコロンブスの前の時代からすごく豊かで、自分たちの欲しいものはなんでもある。版図を広げる必要がない。ヨーロッパ大陸と言っていますが、あれはユーラシア半島です。ヨーロッパの面積をEU二七カ国で代替させると四二三万㎢です。一方、インドとパキスタンを合わせた面積は四一七万㎢で、大体同じぐらいです。インド大陸と言っている人いますか。いないですよね。同じような面積なのに、ヨーロッパ半島と言われるのは悔しいのでヨーロッパ大陸と言っている。

島田　ユーラシア大陸を一つのまとまりとしてとらえるのか、それとも分割されたものとしてとらえるのか、今の情勢からすると新しいとらえ方が必要なんでしょうか。

水野　ユーラシア大陸を一つにまとめるのは、無理だと思います。ユーラシア大陸の中で最も大きな国土を占めているのは、ロシア共和国をはじめとする一五の共和国から構成されるソビエト連邦でした。さらに、ワルシャワ条約機構にはソビエト連邦を含め、東ドイツやポーランドなど八カ国が加盟していました。しかし、これだけの東側共産圏をソビエト連邦はまとめきれませんでした。ましてや、西ヨーロッパや中部ヨーロッパ、そして急成長しているインドなどを含めてユーラシア大陸全体をまとめるのは、さらに困難でしょう。

ロシア・ウクライナ戦争で問題となっているのは、ヨーロッパとアジア大陸、つまりロシアとの境界線がどこにあるのかという点です。ヨーロッパは単なる地理的概念ではなく、むしろ文明の概念だと考える歴史学者もいます。彼らの見方によれば、西欧文明、つまり近代化されて「自由と平等」を最高の理念とする地域はすべてヨーロッパとみなされますが、イスラム圏やロシア、中国はそこから排除されます。

地理的には、ウラル山脈がヨーロッパとアジアを分ける境界とされています。しかし、ヨーロッパをどこで東西に分けるかという問題については、ビザンチンとイスラムが布教活動を行った地域がロシア側に属し、ローマとルターが布教した地域が西ヨーロッパに属します。中部ヨーロッパはハプスブルク家が統治していた地域であり、これも西側世界に含まれます。これが、おそらく現在のユーラシア大陸の分け方として落ち着くところでしょう。

問題は、その境界線によるとウクライナの国土の約八割が東側に入ってしまうことです。西側から見れば、一〇〇〇年前の状態に戻すことはありえないと考えているでしょう。一〇〇〇年前の国境線を認めることは、パンドラの箱を開けることになってしまいます。

†中国経済の先進性

島田　ウクライナはポーランドに支配されていた時もありますから、一つの国としてとらえることが難しいところはずっとあると思うし、ロシアが発展する前に、むしろウクライナの方が先に発展しているわけで、そういう複雑さがいろいろあると思うんです。

中国に話を戻すと、例えば、唐の時代にはすでに交換手形に当たるようなものがあった。貨幣経済、商品経済がかなり進んでいた。

モンゴルが元《げん》として中国を支配していた時代に、マルコ・ポーロが中国を訪問したことになっています。『東方見聞録』が本当にマルコ・ポーロ自身が書いたものなのかについては議論があって、本当は行ってないんじゃないかとか、複数の記録を一緒にしたんじゃないかという話もあるんですが、一応彼が書いたとします。その中に、中国では紙に文字を書いた紙幣を発行しているという話が出てきます。これは、何にもないところから金を作り出す錬金術に匹敵するのではないかと、それを目撃したマルコ・ポーロは驚いたということですが、中国は貨幣経済、あるいは金融、金銭面でかなり進んでいたんですか。

水野　その通りです。当時、中央銀行は存在しなかったため、紙幣の発行は民間の銀行が行っていました。マルコ・ポーロの時代にすでに銀行が存在していたとなると、メディチ家が銀行を設立したのは一三七九年でした。マルコ・ポーロは一二七一年にアジアへの旅に出ましたので、メディチ家よりも早い時期です。これは「三大発明」どころではありません。

マルコ・ポーロの時代、ヨーロッパでは金銀が不足しており、シリアまで行って胡椒を仕入れ、それを貨幣の代わりにしていました。紙幣を使うことは、胡椒を貨幣の代用とするよりも遥かに進んだシステムです。それを中国はすでにやっていたんです。

島田　それは、信用という問題ですよね。紙幣が通用するということは、紙幣が信用に足るものだということを保証する何らかのシステムがあったということですね。

水野　今の銀行システムほどじゃないでしょうけど、余剰貯蓄、余剰の人と貯蓄不足の人を結びつけるような仕組みがあったということです。

島田　現代の中国でもいろんな仕組みが新しく作り出されてきて、むしろそれが日本に還流されるようになってきた。キャッシュレスも中国の方がはるかに進んでいて、それと、個人の信用度を結びつける仕組みを作っていて、これがかなり先駆的で、世界に伝わっていくといったことですね。

水野　そういうことだと思います。スマホで自分の信用がランク付けされて、点数化されています。行き過ぎじゃないかと思いますが（笑）。

島田　経済はなかなか実験ができないという話でしたが、中国は共産主義社会になることによって国全体を管理できる。そういう特異な環境が出来上がって、そこに市場経済を入れているから、実験みたいなものがやりやすい国ですね。

水野　そこはどうでしょうか。ヨーロッパが第一次世界大戦に突入する直前に中国清朝はヨーロッパ列強の進出に押され一九一二年、滅亡しました。帝国がみんなほろびていくという説の一つに、帝国には皇帝がいるからというものがある。皇帝が「そんなものは必要ない」と一言言うと、もうそれで技術開発をストップする。だけど、皇帝がいなくて民主主義の国であれば失敗しても、別の人が「失敗をこういう風に応用すれば、もっとうまくできるのではないか」と改良する。それが技術開発で、定常状態から成長経済、技術開発が毎年行われる。だから、資本主義と専制君主は相性が悪いと言われています。それがサラマンカ学派の説です。

島田　サラマンカ学派を説明していただけますか。

水野　サラマンカ学派（Escuela de Salamanca）は、一六世紀から一七世紀にかけてスペインのサラマンカ大学を中心に活躍した神学者、法学者、哲学者たちのグループを指します。サラマンカ大学は当時のスペインのトップ大学です。カール五世の時代に、彼の弟がオーストリアに赴任したので、スペインの文化はウィーンに継承されます。その際、サラマンカ学派の経済思想も、新自由主義の源流であるオーストリア学派に影響を与えるんですね。

当時のスペインは大航海時代で、ベンチャー精神旺盛なグローバル思考です。サラマンカの学者たちも、失敗を繰り返しながらも改善し、より良い方向に向かっていくという考え方を打ち出しました。彼らは、失敗してもブレーキをかけず、再挑戦することが重要だと説いており、これが今のネオリベラリズムにつながっています。政府があれこれ指示することで、人間の自由な行動を制約してはいけないという考え方です。とりわけ新自由主義とサラマンカ学派には、空間が非連続的に広がり、事実上無限であるという共通点があります。

†イスラム経済の特徴

島田　次にイスラムの話をしたいんですけれど、一神教の流れは、ユダヤ教からキリスト教、イスラム教という歴史的な展開になっていて、その中で利子の問題もありますし、商売をどうとらえるかということもある。商売に対して否定的なのはキリスト教ですが、ユダヤ教にはそういう考え方はなかった。

人間が罪深い存在であるということをキリスト教は強調しますが、これはカトリック特有のもので、ユダヤ教には人間が罪深いという考え方はないんです。同じキリスト教でも、ビザンツ帝国で広がった東方正教会にも、この考え方はあまりない。カトリック特有の考え方が原罪ですけれど、原罪と経済が結びついて、人間が経済活動をして金を儲けることは罪深い行為なんだということが、中世ヨーロッパで支配的な考え方になっていくんですね。

イスラム教はキリスト教の後に生まれてきますが、イスラム教を開いたムハンマドが商人だった。商人の家に生まれて、両親は死んでしまったんですが、おじいさんとかおじさんに育てられて商人として成長した。結婚した経験のある女性がいて、ムハンマドより年上だったんですけど、その人に商人としての才能があることを見込まれて、再婚相手として選ばれる。

ムハンマドは商人として活動をする中で、四〇歳ぐらいの時に悩みを抱えるようになり、洞窟で瞑想していた時に天使が現れて、「これを読め」と神の言葉を読まされたことがイスラムの始まりで、それ以来、ムハンマドは神の啓示を受け続けるという生涯をたどるわけですが、商人ですから、商売は悪いものだという考え方が、ムハンマドの中にまるでない。

神の啓示を集めたコーランという聖典がありますが、その中では人間と神との関係を商売にたとえている部分が多いんです。神との取引は商売として最も優れたものだとコーランでは強調されていて、そうなってくると、商売をする上での信用がとても重要だから、それを裏切ることは神に対して反逆することであり、やってはならないという考え方があった。

だから、経済を肯定するイスラム教が出現したことによって、キリスト教の考え方とは全く違うものが生まれてきた。そのイスラムのもう一つの特徴がイスラム帝国で、ウマイヤ朝からアッバース朝という形で版図を広げていく。イスラム教を広げることと、帝国の版図を広げることが完全に並行していて、目的は、イスラム教の信仰が広がった共同体「ウンマ」を作ることだったんですね。

アラビア語は固有名詞ではなく、普通名詞を使うんです。ウンマは母という言葉から来ていますが、イスラム教が広がっていく中で、イスラム教徒が集まっている共同体を指すように意味が深まっていった。イスラム教で一番重要なものがイスラム法で、それは「シャリーア」と呼ばれていますが、これも、砂漠では一番重要な水場への道という意味なんですね。そうしたシャリーアに従って生活している共同体がウンマです。

「シャリーア」は独特の法の体系で、今の感覚で言えば、憲法でもあり、民法でもあり、刑法でもあり、国際法でもあり、刑事訴訟法でもあり、エチケットでもあり、風習でもあるという、非常に幅広いものです。日本人がよく知っている、豚肉を食べてはいけないとか、そういうこともその中に入っていますが、商売のやり方も、イスラム法によって規定されています。そこでは、商売をする際に不正をしてはならないということが、強く言われています。

ですから、イスラム教が商人の宗教として広がったことは非常に大きい。経済的なものを追求していく、金を儲けることに対して否定的ではない。キリスト教の場合は、清貧の教え、清く貧しく生きることが強調され、金を儲けることは罪深いという感覚が非常に強かった。そこにかなり大きな違いがありました。

イスラム教の中でどうやって公正な商売を実現するかですが、ウラマーと呼ばれる法学者たちが、市場を監視するんですね。ウラマーが市場監視官をやるようになって、人を騙したりすることはけしからんということで、何が人を騙したことになるのかを議論するようになっていった。一神教の伝統として「仲間からは利子を取ってはならない」という問題がありますが、これに関してもイスラム教では実務的に処理していくのが特徴で、ちょっとした抜け道を作ったりしたんですね。

たとえば、金を貸しそれを返してもらうことを、一つの行為としてとらえるのではなく、それを二つに分ける。一回取引した時に金を貸す形になるけど、返すという行為に関しては別の取引とする。一つの取引だと金の貸し借りになるけど、別の取引だからそうはならないという

「ヒヤル」というやり方を取ったりする。

後にキリスト教の神学者たちが、いかに利子を取っていいか、それを正当化するのに腐心していく。それと比較した場合、イスラムは商人的な感覚ですから、実用的な部分が先行したのだと思います。ここらへんの経済のイスラムの在り方は、どうですか。

水野 今二一世紀においてアラブ世界の資本主義は、成功してないですよね。資本主義だけが国民を豊かにするシステムであるということを証明するのは難しいですが、結果としてイスラム世界の普通の人びとの生活水準は高くはない。利子を禁止し、金儲けを否定したキリスト教社会が世界標準の資本主義社会になって、商売による金儲けを最初から容認していたイスラム社会は豊かになっていないというのはどう考えたらいいのか。すごい逆転現象が起きているのは、なぜでしょうか。

島田 さっきの中国の逆転現象もありますよね。皇帝の一存で、経済の新しい試みにストップがかかるとうまくいかない。ヨーロッパの場合はいろんな試みができるので、それによってさまざまな改革が行われてきた。イスラムの場合は、実際的な面で問題を解決していく力は非常に強いけど、物事を突き詰めて考え、それを経済学にまで発展させていくことが、逆に生まれなかった面がある気がします。

水野 イスラム社会で、アダム・スミスに該当する人はいないってことですね。

島田　イスラム教徒の義務の一つとして、「喜捨《きしや》」があります。喜んで捨てる。日本では仏教の言葉である喜捨を使って、アラビア語のザカートを翻訳しているんですが、この精神は今でもイスラム世界の中で非常に強いんです。貧しい人たちに施すことは当たり前であると。一年に一度断食月《だんじきづき》がまわってきますけれど、その目的はふだん食べられない人たちの気持ちになることです。断食の時間は日没とともに解除されて、みんなご馳走を食べるんですが、その席には貧しい人たちが自由に来て食事にありつくことができる。

今の社会福祉的な感覚が、宗教の次元で解決している社会なんです。だから、福祉の制度を作り上げることをむしろしない。宗教心ですべての問題を解決してしまう、そういう面がある。

水野　中世のキリスト教も、富裕層が亡くなる際に教会に多くの寄付をするよう勧めていましたが、イスラム教でも同様のことが行われていたのですね。国民国家が成立してからは、社会福祉は政府の役割となりましたが、イスラム社会ではずっと宗教がその役割を果たしていたのですね。

†イスラムには法人がない

島田　イスラム学の中田《なかた》考《こう》さんが言っていたのは、イスラムでは法人という考え方は取らないというんです。株式会社とかはダメなんだという考え方が強い。イスラム教は、基本的に組織のない宗教なんですね。それで、教団ができない。モスクという礼拝所はありますけど、あれはただ日本の神社と同じような礼拝のための施設です。そこにみんなが所属しているわけじゃない。教会のように、メンバーとして所属しているところじゃないんですね。

スーフィーという神秘主義の人たちは教団を作るんですけど、それは例外的で、ごく一部にすぎず、基本は組織のない宗教、そこに特徴がある。だからカトリックみたいな世界組織は絶対にできない。組織のあり方としては、非常に弱い。今日でもイスラム世界の中では組織が発達していなくて、個人主義が非常に強い。

私の義理の弟がトルコ人ですけど、彼の行動を見ていても、組織に頼るという考え方がまるでないですね。一人で全部開拓して商売に結びつけるというやり方を取っていて、イランもそうらしいです。現代の資本主義社会では、組織がすごく重要です。のちに株式会社、法人の話をしますが、そういうものが発達しているのに比べると、イスラムは組織が発達してないところに大きな特徴がある。あるいは中国もそうかもしれないですが。

水野　イスラム教とキリスト教の大きな違いは、株式会社を認めるかどうかにあるのですね。株式会社は資本を蓄積するための器であり、資本を集めて国王の圧政から逃れる手段として機能しました。法人格を与え、永久的な存在としたことが、ヨーロッパで資本主義が発達した大きな理由です。イスラムでは、資本や金融資産を次の世代に残すという考えはないのでしょうか。自分たちの代ですべてを終わらせるのでしょうか。

島田　お金を貯め込むことはダメで、持ってたら使わなきゃいけない。それによって経済が動いていくという感覚が非常に強い。もし余っているなら、喜捨という形で弱い者、貧しい人たちに還元するという考え方が強いんですね。

水野　西側、特に日本の法人企業は金融危機を経て、手元に流動性を十分に持たないと非常時に困るという認識が広がりました。銀行を頼りにできないため、現金や預金を積み上げて蓄えているわけですが、イスラムの人々はその点、かなり楽天的なんですか。

島田　楽天的というのもあるし、やっぱり神を信じていることが大きい。むしろ新自由主義の考え方に近いのかもしれませんが、あらゆることは神が決めたことだから、どんなことでも意味がある。自分たちは、そうした神の意思に従って行動し、生きていく。自分だけ良くしようとか、内部留保なんてまかりならんというのが、イスラムの本来の考え方です。これからの資本主義のゆくえを考える上では、このイスラムのあり方は興味深い、取り入れないといけないかもしれないと思っています。

そうしたイスラム経済によって支えられたイスラム教は、勢力としてもけっこう強いですよね。オスマン帝国の時代は相当な力を持っていて、ビザンツ帝国と戦って、それを滅ぼしてしまいましたし、ヨーロッパはずっとオスマン帝国の脅威にさらされていた。二回もウィーンを攻められて、危うく奪われそうになるほど強力だった。

だから、ヨーロッパの人たちは、オスマン帝国ができてからはイスラムの存在を常に意識せざるを得なかった。現在になると、イスラム教徒が移民として入ってきて悩みの種になっている。

中世においては、イスラム帝国が広がった地域の中に、ギリシャの文明、ギリシャ語の文献が存在し、活用されました。ギリシャは、キリスト教からすると異教です。だから、キリスト教の人たちはギリシャの文化はダメということになっていて、それを保存していたのがイスラム世界です。ギリシャの文明、特にギリシャ哲学ですね。哲学と言っても、そこには純粋な哲学だけではなくて、道徳、倫理学、政治学、自然学、そういうものを含めて、特に医学はかなり発達していて、それに関連する文献をギリシャ語からアラビア語に翻訳することによって、イスラム教が摂取できたことが大きい。

十字軍の時代には、イスラム文明の方が圧倒的に優れていた。医学の面でも差があったので、十字軍の兵士は自分が傷ついた時に一緒に来ていたキリスト教の医師には頼まないで、イスラムの医師に頼む。たとえば、傷を受けて足を切断しなきゃいけない時に、キリスト教の医師はただ切ってしまう。だけど、イスラムの世界には麻酔のようなものがすでにあって、それで治療してくれるのでイスラムに頼った。そうしたことは医学史の本に書かれてますけど、それほど差があったんですね。

†テンプル騎士団の金融活動

島田　十字軍が出てきて、高度なイスラム文明に接して、キリスト教というかヨーロッパがそれを採り入れることによって、やがて一二世紀ルネッサンスとか、本格的なルネッサンスに発展していく土台が作られていった。十字軍の文明史的な意義、あるいは経済史的な意義は大きいんじゃないかと思いますけれど、どうでしょうか。

水野　第一回十字軍は、テンプル騎士団が主導しましたね。彼らは事実上の銀行業務を行い、その後、メディチ家の銀行が続きました。キリスト教では聖書にやってはいけないことが多く書かれていますが、実際には非常に現実的な対応をとっています。例えば、イスラエルの聖地奪還のためにお金が必要になり、臨時の増税が行われました。

一割の年貢だけでは足りず、テンプル騎士団が設立され、巡礼者の空き家を管理し、他の人々を住まわせて家賃を得るようになりました。現在でも金融、土地、不動産が一つのグループに分類されているのは、その名残《なごり》かもしれません。テンプル騎士団が行っていたことは、まさに金融業の原点が不動産業にあることを示しています。

島田　本当に闇の銀行みたいな感じですよね。

十字軍は、もともとはウルバヌス二世というローマ教皇が呼びかけて始まります。一〇九六年に出陣していますが、その時は聖地奪還、十字軍とは言わないで、旅とか、巡礼と呼ばれていました。奪還の対象になったエルサレムには、聖墳墓教会《せいふんぼきょうかい》というイエス・キリストの墓があり、その周辺にもイエスにまつわるいろんな聖地がある。イスラム勢力というかアラブ人がそこを支配するようになっていたので、なんとか巡礼路を確保しようと出陣を呼びかける。大軍を作って、宗教的にみんな燃え上がって行くわけです。

それで第一回十字軍は一応成功して、エルサレムに、エルサレム王国という十字軍国家を作り上げる。周辺にも同じような十字軍国家がいくつもできて、領地を確保することによって巡礼を安全なものにする。そして、巡礼者の道中の安全を守るということで、テンプル騎士団などが生まれる。

ところが、エルサレムに巡礼にいくためには、安全が確保されることも重要ですが、お金もいる。お金を道中守っていかなきゃいけないので、テンプル騎士団が預かってエルサレムでお金を払い出す。今のATMの役割をするようになる。そうすると、テンプル騎士団の中にお金が蓄積されるので、彼らはそれで領地を買う。かなりの大土地所有が可能になり、それが経済的な基盤になった。

それによって経済力をつけたがゆえに、ヨーロッパの王国はテンプル騎士団に金を借りたり、自分たちの金銭、財政の管理まで任せたりしたんですね。それで、ヨーロッパの王国は、テンプル騎士団に牛耳られる形になってしまったんで、最終的にはテンプル騎士団は異端のレッテルを貼られて解体される。解体されたのは一三〇七年のことですから、その時点では、テンプル騎士団のような大土地所有をした上に金融をする組織が存在するのは、不都合という感覚もあったんでしょうか。

水野 テンプル騎士団はフランスの国王によって潰されました。教会と国家の大分裂の前後、フランスの国王と教会の権力争いがありましたが、王権が強くなっていく一つの象徴的な出来事です。当時、国王は頻繁に戦争をしており、そのために臨時増税が必要でした。王権が弱い時期には、教会に「敵が攻めてくるので臨時増税を行いたい」と許可を求める必要がありました。新たな税を課す権限は教会にあったのです。

カントロヴィッチの『祖国のために死ぬこと』(みすず書房)という本によれば、この頃から「王の増税は戦争のため、祖国防衛のためであれば、教会の許可は不要」ということになり、王権が教会の支配を打破する流れが生まれました。その結果、教会の支配下にある教団に財産を任せることが不都合となり、国王にとって邪魔な存在となったのです。

ちょうどその頃、メディチ家が登場し、最後にはローマ教皇を輩出しましたが、彼らの出自はあくまで民間企業です。これは、商人が教会に対して勝利したとも言えるでしょうね。

島田　水野さんが言うように、テンプル騎士団や十字軍に関わってくるのは、イタリア都市ですね。ジェノバとかヴェネチアとかが十字軍に対してかなり資金を出すことで力を持っていて、十字軍の方向性を左右した。第四回の十字軍などは、エルサレムを攻めるんじゃなくて、ビザンツ帝国のコンスタンティノープルを攻める。そこでさんざんに略奪をするんですが、そこにはイタリアの都市国家の意思がかなり働いていた。

イタリアの都市国家が相当に力を持つ存在としてこの時期に浮上してきたと思うんですけれど、その点はどうでしょうか。

水野　オランダ共和国が最初の国民国家とされていますが、すでにイタリアの都市国家はほとんど国民国家の様相を呈していました。トップに立つ人物が選挙で選ばれていないという違いはありますが、議会で有志が選ばれ、自主的な統治が行われており、ロンバルディア同盟などでオーストリアから来た皇帝を追い出すこともできました。現代の国民国家に近い形が、すでにイタリアの都市国家で実現していたと解釈してよいと思います。

†メディチ家の台頭

島田　今だとイタリアは一つの国家を形成していますが、その時代には、イタリアにあるそれぞれの都市が都市国家として競い合っていて、外国にまでさまざまな影響を及ぼしていたという構図ですよね。

水野 都市国家のままで、国民国家ができなかったわけですね。俺たちはローマ人だ、俺たちはヴェネチア人だという意識で、俺たちイタリア人という一体感はないんですよね。イタリアが統一されるのは明治維新と同じ頃ですが、それまでの間、フィレンツェやヴェネチアといった都市国家が豊かになっていました。彼らは東方交易を独占し、胡椒を仕入れたり、中国から絹織物を独占したりして、富を蓄積していました。

まとまらなくても、自分たちの都市ですでに豊かだということです。一八七〇年頃日本は徳川幕府が倒れて明治維新になりますが、みんな貧しくて、それに匹敵するような都市国家に近いものは、大阪の堺一つぐらいしかない。イタリアはあちこちにあった。崩壊したとはいえローマ帝国のおかげで、ローマのほかにもヴェネチア、フィレンツェ、ジェノバなど豊かだった。地中海を支配するという仕組みを持っていましたので、それを引き継いで中東貿易を独占できたのが大きかったと言えます。

島田 まだオスマン帝国が出てくる前ですよね。

水野 オスマン帝国が出てくると、イタリアは東へのルートがつぶされて、ポルトガルとかスペインが、危険な大西洋を横断せざるを得ない。地中海は荒れることが少なく、安全な航路でしたので、シリアまで行き、アラブやエジプトの商人と取引をすることができました。

島田 そのイタリアで、一四世紀の終わり、すでに十字軍が終わっていた時代にメディチ家が出てきた。十字軍の時代がいつまでかというのを、実は決めるのが難しい。十字軍の遠征自体は二〇〇年ぐらいしか続かなかったんですけれど、十字軍国家はその後も存続します。エルサレム周辺にできた十字軍国家はイスラム勢力に奪還されますが、ビザンツ帝国を一度滅ぼして、そこにラテン王国という十字軍国家を作った。それから、キプロスとかにも、ヨーロッパの人たちが進出してそこを支配する。それも十字軍国家に入るとすれば、相当後の時代まで続くんですね。

一四世紀の終わりに、メディチ家が銀行業に進出する。十字軍の時代からメディチ家が現れる間に、資本主義の勃興という出来事がおそらくは起こった。テンプル騎士団は、遠隔地の間で為替取引に近いことをやって収益を上げるんですが、これに関しては利子の禁止に反してるという議論はなかったようです。ということは、まだ資本主義経済が発展していなかった。

ところが、メディチ家の時代になると資本主義経済がかなり発展してくるので、利子を取る行為はいかがなものかという意識が強くなってきたんではないかと思います。しかもメディチ家の一番の顧客がローマ教皇庁で、銀行収益の五〇%を占めていた。ローマ教皇は教会領とか教皇領から税金を徴収する、その業務をメディチ家が請け負うことで、聖俗一体の関係が成立した。メディチ家は、ヨーロッパ全体に銀行の支店を作って、合わせて土地も買い漁って、最終的にはローマ教皇もメディチ家から生まれるまでになりました。金融業によって、世界を支配する、その先駆的な形態でしょうか。

水野　金融が権力と結びつくのは、昔からのことなんですね。お金が集まるところには自然と情報も集まります。現在のウォール街が米財務長官を輩出するように、昔からその傾向がありました。テンプル騎士団の時代には、こうした問題はまだ表面化していませんでした。ローマ教会にとってテンプル騎士団は身内のような存在であり、商人たちもまだそれほど力を持っていなかったので、例外的な存在として許されていたのでしょう。しかし、メディチ家が銀行を設立した一三九七年頃には、商人が各地で活躍しており、商業活動が一部の例外ではなく常態化していました。そのため、メディチ家が行っていたことが聖書に反するのではないかという疑念が生じるようになったのです。

メディチ家が銀行業に進出した時代には、預金者はまだ存在しておらず、相当な額の資本を持っていないと銀行業は成り立ちませんでした。マルクスが言うように、資本主義の根源的蓄積は、牧歌的なものではなく暴力によるものでした。メディチ家は銀行業を始める前、薬問屋を営んでいたと言われていますが、その前はギャングのような存在で、身内に五人も殺人罪で死刑判決を受けた者がいたとされています。普通の家庭では考えられないことで、彼らは脅しや強奪など暴力的な手段で資本を蓄積していた。メディチ家の例は、資本家が最初の資本をどこから得るのかという問題に対する一つの典型例と言えます。
マルクスは『資本論』の中で、「資本の最初の蓄積はどこから来るのか」という問いに対して、「今年は例外的に暴力を使って資本蓄積をする」と言うのですが、それを毎年行っていたと指摘しています。

島田 マルクスが、メディチ家のことをそういう風にとらえているんですか。

水野 名指しでメディチ家のこととは書いてないですが、読むとそうなのかなと思います。それからケインズも、マルクスと同様の考えを持っていました。ケインズは、イギリスの最初の資本家は海賊ドレークだと言っています。彼は最終的にイギリス海軍のナンバー2の地位に就き、貴族の称号を得て英雄になりました。

東インド会社は、「今年だけ例外です」と言って搾取を続け、その翌年も「今年限りです」と言ってまた搾取する。同じことが二一世紀にも行われていて、（日本の）実質賃金は一九九七年をピークに二七年間にわたって下落傾向にあります。バブル崩壊で経営が厳しいので「今年だけ賃下げを受け入れてくれ」と組合を説得し、毎年賃下げを続けてきた。本当にマルクスが指摘した通りの資本家が二一世紀にも存在しているわけです。

メディチ家も銀行業を始めてから、法律のギリギリのところでいろいろなことをやっていたと思いますが、最終的には倒産しました。

島田　逆鱗に触れたわけですね。

水野　一四九四年、フランス王シャルル八世の軍隊がイタリアに侵入し、メディチ銀行は倒産します。メディチ銀行はヨーロッパ全域で教会や国王にお金を貸付けするさいに、今年限りと言って、限度を越えたことを何年やっているのだと。

島田　十字軍の時代もそうですけど、戦争に勝利するということは略奪する権利を得るということです。例えばエルサレムを落とすと、その段階で兵士たちに三日間とか期間限定で略奪する権利を与えられる。それが報酬になるわけですね。

コンスタンティノープルを攻めた時もそうで、それによってビザンツ帝国が一時滅びてしまう。そうした状態が生まれたのも、第四回十字軍が略奪をしたからです。それが勝手に勝者の権利として保障されていたということで、経済が発展していない時代は、資本、お金を集めるには収奪するしかないという部分はかなり強かったんじゃないですか。

水野　二一世紀になって先進国の経済成長率が鈍化してくると、中世のヨーロッパと同じような状況になっています。二〇世紀は中間層ができて比較的良かった時代だったと思いますが、おそらく南北問題で南側の世界にしわ寄せが行って、今それがグローバルサウスという形でツケが全部先進国の中間層に回ってきたのかなと思っています。しかし、本来ツケを回す先はビリオネアであるべきです。

†為替取引による利益創出

島田　メディチ家のやり方の中に、利子を取ることを回避するために為替《かわせ》を利用しているところがありました。西藤洋《にしふじひろし》さんの『神からの借財人　コジモ・デ・メディチ』（法政大学出版局）という本の中に例として挙げられていたんですけど、イギリスの商人Aが、フィレンツェでロンドンに持ち込めば高く売れる毛織物を見つける。購入する時には一〇〇〇フィオーレが必要です。商人Aは手持ちのお金がないので、メディチ家の銀行の支店を訪れる。それで、為替手形を出してもらって、九〇日後にロンドンで同額の金額をポンドで支払う。一フィオーレが八〇ペンスという為替相場があるので、八〇〇ポンド（八万ペンス）払うことになる。

それと、カウンターパートがイタリアの商人Mで、こっちはロンドンで、フィレンツェで売れる羊毛を見つけて、八万ペンスで買う。やはり為替手形で九〇日後にフィレンツェで同額をフィオーレで支払う。ただ、レートが違って一フィオーレが七二ペンスなので、一、一一一フィオーレ払うことになる。この差額が銀行に入って儲かる。

利子を取ってるわけではないんですが、これによって銀行が利益を得るという説明があるんですが、私にはわかったようでわからないので説明していただけますか。

水野　メディチ銀行はロンドンやフィレンツェに支店を持っているため、日々の為替レートが一フィオーレ何ペンスかを正確に把握しています。当時、こうしたグローバル展開をしている企業は多くなく、特に印刷業がその後に登場しました。印刷業は国境を越えることが容易で、本の大きさが決まっており、ラテン語という共通言語を使っていたため、「プリント・キャピタリズム」という言葉も生まれました。

商人Aと商人Mがお互いを知っている可能性はほとんどなく、商人Aはフィレンツェにいて、ロンドンでの為替レートを知らない状況です。売り手と買い手が同じ情報を持って商売するのが理想ですが、当時はメディチ家だけが情報を持っており、それを利用して自分に有利な取引を行っていました。ロンドンのレートがこうだと言われたら、商人Aはそれを受け入れるしかありません。このようにして銀行は一一％の手数料を得て、銀行員の給料に充てていました。

島田　うまくいくとは限らないですよね。

水野　九〇日後もし激変が起きたら失敗します。これは、今で言う損失の標準偏差みたいな計算をして、最大でこれくらい上下にリスクがある、一〇〇件取引したら一〇件ぐらいは異常値になると計算しています。一一％の中には、リスク回避手数料と銀行マンのお給料が入ってるのかなと思います。割に低いですね。これは事例だから、厳密に一一％だったかはわからない。当時、三割以上は暴利とされました。そう決めるということは、みんな三割以上でやってるわけです。三割ぐらいとれば、お給料とリスク回避が銀行業として成り立つ。

島田　商人Aと商人Mの方は、どうなんですか。儲かる、儲からない？

水野　結果的には、儲かった商人が生き残るということでしょう。ロンドンの商人Aは、為替手数料が割高であっても、それ以上の価格で羊毛を欲しがるロンドンの富裕層の顧客を抱えていたのだと思います。商人Aは銀行の手数料を上乗せした価格で羊毛を購入し、自分の利益を加えて、最終的にロンドンの裕福な顧客に売っていたのではないでしょうか。

島田　これは、かなり商品経済が発展してきた段階ということですよね。

水野　そうですね。こうして為替取引が行われ、羊毛が国境を越えて動き始めることで、一四世紀には市場経済が進展し、都市化と市場経済化、貨幣経済化が本格的に始まりました。

島田　当時は聖職者が教会領、教皇領を持っているので、その地位を得ることが経済的な豊かさを得るための一つの手段になっていた。そうであるために、聖職者になる時にローマ教皇に対して莫大なお金を払わなければいけない。

それによって教皇は儲けるわけですが、そのお金を調達するのが簡単にいかないので、聖職者になろうとする人間はメディチ家に借りる。聖職者である間に金を返していくわけで、これも利子を支払うのと同じになります。為替と同じような手段で利益を得る方法を一方でやりつつ、ボーナス的なお金を聖職者がメディチ家に支払う。親切にしてくれた贈り物で、利子じゃない、ウスラ（高金利）じゃないですという形に持っていったようです。

水野　ローマ教皇庁のいわゆる官僚になるためには、相当お金を出さないといけない。ルターがローマに行った時に、カトリックの聖職者は堕落していると糾弾しました。ローマ教皇庁に娼婦が正面から出入りしたり、今でいう投資銀行マンが出入りしていたりしているという記述がある。ルターは怒るわけです。だけど当時のローマ教皇庁には、教皇の支配している土地がある。ローマ教会は、作物の一〇%課税ですが、商人は三割の利子で商売しているのですから、全然もうけが違う。ローマ教皇の権威が揺らぐことになります。

商人に負けないように、どうしてもお金を集めなければならないとなって、教会関係者が賄賂をもらうなど無理なことをする。それがルターに糾弾されたんだと思います。そういう風になるべくしてなってしまった。商人はすごいなと思いますね。一〇〇円のものを三〇%ずつ増やしていける。

島田　古代から中世にかけて経済がずっと定常的な状態だったのが、そこで大きな変化が起こる。その中で、教権と王権の戦いが続いてきたんですけれど、だんだん王権、世俗権力の方が商人も含めて強くなっていくというところに差しかかりつつある。

ただ、『神からの借財人　コジモ・デ・メディチ』を読んだ時に疑問だったのは、利子の禁止に自分たちが反してるんじゃないかと。メディチ家は「神の借財人」で贖罪を背負ってるという意識があるようなことが書かれているんですが、利子の禁止が具体的な形であったのかが疑問だったんです。本当に禁じられていたんでしょうか。

水野　ジャック・アタリとル・ゴフが書いていますが、三三％以上が一律的にウスラとみなすという基準がありました。

島田　三三％はどこで決まったんですか。そもそも利子を取ってはいけなかったですよね。

水野　私の考えですが、経済が定常状態である中で、三三％以上の利息を取っていると、三年間で所得がゼロになってしまうことが問題だったのだと思います。たとえば、一〇〇円で生活している人が借金をして一〇〇円を借りた場合、翌年には三〇円を返さなければなりませんが、収入が一〇〇円しかない場合、残りは七〇円しかありません。三年でゼロになり、どんどん債務奴隷が生まれる。当時、高利貸しの多くはユダヤ人だったため、キリスト教徒がみんなユダヤ人の債務奴隷になってしまうことを懸念していたのでしょう。

島田　ユダヤ人問題はありますよね。メディチ家は、宗教的なものにお金を使って教会を寄進したり、そこに飾る立派な美術品を作ったりして罪滅ぼしをして、今のイタリア文化を作り上げる上では、大きな意味を持ったということですね。

第四章

一三世紀における資本と資本主義の誕生

†ブルジョアジーと都市化がもたらした経済拡大の波

島田　一二世紀の十字軍の時代に、テンプル騎士団という金融活動をになった集団がありましたが、為替などをやっても利子の禁止には抵触しないというか、あまり問題にならなかった。ところが、一五世紀のメディチ家の時代になると、経済のあり方が変わり、それに伴って利子の問題をどう考えるかが変わってきた。そういう見通しを前回立てたわけですが、そのあいだの時期、一三世紀に資本主義が誕生したのではないかという問題が、今回のテーマです。

十字軍が起こったことで、イスラム世界とヨーロッパ・キリスト教世界が結ばれて、当時は文明の力でいうとイスラム世界の方が進んでいた。そういうイスラム世界に接することでキリスト教世界も変貌を遂げていって、一二世紀ルネッサンスがヨーロッパで起こります。

ギリシャ語の文献は、それまでヨーロッパ世界では十分に知られていなかったのですが、アラビア世界でアラビア語に翻訳されていたギリシャの哲学や自然学、天文学その他さまざまな学問的な成果がラテン語に翻訳されて、キリスト教世界の中で学問が非常に盛んになっていき、大学が出現する。

それが可能だったのは、経済のあり方がだいぶ変わってきて、例えば封建制の確立とか農業生産力の向上などは大きいと思うんですが、それに伴って人口が増加する。貨幣経済も進展していき、都市が勃興していく。そこに知識人たちが生み出されて、知的な環境もどんどん変わっていったという流れが一二世紀から一三世紀にかけて起こってきたのではないだろうかと思うんですが、水野さんはどのように捉えていらっしゃるでしょうか。

水野　一一世紀から一二世紀にかけて、初めて「金持ち」、つまりブルジョアという言葉が生まれました。彼らは山賊に襲われないよう、城壁（ブール）を作り、その中に住んだ金持ちを「ブルジョアジー」と呼んだのです。それまでは土地を持つ貴族が金持ちでした。つまり、上流階級は土地所有者、大地主だったのです。

しかし、土地を持たない金持ちが台頭し、商人の時代が始まりました。定期市ができ、国王が都市を承認して自治を認めるようになり、一三世紀には急速に都市化が進みました。ただ、都市は自給自足ができないため、他の地域から物資を調達する必要があり、交易が盛んになりました。

島田　この場合の都市とは、どういうところでしょうか。

水野　ローマからアムステルダムに向かう途中、北に進む川沿いのルートに、定期市がたくさん開かれていました。有名なのは、一一世紀末に開かれたシャンパーニュの大市《おおいち》で、マース川、モーゼル川、セーヌ川に囲まれた場所で開催されていました。この大市は年に六回ほど開かれており、リヨンの大市も有名です。しかし、こうした大市が毎日開かれるわけではないため、必要な時に必要なものが手に入らないという問題があり、しだいに日常的な取引が増えていきました。

一三世紀になると、各地に都市ができ始め、遠隔地からさまざまな物資を調達するようになりました。それまで、時間は神が所有するものでしたが、金利という時間の概念が人々の間で生まれてきました。お金を誰かに渡し、その人が三カ月後に自分たちが欲しいものを持ってくる。その間に何が起きるかわからない。山賊に襲われてその人が死んでしまうかもしれないし、持ち逃げされるかもしれない。こうしたリスクが初めて時間と結びつき、損失を補填するために利子が生まれたのです。

ちょっと後に、メディチ家の銀行員のお給料は利子及び利潤の中に入れていいということになり、人件費まで利子、利潤の中に入ってくる。危険負担だから、距離が長くなればなるほど危険が大きくなる。そうすると、時間が長ければ長いほど金利が高くなる。

島田　今の若い人たちには、金利が高いなどという話はまったく通用しないかもしれませんね。

水野　たしかに事実上の超低金利が一九九七年から続いており、長短金利差がほとんどなくなっていますから、時間が利子発生の源であるという考え方は理解しにくいかもしれません。昔は、横軸に期間、縦軸に利回りを取ると、右上がりの金利曲線が描けました。当時はもっと急な右上がりの曲線だったでしょう。リスクが多かったため、長期間お金を借りると金利が高くなりました。
お金を貸す側からみれば、長期間お金を相手に渡すことは、自分の現在の消費を抑制したり、もっと儲かった投資の機会を逃したりしたかもしれないので、高い金利を要求します。一方、借り手は長期間借りられることで、より高リスクの事業に挑戦し、利潤率が高くなるため、高い利息を支払うことが可能になります。

島田　ずっと経済は定常的な状態が続いていたのに、そこで局面が大きく変わった。

水野　そうですね。経済的には非常に重要な変化です。現在、もし一万円を持っているとしたら、それをすぐにお米やメロンに交換して消費することで、満足度が最も高まります。しかし、預金や他人への融資で現金の一部を手放すと、現時点ではまったく効用が得られません。それでもなぜ預金するのかというと、リスクの中で最も大きいのは、将来何が起こるかわからないということです。突然病気になって入院費が必要になるかもしれません。逆に将来の健康不安から今お肉を食べたいという欲望が勝ることがありますよね。その欲望を抑え、一年後に満足度が高まるという期待があるからこそ、人々は万能な現金の一部を貯蓄するのです。

島田　「宵越しの金は持たない」という言葉がありますよね。

水野　そうですね、明日のことを心配しなくていいのであれば、「宵越しの金は持たない」社会が成り立ちます。経済学的には理想的な社会です。例えば、一万円を持っていても、そのうち八〇〇〇円を美味しいものに使い、残りの二〇〇〇円をわざわざ銀行に預金するのは、その二〇〇〇円が一年後や三年後に増えるという期待があるからです。当時、もし年利が三〇％だったとしたら、三年後には二〇〇〇円が四〇〇〇円になる可能性がありました。

金利というものは、実際には「実質金利」として考えるべきです。目に見えるのは「名目金利」ですが、経済学で重要なのはインフレ調整後の実質金利で、これが大事な概念です。

島田　インフレで物価が上がったりしますね。

水野　たとえば、一〇％の名目金利がついていても、物価が八％上がっていたら、実際の実質金利は二％にすぎないことになります。なぜ預金をするかというと、三年後には預けた金額が現時点で購入できる量よりも多く手に入れるようになって戻ってくるという期待があるからです。たとえば、今はお米と柿を食べていたとしても、三年後にはお米とメロンが食べられるようになるのなら、その方が満足度が高いと判断する人が多い。

また、経済がどんどん拡大して、より多くの物が作られるようになれば、今は柿を一つしか食べられなくても、二〇〇〇円を預金して三年後に一〇〇％（一年で三三％）の利子がついて四〇〇〇円になったら、柿をより多く食べられることになります。その方がより満足すると思う人が増えるわけです。金利がつくということは、経済が必ず拡大していることを意味します。

こうした経済的な期待が一三世紀に出てきました。それ以前は経済が定常状態で、今日も明日もあさっても同じような生活を送っていたのですが、経済の拡大とともに、こうした期待が生まれてきたのです。

†一三世紀に経済が転換した理由

島田 どうして、そこで転換するんですか。

水野 一つは農業革命ですね。その結果、水車の利用や鉄製の斧や犂が使えるようになり、農業の生産力が大幅に向上しました。その結果、自分たちが生きるために必要な以上の余剰生産物が生まれました。しかし、その余剰を定期市に持っていっても、すぐにお米やメロンを欲しい人に出会えるとは限りません。そこで、貨幣を媒介に使う必要が出てきました。しかし、経済が膨張するにつれて、貨幣が不足するようになりました。ヨーロッパでは金や銀が掘り尽くされ、遠くまで行かなければ手に入らなくなったのです。

島田 金とか銀とかですか。

水野 そうです。金や銀が不足したため、最終的には胡椒が貨幣の代わりに使われるようになりました。金銀は生産量が限られていて偽造ができませんが、胡椒も当時の技術では偽造が不可能でした。さらに、胡椒は小さく、袋に入れれば正確に重さを測ることができ、腐らないので保存がきくという利点がありました。

その結果、中東に行って胡椒を仕入れ、それを貨幣の代わりに使い、今度は北欧に行って毛皮を仕入れるという商業活動が広がった。毛皮を買うのは貴族などの富裕層で、非常に高い利潤を得ることができたんですね。たとえば、一〇万円で仕入れたものが二〇万円、三〇万円で売れるので、利潤率が非常に高くなります。三〇％の利子がつくのは、こうした高い利潤率が背景にあります。

島田　農業技術の向上は何によってもたらされたんですか。

水野　主な要因は、鍬や鋤といった農具の改良です。現代で言うトラクターのようなものです。以前は小さなスコップのようなもので耕していたのが、大きな馬に引かせる犂を使うようになり、少ない労働力で広い面積を耕せるようになりました。

島田　労働生産性が高まる。

水野　収穫量が増え、農産物を都市に持ち込むことができるようになりました。また、一家の中で農作業を行うのに長男と次男だけで十分になり、三男以降は「都会に行って商売をする」といった流れが生まれました。食料が増えることで人口が増え、こうした変化が一二世紀から一三世紀にかけて起こりました。

たとえば、イタリアの商人が「一年かけて中国に行き、絹織物を仕入れてきます」という場合、出資者は「一〇〇万円貸しますが、三〇％の利息を払ってください」と要求します。商人は中国で一〇〇万円分の絹織物を仕入れ、ヨーロッパで二六〇万円で売ります。一六〇万円の利益を得ても、そのうち一〇〇万円は元本返済、三〇万円は利息として支払い、残りの三〇万円が自分の利益となります。しかし、旅費や警備隊（傭兵）を雇う費用も必要です。そうなると、一〇〇万円で仕入れたものは最低でも三〇〇万円で売らなければなりません。

もっと近場で商売をする場合、たとえば六カ月で一〇〇万円を返すとしたら、利息は一五％程度で済むかもしれません。貸手からすれば、一一五万円を次の商人に貸せるので、交易の距離に応じて金利がどんどん上がっていくのです。

島田　それが、資本主義ですね。

水野　そうです。資本主義は、リスクを取って利潤を得る仕組みです。高いリスクを取った人ほど高い利潤を得ることができます。そのため、最初に大きな元手がないと、小口の資本では資本家になれない。マルクスやケインズも書いていますが、最初の元手はみんな強奪です。

島田　その時代に、強奪が横行していた？

水野　と思います。前にも話しましたが、ケインズは「イギリスの資本家第一号は、海賊ドレークだ」と書いています。貴族の称号があって英雄ですが、海賊です。

マルクスはさらに明確に書いていて、G‐W‐G'という概念を使っています。ドイツ語で貨幣をGeld《ゲルド》、商品をWare《ヴァーレ》と言いますが、最初のG（貨幣）を得ることは非常に困難です。小額の資本では小さなリスクしか取れないので、大きな商売を展開するには大きな元手が必要です。この元手は大抵、略奪や強奪、戦争によって得られたものでした。

『マネーの進化史』(早川書房) という本の著者ニーアル・ファーガソンは、メディチ家の出自はギャングだと書いています。銀行業や薬、病院の仕事を始める前はギャングだったと。そうでなければ、リスクを取るための最初の資本を得ることができず、三〇%の融資で一〇〇で仕入れて三〇〇で売るような大規模な商売を行うことは難しかったでしょう。小さな元手では、傭兵も頼めませんから。

†金貨の発行

島田　前回の話ですが、十字軍の時代にはイタリアの都市国家がバックにスポンサーとしていた。彼らの指示を受けて、何しろ資金援助を受けていますから、十字軍がいろいろなところへ行く。そこで略奪する。第四回の十字軍はコンスタンティノープルを攻めて、略奪して、一度東ローマ帝国、ビザンツ帝国は滅びたような状態になる。そういうものが、資本になってくるということですね。ここでの資本の誕生のイメージはどんな感じですか。それまでのお金に対する感覚が、そこで変わった?

水野　大黒俊二《おおぐろしゆんじ》先生やル・ゴフの本によれば、ウスラ(高利貸し)からインタレスト(利息)

へと概念が変わったとされています。インタレストには二つの意味があります。一つはローマ法に由来する「危険負担」を意味するもので、これが利息・利潤となった理由の一つです。もう一つの意味は、インターナショナルの「インター」と同じで、「中間」や「境界線」を指します。この「境界線」が、利子率（インタレスト・レート）という概念につながり、人間の最大の関心事、つまり儲けることの割合を示すようになったという説です。

インタレストには「関心」という意味もあります。境界線に関心が集まるように、利子率が人々の最大の関心事となったのです。たとえば、イデオロギーで言えば、右派と左派の間には明確な境界線があり、それが大きな関心事となります。家の境界線も同様で、自分の家の領域が確定することは非常に重要です。このように、利子率が関心事となったのは、当時の人々にとって儲けることが最大の関心事となったからです。

『金持ちの誕生』（刀水書房）を書いた宮松浩憲《みやまつひろのり》先生によれば、一一世紀頃から「貨幣の時代」が始まり、「貨幣経済の浸透は貴族、特に中小貴族層に深刻な影響を与え、没落の過程で『恥の思想』が形成され、顕在化していった」といいます。ここでいう「恥の思想」とは、「貴族に相応しい生活水準を保てないと、恥ずかしさから故郷を離れざるを得ない」という心性が貴族の間で共有されていたということです。貴族も清貧の思想だけでは、もはや体面を保つことが難しくなっていったわけです。

島田　一三世紀に起こった大きな変化の一つとして、金貨の発行がありますよね。

水野　そうですね。そこで、フィレンツェのフローリン金貨は一二五二年から、『ヴェニスの商人』にも登場するダカットも一三世紀に鋳造され、標準通貨として使われるようになりました。君主が自分の権威を金貨に刻印し、都市のトップの権威を表現するようになったのです。その後、スペインでは皇帝が発行する金貨も登場しました。一方で、ローマ教皇の刻印が入った金貨も存在しましたが、しだいに世俗の権力を持つ君主たちが台頭し、金貨の発行権を握るようになっていきました。

一四世紀に入ると、趨勢的に教皇の権威が落ちていきました。本来は教権の方が戴冠式を行うので、教会権力が上位です。ローマ教皇に冠を被《かぶ》せてもらって、世俗の権力を認めてもらわなければいけない。それなのに、国王がどんどん金貨を自分で発行する。敵が攻めてきた時にはローマ教皇の許可を得ないで、国王が徴税権を発動する。だんだん国家の形になり、世俗権が強くなってくる。その象徴が金貨だと思います。

†機械時計、大砲、複式簿記の出現

島田　金貨の発行のほかにも、一三世紀に起きた出来事をいくつか見ていきたいと思いますが、まず機械時計や大砲の出現は大きいですね。

水野　機械時計は時間を正確に測るためのものでした。都市化が進むと賃金労働者が登場し、働いた時間に応じて賃金を支払う必要が生まれました。日時計では、残業をしたかどうかも分かりませんし、曇った日には時間の計測が難しいです。雇い主にとっては、時間管理が曖昧だと従業員がサボタージュしているかもしれないという問題も出てきます。機械時計の登場により、時間管理や賃金の管理が可能になりました。

そうするとたくさんお金が欲しい人は残業する。それだけ所得が増えて貯蓄額が多くなって、より豊かになる。神様が管理していた時間が、人間の手に完全に移り、利息が容認されるようになったことで、神のものとされていたものが人間の所有物になったわけです。

戦争においては、より長距離を飛ぶ大砲を持っている国王が有利になりました。日本でも、大坂の冬の陣で徳川軍が天守閣に届く大砲を持っていたことが勝因の一つです。現在のウクライナでも、八〇キロではなく一六〇キロ、さらには三〇〇キロ飛ぶミサイルが求められているのと同じ原理です。

もともと火薬は中国で発明されたものですが、中国のように広大な国では、大砲を撃つ必要性が少なかった。一方、ヨーロッパのように小国が分かれている地域では、大砲が非常に有効でした。隣国まで届く大砲を持つことで、領土を拡大するのに有利だったわけです。

島田　複式簿記の採用も一三世紀ですね。まず複式簿記について簡単に説明してもらえますか。

水野　単式簿記すなわち大福帳《だいふくちょう》は、貸借対照表だけを用いて一年間の純資産の増加を計算するものです。純資産の増加が利益とみなすのです。一二月三一日に棚卸しをして、通帳に現金がこれだけあって、その差額が純資産ですよ。去年の純資産がこれだけでした。今年も棚卸しをすれば、どれだけ純資産が増えたか減ったかわかる。つまり一二月三一日に写真を撮るだけで差額の純資産を計算しています。

複式簿記は、損益計算書を作ります。今で言うビデオカメラで毎日これだけ売り上げがあったと考えるとわかりやすい。毎日の売上と経費を記帳し、毎日毎日連続で記録する。損益計算書で計算した売上高と、経費の差額が純利益。この純利益が、貸借対照表の純資産と今年の純資産の差額と一致するようになっています。ビデオで撮った毎日の経費と売り上げの差が、棚卸しした差額とちゃんと一致している。つまり、毎日の経費と売上の差額が、棚卸しで計算された純資産の差額と一致することで、正確な会計が成り立つわけです。

損益計算書を作ると、毎日売り上げがいくらで経費がいくらかかったということを記録しておかないといけません。売り上げ営業利益率というか、売上高一〇〇円に対して利益が一〇円あったら一〇％ですよね。これを一五に増やしたいと経営者は思います。その時に損益計算書がないと、どこを改善したらいいのかわからない。ちょっと賃金払いすぎたとか、あるいは高い仕入れをしてしまった、もう少し値引き交渉すればよかったとか。一方、大福帳では結果としての純資産の増減しかわからず、利益の増減要因が不明確です。

島田 大福帳では「そういえばこういうことがあったな」ぐらいしかわからない。

水野 複式簿記で利益分析ができるようになると、経営者は翌年の事業計画を具体的に立てることができます。大福帳だけでは、結果オーライのような経営しかできません。資本主義の中で商売をどんどん拡大していくためには、インプットとアウトプットの関係を明確に把握する必要があります。

島田 複式簿記のはじまりは一二九六年ということですが、これはメディチ家よりも前ですね。

水野 前ですね、最も早い複式簿記の例は、リニエーリ・フィーニ兄弟商会の帳簿と言われています。それ以前は単式簿記、いわゆる大福帳でした。メディチ銀行は一〇一年後ですね。メディチ銀行は、当時で言うグローバル展開をしていた。資本主義（Capitalism）ということばを最初に使ったゾンバルト（一八六三―一九四一）は「複式簿記のない資本主義は想像もできない」と言っています。

メディチ家はフィレンツェに本店があって、ジュネーブ、ブリュージュ、ロンドンにも支店を持って、ヨーロッパ中に支店網を張り巡らせていました。メディチ家の人は本店にいながら、ジュネーブやロンドンでの管理をするために複式簿記を使っていた。大福帳よりは不正がしづらくなって、ヨーロッパという広い世界で営業活動ができるようになった。会社の規模を大きくしていくには複式簿記でないとダメだ、ということです。

島田　イタリアの中で、資本主義が子供のような形で誕生したんですね。

水野　同時に国民国家の原型でもありました。国民国家の最初の例は、一六四八年のオランダ共和国とされています。だけど、イタリア都市国家の中に国民国家のさまざまな要素が詰まっているんですね。一番いい例が、『ヴェニスの商人』の人肉裁判です。『ヴェニスの商人』における「指輪の紛失」と「人肉裁判」は、少し形を変えて『イル・ペコローネ』（阿呆《あほう》）という一三七八年に書かれた作品にも見られます。『ヴェニスの商人』を翻訳された福田恆存《ふくだつねあり》さんも、新潮文庫版の「解題」でこの点を指摘しています。

『イル・ペコローネ』は一三七八年に書かれたもので、金利が容認されていた時代の一世紀半後のイタリアの状況が書かれています。当時最も繁栄していたイタリアにはいろんな国の人が入ってきているので、法は平等に適用しなければいけない。ユダヤ教徒も平等に扱わなければいけない。法を曲げて解釈すると、ヴェネチア共和国が維持できない。裁判や司法権も確立しているし、証文、契約書を交わしたら、必ず履行しなければいけない。

「公序良俗」という概念は近代になってからのものでしょうが、一四世紀の中世社会では、聖書が「公序良俗」違反かどうかを判断する基準でした。『ヴェニスの商人』でシャイロックが敗訴したのは、肉を切り取る際に一滴の血も流してはならないというヴェニスの法を持ち出されたからです。それでも、「三〇〇〇ダカット貸したから、返さなければ肉一ポンドを切り取る」という契約書にサインした以上、それは履行されるべきだとされました。つまり今の司法国家と同じように、司法が確立されていたんです。そして、今で言う国境にあたる境界線もきちんと定められていたそうです。

島田　さらには、計算貨幣も一三世紀ですね。

水野　そうですね。計算貨幣とは、帳簿に貸し借りを記録するもので、紙幣やコインを実際にやり取りするのではなく、契約書に「あなたに一〇〇万円貸します」「私は一〇〇万円借りました」と記録するだけで取引が成立する仕組みです。実は、古代のお金も計算貨幣だったことが多いんです。例えば、大きな石が貨幣として使われ、その石を動かさずに帳簿に記録するだけの取引が行われていました。当時は大福帳でそれが十分だったのでしょうが、一三世紀になると貨幣が「種子」として扱われ、貸し付けることで自己増殖する概念が生まれました。

このような状況になると、複式簿記が必要になり、利益計算をすることが求められました。利潤が生まれる範囲内で利息をつけて貸し借りを行うようになったのです。

複式簿記や計算貨幣の出現が象徴するように、今の資本主義の原型が、ほとんど一三世紀に起こったんです。

†中世の金利論争――ラテラノ公会議と教会のジレンマ

島田　水野さんが注目している金利の問題に入りましょう。

金利の問題は、なかなか難しいところです。一神教の世界では、同じ信仰を持つ仲間からは利子を取ってはならないと、ユダヤ教の聖典である「トーラー」に書かれていて、そのトーラーが旧約聖書としてキリスト教に取り込まれた。その結果、ユダヤ教だけではなく、キリスト教でも、さらにその後のイスラム教でも、仲間から利子を取ってはいけないという教えがずっとあった。

そうだとすると、経済を活性化させるために利息を取る、あるいはそれによって資本を形成していくことができないので、大きな問題になりました。中世史の研究者であるル・ゴフは、「まず最初の道筋は、『行き過ぎた』高利貸だけを禁圧の対象とした第三回ラテラノ公会議（一一七九年）を経て、一二一五年の第四回ラテラノ公会議では、あらためてユダヤ人の高利を断罪するとともに、『重くて過当な』(graves et immoderatas) 高利だけを禁止したことである」と言っています。利子はいいが、高い利子を取ってはならないと定められた。これは、利子を取ることに対して、ローマ教会が緩和策を打ち出したということで、利子の公認と言われています。

第四回ラテラノ公会議の決議文は日本語に翻訳されています。それを読んでみると、ユダヤ人の利子についての項目があり、短期間でキリスト教徒の富をむさぼり尽くすほどのユダヤ人の高利貸しがいて、そういう者を断罪するとあります。もう一つ、聖地回復のための遠征、これは十字軍のことですが、それに対して利子を免除するという規定はあります。けれども、利子を容認したということが、この決議文を見る限り出てこない。となると、ル・ゴフは間違ったことを言っているようにも思われるのですが、どうですか。

水野　私は原文を確認していないので推測になりますが、ル・ゴフと同様にジャック・アタリも『所有の歴史』という本で、第四回ラテラノ公会議で条件付きで利子を容認したと述べています。インタレスト・レート（利率）は許されるが、ウスラ（高利）は禁止される、という決定があったとしています。しかし、島田先生がおっしゃるように決議文にその記載がないとすると、「どうなっているの?」という疑問が湧きます。『所有の歴史』という本にも、具体的なオリジナルの文書は注意書きとして記されていないので、聖書に利子はダメと書かれているのに、現実的には商人たちは利子を取っているという状況だったのでしょう。

おそらく、第三回や第四回のラテラノ公会議で明文化するのは避けたのかもしれません。公文書に「利子を取ってよい」と書くのは、さすがに問題があったため、教会の指導部は暗に認めるような指示をしたのではないでしょうか。オリーヴィ（一二四八頃―一二九八）が「貨幣は種子である」として、アリストテレス以来の「石」説を覆すのは半世紀以上後のことです。この時代、まだ理論は確立されていませんでしたが、実際には商人たちが利子を取る取引をしていたため、教会も現実を認めざるを得なかったのかもしれません。文章には書けなかったものの、口頭で認めた可能性も考えられます。現代で言えば、法律は国会で条文にしますが、その運用は官僚の裁量に委ねられることと似ていますね。

島田　前にも申し上げたように、テンプル騎士団の時代は、為替があって実質利子を取るような経済活動をやっていたけど、それに対して批判はなかった。けれども、その後に資本主義の萌芽が生まれて、経済が発展して資金を集めることが必要になってきて、利子の禁止という問題が改めてこの時代に厳しく問われるようになってきたのではないでしょうか。

水野　テンプル騎士団は教会が運営しており、しかも聖地回復という大義名分がありましたが、商人たちが言っていることはその大義名分とは違います。

島田　違いますね。聖地回復のための遠征に関しては、教会としても大義名分があるため、利子を免除することには問題がなかった。しかし、現実には利子を取る方向に向かっている中で、教会としては聖書の教えに反していることを強調しなければならなかった。教会の権力と世俗の権力の間での戦いが、背景にあったのかもしれません。

水野　大いにあると思います。ジャック・アタリが『所有の歴史』で次のように言っていますがすごく的を得ていると思います。「ジャック・ル・ゴフがみごとに書いたように、「封建制との妥協から資本主義との妥協へ」移行することで、教会は、資本主義のなかで自己を救おうとしただけにすぎない。財布がその生命だったわけである。」

†教権と世俗権力の対立

島田　十字軍の時代は叙任権《じょにんけん》闘争、聖職者を誰が任命するのかという闘争があった。教会は、教会が任命するんだと。世俗の方の権力は皇帝とか王ですが、教会に領地を寄進しているからスポンサーであり、スポンサーが聖職者を決めるべきだという言い分になり、教権と世俗権力が対立関係になった。その論争もあり、他にもいろんな対立があり「カノッサの屈辱」といった出来事が起こっていく、そういう時代にちょうど属していますね。

教権と世俗権力の対立が起こってくるのは、一つは教会が経済力を持っていたからですね。教会が世俗の人、権力者から土地を寄進されて、教会も修道会も、あるいはローマ教皇も、領地を持つ。経済的に非常に強くなって、その時に相続の問題が生じてくる。もちろん、今のカトリック教会の聖職者は独身です。財産を持っても相続することがない。

ただ、今お話ししている時代は、聖職者が結婚することがむしろ当たり前でした。もちろん性的な欲望のこともあるかもしれないけれど、教会の財産を相続するために結婚というやり方が取られていた。聖職者が結婚することについて、教会は「シモニア」と言って批判的に捉えていて、止めさせなければいけないという意見も出てきていた。

教会の中も一枚岩ではなくて、結婚して財産を相続して自分たちの富を確保しようとする聖職者がいる一方で、それに対して真面目な修道会上がりの人たちは非常に批判的にみて、なんとかそれを止めさせるという方向に動いていった。それが、ちょうど十字軍の時代です。経済力を持っている教会と世俗の権力の間には緊張関係があった。教会の方もなんとか世俗の権力を抑えようとしたわけですから、利子の禁止は、その際に教会の側の一つの武器だったのではないでしょうか。

世俗の権力を抑えるために、聖書に基づいて「利子は禁止です。そんなことをやったら地獄に落ちますよ」と強調したのではないでしょうか。そういう意味で、利子を緩和することはあり得ないのではないかと思いますが、どうでしょう。

水野　利子を禁止していた時代、キリスト教徒どうしでは利子を取ってはいけないという教えがありましたが、異教徒からの貸し借りは許されていました。これは定常的な経済状況の中で成り立っていたと思います。同じキリスト教徒から利子を取ると、返せなくなった者が債務奴隷になり、信者が減ってしまう恐れがありました。一方、ユダヤ教徒からの貸し借りが許されていたのは、最終的に借金が返せなくなり裁判に至った場合、改宗すれば債務が免除されるという目的があったからです。異教徒に貸すのは、最終的に彼らを自分たちの側に引き入れるための手段でした。没落させて救済するという形です。

しかし一三世紀になると、経済がどんどん資本主義化していきます。今日よりも明日、明日よりもあさってさらに良くなるという時代になると、教会としても利息を認めて商業活動を活発にした方がよいと考えるようになる。農地の十分の一税では税収がさほど増えないでしょうが、商業で成功した人々が死ぬ間際に全財産を寄進する例がル・ゴフの『中世の高利貸』にも多く登場します。商業活動を活発化させ、利息を認めた上で、最後には清貧の生活に戻るよう説教で促し、「こういう人は天国に行けますよ」と信者に教えたわけです。

そして結局、教会も資本主義に対応するために、利息を認めた方がよいと考えたのでしょう。理論的な計算ではなく、経験的に三三％までは返済可能だが、五〇％の利息では返済できなくなるという事例から、ウスラ（高利）とインタレスト・レート（適正利率）を区別しました。

島田　三三％でも返せるということは、経済的な発展が基盤にあったのですか。

水野　そうだと思います。一三世紀の最低利息は一〇％程度で、スペインがヨーロッパで最も低い金利でした。一〇％はスペイン皇帝への貸付時の利率で、当時、最も信用力が高いとされていた。

もっとも、当時の皇帝の借金は一代限りで、カール五世が亡くなった後、息子のフェリペ二世がその借金を返済しないと言いました。これに困ったイタリアの銀行家たちは、リスケ（リスケジューリング）を提案し、一年で一〇％の利息を三年間に分割して年三％にする交渉を行いました。合計で九％になりますが、フェリペ二世も引き続き借り入れが必要だったため、両者は合意に至りました。こうしてリスケが進むたびに利回りが低下していったのです。

島田　一一世紀から一三世紀における主な地域の貸付金利は、ヴェネチアが五％から八％、フィレンツェで二〇％から三〇％、ロンバルディアでは三四％から二六六％、イギリスでは五・五％から五〇％、その他の地域では一二％から三三・三％だったそうですね。

水野　「一一世紀の初めには、ヴェネツィアの勢力は、その富と同じ程度に驚異的な進歩を示していた。」（アンリ・ピレンヌ『中世都市』講談社学術文庫）。最も豊かなヴェネチアが最も低い金利だったというのは、近代に入って最も低い金利で最も繁栄していたオランダと同じ事情によります。一〇〇％や二〇〇％もありました。毛皮を買うのはおそらく寒冷地に住むドイツの富裕層で、彼らに売れば二、三倍の値段で売れたでしょう。そのため、大きな粗利益《あらりえき》が発生しました。仕入れ原価が不明だったため、言い値で売ることができたのでしょう。今のように供給力があると、あまりにも高い値段をつけると誰も買わず、代替品が出てきますが、当時は独占状態だったため、資本主義の初期段階では粗利益率が非常に高く、それに教会ものっかって自分たちも豊かになろうとしたのではないでしょうか。

†オリーヴィ理論の意義――貨幣が「石」から「種子」に変わった

島田　キリスト教の伝統の中に修道会、修道院があります。世俗の人たちの寄進によって成り立っている。そこのモットーが「祈れ、働け」なんです。修道院は労働を奨励している。日本だとお寺は、たとえば永平寺にいる雲水《うんすい》の人たちは、一日中坐禅していて経済活動はしない。それに比べて、キリスト教の修道院は霊的な修行をするだけではなくて、祈りの時間はあるけれど、他の時間は経済活動をする。土地を持っている修道院であるがゆえに、経済力は高まっていく。

もともと清く貧しくあれということで修道院ができたのですが、清く貧しいがゆえに無駄にお金を使わない。ぶどう酒なんかを作るようになって、お金が蓄積されると、やはり修道士も堕落していく。そうなると、この修道会はダメだということで、また新しい修道会ができる。そこも最初は清貧を貫くんですが、そこもまただんだんダメになっていくというのを繰り返す。そういう経済共同体としてのキリスト教会が、資本主義が強くなればなるほどまた強くなっていく、そういう時代ですね。

そこで、利子の本当の意味での緩和をやった人を取り上げたいと思うんです。ピエール・ジャン・オリーヴィという人です。インターネットで調べてもほとんど出てこない。この人は大黒俊二さんの『嘘と貪欲』（名古屋大学出版会）という本で紹介されていて、他にオリーヴィを取り上げているのは中世哲学の山内志朗《やまうちしろう》さんくらいです。まだほとんど知られていないのですが、オリーヴィの意義を説明してもらえますか。

水野　定常経済においては、アリストテレスが言うように、貨幣は「石」のような存在であり、利息はそもそも発生しませんでした。しかし、一二〇〇年代中盤頃になると、現実と教会の教えが乖離していることが誰の目にも明らかになってきました。スコラ哲学者のオリーヴィは、この状況をみて、現実が間違っているのか、あるいは聖書が間違っているのかを考え始めます。時代はどんどん進み、「死んでから五〇年後に天国に行ける」という教えよりも、「三年後には今より暮らしが良くなる」という実感の方が支持を集めるようになってきました。

そこで、オリーヴィは聖書の範囲内でどうやって利子を正当化するかを考え、「損失回避」という概念を導入しました。出資した段階で危険負担を考慮に入れてもよいとする考え方です。

さらに、「貨幣は石ではなく、種子《しゅし》である」という理屈を持ち込みました。これは拡大経済の考え方です。たとえば、農家が土地を持っていても、ブドウの種を買う資金がない場合、出資者に資金を借りに行きます。ブドウの種を今植えれば、三年後には実がなり、美味しいワインができるとします。当時、ワイン産業は非常に利益の高い産業であり、ブドウを栽培することは最先端の事業でした。現代で言えば、半導体工場を作るのに似たような感覚です。大飢饉がない限り、三年後にはこの面積でこれだけの収穫が得られると確定できます。

オリーヴィの考えによれば、確実な収穫が見込めるため、三年後の予想利益を考慮に入れて融資額に上乗せしてもよいとされました。たとえば、一〇〇万円分の種子購入資金を借り、三年後に五〇〇万円のブドウが収穫できるとします。その場合、一〇〇万円を借りて、一九〇万円で返済する契約を結びます。売上の五〇〇万円から農家は三一〇万円を粗利益として得て、その中から農作業に従事する人々に、たとえば一〇〇万円賃金を支払います。農家の手元に二一〇万円が残り、自分の生活費に一〇〇万円使い、残りの一一〇万円が利益となって種子代にあてれば、拡大生産となります。

こうした種子としての融資は、シリアのようなところに行くよりはずっと確実性が高い。こうして、オリーヴィは成長経済の時代に対応する理論を作り上げ、利子を正当化しました。この理論の根底にあるのは、経済が定常状態から成長経済に移行し、貨幣が「石」から「種子」に変わったことです。大黒さんは、オリーヴィの利子理論を「一三世紀の資本論」と称し、確かにそれは大転換を意味しました。この発想は、アリストテレスの考えを否定するものです。

†オリーヴィ理論が七〇〇年間隠され続けたのはなぜか

島田　教会は一神教の世界です。ユダヤ教、キリスト教、イスラム教。アリストテレスはギリシャの人で多神教の世界の人ですから、一神教を前提にものを考える人ではない。ところが、アリストテレスの中には政治哲学的な面もあるし、自然学的な面もあるし、非常に多面的です。決定的だったのは、三段論法という議論の仕方を作り上げたことです。

もう一つはカテゴリー論。ものを一〇のカテゴリーに分けて、これはどのカテゴリーに属するかということを基盤に議論していく。たとえば質とか量とか実体とか、そういう一〇の項目に従って議論していく。

一神教は、ただ神を信じているだけで、神の力が絶対的だから人間の力があまりそこに反映されない。でも、アリストテレスを使うことによって、神の存在は前提であるけれど、その中で論理的にものを組み立てていくことができるようになった。最初はイスラム哲学の中にアリストテレスが採り入れられて、十字軍以降になると、イスラム哲学経由でアリストテレスがキリスト教世界に入ってくる。アラビア語からラテン語に翻訳する作業が始まって、アリストテレス理解が進んでいく。だからアリストテレスの議論の仕方が非常に大きい役割を果たします。

アリストテレスの中には「共通善」という考え方があります。公共の福祉に適するものはいいことであるという考え方です。トマス・アクィナスというスコラ学のもっとも有名な神学者も、「共通善」を強調していた。それをオリーヴィが採り入れることによって、社会の共通の利益に基づくことならば容認されるという考え方になってくる。

現代でも、サンデルという、テレビで有名になったアメリカの哲学者が「共通善」という考え方をとっていますね。哲学、倫理学の中で、「共通善」は非常に重要な概念です。そういう考え方を使うことによって、オリーヴィは利子を正当化したんですが、彼自身の著作はあまり読まれなかった。というか、彼の考えは危険だった。利子の肯定は、教会の意思に反するということで、彼は修道士だったから広められなかった。どうやったかというと、大黒さんが言っているのは、説教師の人たちがオリーヴィの考え方を採り入れて、ヨーロッパに広めた。名前を隠された形で、彼の考え方がヨーロッパに広がったということです。

水野　面白いですね。教会は換骨奪胎的なところがありますね。さらにもう一つ、オリーヴィが革新的だったのは、公正価格についての考え方です。トマス・アクィナスも公正価格について議論しましたが、結局のところ、何が正しい価格かを定める基準が見つからず、結論が出ませんでした。

島田　何が正しい価格であるかを定める基準がない。

水野　ないというか、わからないのでXになってしまうわけです。今でも何が正しい価格か、新古典派やその流れをくむ新自由主義派の人たちは労働価値説ではなく効用価値説（主観的価値説）に基づいているので、市場で形成された価格が公正な価格だと考えます。

それはそれで一つの理屈ではあるのですが、物不足の時に価格をつり上げてもいいかどうか、オリーヴィはいいと言っている。今の新自由主義、フリードマンに近い考え方で、時の教会からは危険な思想と見なされました。そういえばコロナ禍の時、マスクの値段が一時何千円もしましたよね。ふだんなら一〇〇円以下で買えるのに。それは明らかに行き過ぎだろうということで、教会はオリーヴィをずっと危険人物として指定していた。だけど、種子だという考えは説教師が広めた。もしオリーヴィの名前を出していたら、価格つり上げも正当化していると教会から弾圧されたかもしれません。そのため、彼の名前を伏せながら、その考え方が広まったのです。

島田　オリーヴィの名前はどのくらい伏せられていたんですか。

水野　七〇〇年くらいですね。説教師たちが「この理論は一体誰が最初に言い出したのか？」と疑問に思い、一九世紀から二〇世紀初頭に歴史学者が調査を進めたところ、それがオリーヴィだと判明しました。七〇〇年後に初めて世の中に引っ張り出されたわけです。当時の教会から見て、彼の考え方はちょっと過激なところがあったのかなと思います。価格をつり上げてでも売らないと必要なものが入ってこない。しかし、教会が価格つり上げを禁止したら商人たちは他のところに行ってしまうという理屈を言っていた。

島田　高くなったら買ってはいけないということになると、餓えで死んでしまいますよね。かえって問題が大きくなる。

水野　かといって教会が高く売ってはいけないなんて命令を出したら、商人は教会の権力が及ばないところに必要なものを持っていってしまう。そう考えると、時代の状況に合わせて仕方がない面もあります。しかし、現代において必要なものをどんどん価格をつり上げてでも供給するということになると、お金がない人や本当に必要な人には届かなくなってしまいます。

島田　そこが難しいところです。今でもチケットの転売が問題になっています。

水野　同じですよね。やっぱり財力のある人で先に儲ける人が出てくる。

島田　それは正しいことなのかどうか。

水野　未だに解決できていない問題です。公正な価格は、まだXのままです。だから教会からすると、オリーヴィの名前を伏せておきたいのはわかります。やっぱり信者の中には貧しい人が多く、価格がつり上げられると最も困るのは彼らですから。

島田　オリーヴィは南フランスかどこかで、商売している人たちと対話をしていたはずです。要するに現実を見ていたということがすごく大きい。修道士というと観念の世界で、修道院に閉じこもっていたけど、オリーヴィは現場と接触してその人たちのためになることを考えた。そこが面白いですね。

ただ、ローマ教会は正統と異端に非常にうるさい。この後も異端審問が問題になってくると思いますが、異端とされることに対する恐れがキリスト教世界の中ではどんな知識人にも常にあった。こんなことを言いだすと、弾圧をされて処刑されてしまうのではないかという恐れ。さらに、そもそも神の意志に反しているのではないかという恐れがある。我々の感覚ではよくわからないけれど、底流にそういうのがあったのではないでしょうか。だから、オリーヴィの名前が隠されてきたのも、異端とされて批判、処刑の対象になるという恐れがあったからでしょうね。

ル・ゴフの『中世の高利貸』を読むと、高利貸しは自分がやってきたことが罪深いと自覚していて、それに対する報いがあるのではないかと、それをとても恐れています。突然、高利貸しが悪魔に連れ去られたといった話もあり、罪を負ったまま死ぬことに対する恐れは、強烈です。キリスト教にはアウグスティヌスから来る原罪の考え方が強くあったので、高利貸しの場合には、もともと罪深い人間がさらに罪を犯すことになる。

水野　そうですよね。後で議論されるでしょうが、「ビジネス＝ずる賢い」ということですから、一八、一九世紀の時も商人は信用がない。

島田　今でもそうですけどね（笑）。日本人の感覚と、キリスト教を背景にした人たちの感覚は違う。

水野　違います。もっとずるがしこい、抜け目がないっていうんですか。

島田　犯罪的という意識がどうしてもあった。ル・ゴフの著作はその線に沿っていて、ある意味、教会の教えを強化している。そういうことを掘り出すことによって、キリスト教的な経済観念を改めて強調しているのではないでしょうか。

水野　逆に言うと、今のビリオネアの人たちがどんどん増えているというのは……。

島田　彼らも罪深いと思っているのかもしれない。少なくともマイクロソフトのビル・ゲイツは金を儲けることは欲深いという意識があるから、いろいろな慈善事業を積極的にやっている。富裕層がかなり拡大していますが、その人たちがそういう意識を持っていれば、メディチ家と同じで還元することに結びつくから、それなりに意義はあると思うのですが。

水野　日本は、そういう意識は全くないですか。

島田　ないですけど、日本は大金持ちにならない仕組みを法的に作っていますから。大土地所有ができない、相続の問題があるから。ずっと大金持ちであり続けることができない社会になった。逆に言うと、そこからは慈善という考え方も出てこない。そこは非常に難しいところではないでしょうか。

第五章

教会に代わる株式会社という法人の誕生

†即日配達とナノ秒取引が示す資本主義の「過剰」

島田　水野さんが二〇一六年に出された『株式会社の終焉』（ディスカヴァー・トゥエンティワン）という、株式会社の誕生と終焉《しゅうえん》を見通すような本があります。どうしてこの本を執筆されたんでしょうか。

水野　その二年ぐらい前に、『資本主義の終焉と歴史の危機』（集英社新書）という本を書いています。あらゆるシステムが変わる時は、中心が機能しなくなって、弊害が全面に現れてきます。資本主義の中心はもちろん資本ですが、資本の自己増殖を一生懸命やるのは、家庭ではなくて株式会社ですね。現実には資本主義社会はまったく終焉していません（笑）。それどころか、ますますビリオネアたちは資本主義を謳歌しています。

結局、フランス革命以降、資本主義と社会主義のどちらが国民を豊かにし、かつ個人の自由を実現できるかについて競ってきたのですが、ソビエトが解体した時は資本主義の勝利かと思われました。しかし、現在の資本主義の全盛期において、ビリオネアに象徴される少数の人々の行き過ぎた自由が大多数の自由を侵害するようになってきました。この現状をみると、資本主義の勝利というよりは、資本家の勝利だったと言えます。大勢の人々を苦しめている資本主義に存在の正当性があるのかどうか疑わしくなってきました。

前置きが長くなりましたが、『株式会社の終焉』を書いたのは、資本主義が終わりを迎えるのだったら、株式会社も役割を終えるだろうと思ったからです。資本主義は、資本の無限蓄積を前提としたシステムです。身の回りに何もなくて「あれもこれもあったらいいな」という無限の欲望が実現できるから、支持される。みんなが豊かになるからいいということが共通善だったわけです。

だけど二一世紀になると、平均的な日本人を一人取り出せばそれなりに豊かです。餓死することもないし、道を歩いていて誰かに襲われて殺されることもめったにない。たとえば、二〇二一年の殺人発生率（件／一〇万人）を比較すると、日本は〇・二三件でデータが揃う一五四カ国中、一五一位です。米国は六・八一件（世界四〇位）、ドイツは〇・八三件（世界一一八位）です（UNODC、国連薬物犯罪事務所）。

近年、コロナ・パンデミックで大変でしたが、それでもコロナによる平均寿命への影響を見てみましょう。厚生労働省の統計によれば、コロナ・パンデミック直前の二〇一九年と二〇二三年の四年間でどれだけ平均寿命が縮まったか、G7諸国と韓国の計八カ国で比較すると日本は男女ともに〇・三歳縮んでいます。八カ国のなかで平均寿命が延びているのはフランスとイタリアのみで、日本を含めて六カ国は縮んでいます。日本はドイツに次いで縮み方が少なく、八カ国中四番目の成績でした。

平均寿命の長さで比較すれば、厚生労働省が調査している五〇カ国中、二〇二三年時点で日本は男が世界第三位（八一・〇九歳）、女が世界第一位（八七・一四歳）です。大事なのは健康年齢ですが、ＷＨＯの統計によれば（二〇一九年）日本は男女ともに世界第一位（男七二・六歳、女七五・五歳）です。これ以上、平均的日本人は何を望むんですか？　というところに来ている。

島田　行き着くところに行き着いている、ということでしょうか。

水野　しかも、行き過ぎていると思います。ちょっと過剰かなと。私が一番過剰だと思うのは、即日配達です。一〇〇人中一人は、今日朝頼んで夜届かないと差し障りがあるかもしれませんが、他の九九人は三日後に届いてもいいんではないでしょうか。運送会社は、必要のない九九人にも即日配達をやっていて、ちょっと行き過ぎなのかなと。少し前までは、ドライバーが昼ご飯も食べられない劣悪な労働を強いられていています。

もうひとつ、近代社会は「時は金なり」といって、スピードを求めてきました。その代表的な事例が、ウォール街での高頻度取引（ＨＦＴ）というナノ秒（一〇億分の一秒）単位の株式売買です。異常としか思えないことが「日常化」しているのが二一世紀なのです。証券界やマスコミなどではこれがイノベーションだと言って褒めていますが、実態は「世界が狂い始めた」と言っていいのではと思います。

†法人と宗教組織

島田　資本主義は、そのようにどんどん先に行ってしまいますね。
　今回は最初に、法人について考えたいと思います。民法では、「法人とは、自然人以外で権利能力を有するもの」と規定されています。自然人は、我々人間のことで、いろんな権利や能力を持っていますが、そうでないものも同じように権利能力を持っている。それが法人ということですが、人でないのに権利能力を持つというのは、どう考えればいいのでしょうか。

水野　法人は株式会社だけじゃなくて、公益法人、宗教法人、財団法人とかいろいろあります。人間は死ぬ、だけど組織は永続させたいというのが、ずっと昔からありました。それを可能にした制度が「相続」です。
　教会も大学もそうでしょう。中世に大学が設立されましたが、もし総長が亡くなったら大学が解散してしまうのでは困ります。学生たちはどうすればいいのか、と。だから、教会や自治体、大学など、システムの中で不可欠なものは、トップが亡くなっても永続性を持たせなければならないわけです。後で触れるかもしれませんが、中世では営利会社は一代限りでした。もし出資者が抜けると言ったら、残りの人々はもう一度契約をやり直さなければなりませんでした。

島田　今の企業法人とは、まったく違うわけですね。

水野　教会は、収益の一〇分の一を納めさせていました。商行為については利息が33％までなら許容されていました。そのため、教会と比べて三倍のスピードで資本を蓄積していきました。これは教会にとって脅威だったでしょう。だからこそ、営利会社は一代限りという仕組みが取られた。亡くなった時には、財産を教会に寄付するようにとされていたのです。うまい仕組みですよね。

島田　今の日本社会でも、企業の他に財団法人、学校法人、医療法人、一般社団法人、ＮＰＯ法人、それに私の研究対象である宗教法人があります。

二〇二三年、日本で最大の宗教法人である創価学会の第三代の会長だった池田大作さんが九五歳で亡くなった。池田さんが亡くなっても、創価学会という宗教法人がなくなってしまうことはないわけですね。

そこに法人のメリットがある。永続性を持つことは大きいと思うんですけれど、法人は日本だと明治以降、近代化の中で出てくるわけで、それ以前に権利能力を持っていたのは「家」なのではないかと思います。

貴族を意味する公家は公の家と書くし、武士だったら武家という形で、家が非常に重要で、多くの土地を所有して、それを活用して利益を上げてきた。そこら辺の構造が日本と中国では若干違っていて、中国では科挙の制度があって、それに受からないと官僚になれない。この道は全員に開かれていて、誰でも受験できた。現実的には、勉強は非常に大変で、家庭教師もつけなければいけないし、時間もかかるので、お金のある家しか受験できなかったという面はありますが、それでも、非常に優秀な庶民家庭の生まれの人が科挙に合格するようなこともあった。日本は、中国からいろいろな制度を取り入れたにもかかわらず、科挙は採り入れなかった。

日本では、上級官僚には適用されないのですが、下級官僚になるための試験はありました。ところが、高級官僚になるには、特定の家に生まれることが必須の条件で、有名なのは藤原氏ですね。藤原氏でなければ当時の最高のポジションである摂政・関白になることができないようになった。そういう形で、家を単位として社会が動いていた。庶民の場合にも、農家という形でやはり家が重要で、家を単位として田を所有し、それを代々受け継いでいった。

昔は相続税などないですし、今でも農地に関しては相続税がかからないので、家を単位にして永続性が保証されてきた。土地に関しては、神社仏閣が非常に大きな役割を果たしてきた。ヨーロッパではキリスト教の教会がそれに当たるわけで、こういう宗教的な組織にはどこでも莫大な土地が寄進され、それを活用する。日本の場合には、比叡山に典型的に見られるように僧兵という軍事力まで備えていた。

神社仏閣が持っている土地は広大なもので、今の奈良県、昔の大和の国は、全部が興福寺の土地でした。朝廷は、大和国に国司を置くことさえできなかった。税金は興福寺が徴収して、それを国に差し出す形を取っていた。京都も、比叡山が今の八坂神社、当時の祇園社《ぎおんしゃ》を支配して、京都市内の土地をみんな持っていた。しかも、社寺はたんに土地を所有しているだけではなく、そこに国家権力が介入できない不輸《ふゆ》不入《ふにゅう》の権利を持っていた。ということで、かつての社寺が、ヨーロッパの教会と同じように、法人に当たるような存在になっていたんだと思います。

ヨーロッパでは、教会が持っている教会領、ローマ教皇が持っている教皇領、それから修道院も土地を持っています。やはり不輸不入で、そこには、皇帝や国王などの公的な権力は介入できない。カトリック教会では公会議が何回も開かれていますが、六世紀以降には、教会領は譲渡できない、一回教会領になったものはずっと教会領であるとされました。当時はまだ結婚する司教がいましたが、司教が教会の財産を相続して、その土地をずっと所有していくことになりました。教会領は相当な面積におよんでいて、フランク王国では三分の一ほどだったようです。

一二世紀の段階だと、ドイツの南部にシトー会修道院があって、ワイン取引の関税特権、関税を免除される特権を皇帝から得ていた。修道院は「祈れ、働け」がモットーなので、修道士は祈るだけではなく、労働してワインを作る。ワインを船にのせて町に売りに行くわけですが、帰りは船がからになるので、ニシンだとか塩だとかバターだとかを購入して、それを持ち帰って売った。なにしろ税金がかからないわけですから、それで莫大な利益を得ることができた。

それによって、一三世紀から一四世紀、資本主義が誕生した後の時代に修道院がお金持ちになって、金銭に飢えた商人たちのように振る舞った。日本の宗教法人もそうですが、教会や修道院には課税されない、税金を免除される。これが、古今東西、普遍的な原則になっていて、だからこそ、今では宗教法人に課税しろという声が上がったりするわけです。

ですが、歴史的に考えると、宗教法人に課税することは根本的に難しいんではないかと思います。一旦、神や仏のものになったものを取り戻すとか、税金をかけたりすることには人間の中に抵抗感がある。ただ現実には、教会あるいは教会領が保持されて経済活動が行われるためにそういう特権が与えられていると思うんですが、いかがでしょうか。

†不輸不入の権利という壁

水野　難しい問題ですよね。たとえば、中世までは神様がローマ教皇やアメリカの大統領以上の存在でした。雲の上の存在から税金を取ることは畏れ多いと考えられていたのです。当時、餓死しそうな人は教会に行けば、ご飯、今で言うフードバンクのようなもので助けてもらえました。今ではそれが生活保護に変わっていますが、神様が追放された後の近代国家においては、困った時、例えばコロナの時に職を失った場合、NPOが助けています。リーマンショックの時も、日比谷公園でNPOが食事を提供していました。

私は思うのですが、どうして神社やお寺がそういうことをしなかったのでしょうか。リーマンショックの時に、「日比谷公園ではなく我がお寺に来てください」となぜ言わなかったのか。もしそういうことをしていたならば、税金を取らなくてもいいと考えます。お金を蓄えておいて、いざという時に使ってくれるなら、無税でも構わないと思います。しかし、コロナ・パンデミックの影響で飲食店が多数閉店した際、池袋に日用品を提供する団体があり、そこに多くの人が並んでいましたが、国全体が「例外状況」に陥っているわけですから、もっと大規模な組織、本来なら政府が対応すべきですが、政府は財政赤字で身動きが取れません。そういう時こそ、神社がどうして対応しないのか疑問です。

島田 やってないわけではないと思います。上野公園でキリスト教の団体がホームレスの人たちに食料を提供するような活動をやっていました。ただ、その前にお説教を聞かせ、勧誘もしていましたが、それを聞いた人たちに対しては食事を提供していた。

水野 下心が見えちゃいますよね。みんなお腹空いて、困ってるんだから。

島田 今のイスラム社会にはまだそういう伝統が生きています。断食月が一年に一度まわって来ますが、昼間は食べてはいけないけれど、日没で断食が開けたら、盛大な食事を毎日とるのが慣習になっていて、その時には貧しい人たちもその食卓に連なることは自由なんです。

水野　みんな信者ですか。

島田　みんな信者、イスラム教徒です。でも信者か信者でないかを問わず、誰でも食べられます。モスクだけでなく、それぞれの家でも同じです。そういう伝統はありますが、その分社会福祉の制度は発達していない。

水野　増上寺、浅草寺、善光寺でもいいです。おそらくお布施でいっぱい蓄えていますが、無税ですよね。

島田　今の宗教法人でも、都市部にある神社仏閣は土地を持っている場合はけっこうあって、それでテナント料が入ります。浅草寺は、一時仲見世商店街の土地は東京都に取られていましたが、それを今は返してもらった。

水野　今は宗教法人も、貸借対照表や損益計算書など財務諸表の公開を求められているのではないですか。

島田　一九九六年に宗教法人法が改正されて、各宗教法人は貸借対照表、財産目録を保持して、それを所轄の文化庁もしくは都道府県に届けなければいけないことになっています。ただ、宗務課の課長をやっていた前川喜平《まえかわきへい》さんにお話を聞いたら、そうした帳簿は見たことがなかったということでした。

水野　どういうことですか。

島田　オウムの事件が起こった後に、再発防止ということで、宗教法人法が改正されて、帳簿を備えることが義務づけられました。旧統一教会に対して課せられた質問権も、その時に決まったことです。その時は、帳簿は信者などの関係者も閲覧できるとなっていました。ところが、信者になるのは簡単ですから、誰でも見られるようになってしまう。そうなるとまずいと宗教法人の側が言い出して、信教の自由に最大限配慮するということが、そこに付け加えられた。その結果、宗務課に帳簿は提出されますが、課長も見ないわけですし、一般の信者でも閲覧できなくなってしまったんですね。

水野　事実上非公開ということですよね。それでは意味ないですよね。

島田　実際、一度も公開されたことはないですね。旧統一教会の帳簿もそうです。公開請求をしたとしてもはねつけられてしまいます。結局のところ、宗教法人は昔からの伝統である不輸不入の権利を保持していることになります。この壁を乗り越えるのは容易ならざることです。

†パートナーシップから法人格へ

島田　話を法人に戻すと、近代になるまで、宗教組織が強い力を持っていた。そこから、株式会社が誕生してくるわけですが、これは『株式会社の終焉』の中でも論じられていますが、一番最初はいつですか。

水野　一一世紀から一三世紀にかけて、狭いヨーロッパから外の世界に進出する必要が出てきました。遠方での商売にはまとまった資金が必要で、会社組織を作って資金を集めなければなりませんでした。シリアに行き、インドからの胡椒をヨーロッパに持ち帰るためには船を建造し、船を漕ぐ水夫や用心棒を雇わなければならなかったのです。その際、リスクが高いため、有限責任のパートナーシップ、いわゆるコメンダが用いられました。この方法は、かなりの資金がかかるものでしたが、リスクがあるため有限責任にすることで資金を集めることが可能になったのです。

島田　会社を考える時に、責任の所在は非常に大きいですよね。この有限責任パートナーシップは、具体的にどういう形ですか。

水野　たとえば、船が難破してしまい、すべての出資金が失われた場合、その損失は出資の範囲内で負うことになります。つまり、自宅を担保にするなど、出資者が限られた範囲で責任を負います。

島田　誰が債務を負うのですか。

水野　損害をこうむるのは出資者です。出資額が戻ってこないという形で責任を負います。

島田　出資する側とされる側がいますよね。

水野　商人は出資を受ける側で、実際にシリアに買い付けに行く人です。出資者が一人一〇〇万円出したとすると、一〇人で一〇〇〇万です。それを元手に商人が中東に行って、あまりいい商売ができなくて六〇〇万円でしか売れなかった。この四〇〇万円の損失は、出資者がその出資額に応じて負担します。

島田　出資された側には、何も責任は生じないんですか。

水野　船に乗っていった人の、失敗した時の責任ですか。商人は、一〇〇〇万集めて二〇〇〇万を持ち帰って差額の一〇〇〇万を儲けるという目標があったとすると、それができない。水夫とか傭兵は、前払いじゃないと請け負ってくれない。成功報酬と決められては、やる気がなくなってしまいます。どんなことがあっても先に受け取る。それに対して商人は、その差額を受け取れなくなりますね。

　商人は一〇〇〇万円の出資をうけて二〇〇〇万円で売れれば、出資者に約束した三〇％の利息（三〇〇万円）を払った残り七〇〇万円が自分の利益になるのですが、六〇〇万円でしか売れなければ、イタリアとシリアの往復期間、たとえば半年間ただ働きとなって、七〇〇万円の機会損失を被ったことになります。

島田　これに対して、無限責任パートナーシップは。

水野　コメンダが有限責任で、主に船に乗っていく人たちがやっている会社です。無限責任のパートナーシップもイタリアで生まれていますが、家族経営なのでそんなにリスクを負わないんです。

島田　規模が小さい。

水野　家族単位でやっていますので、おそらく内陸だけですね。ヴェネチアとジェノバとかの都市間だけぐらいで、海賊が出てこないようなところ。小さい単位でやっていて、全責任を出資者が負う。家族経営で、商人と出資者のどちらも兼ねるわけです。

有限責任であれ無限責任であれ、パートナーシップは、今で言う定款《ていかん》のようなもので、「こういう事業をやります」「何月何日にヴェネチアの港を出発してシリアに行って帰ってきます」といった内容が記されています。それに賛同する人はお金を出資します。事業が終わって戻ってきたら、商人と出資者で利益を分けます。出資者はあらかじめ利息で分け前を確定させています。それも定款に書かれた事業が終わったら解散です。

ボロ儲けするともう一回行きたくなります。もう少し大きな船で行きたくなる。当時、胡椒貿易はすごく儲かったらしいです。二回目は、もう一隻船を作って二隻で行きたい。去年の倍のお金がいるので、また書類を作って集める。その都度やるのは、面倒ですよね。だけど法人格を与えられて、財産蓄積を教会のように残していいという仕組みにすれば、いちいち出資者を募る必要はない。すぐ折り返し、着いたら翌日には出られる。だけど、パートナーシップは、いちいち定款を作って出資者を集めなければいけません。

一回目の航海で大成功し、出資者に利益を分配した後、再び事業を行いたいと考えても、同じ出資者が二回目に応じてくれるとは限りません。新たな出資者を探す必要が出てきます。一方、法人格を持っていれば、内部留保を活用して事業をすぐに再開できるので、臨機応変に対応できるのです。

島田　経済的な効率を考えてのことですね。

†戦争が株式会社を作った

水野　最初の会社が一五五五年に設立されました。イギリスで初めて設立されたモスクワ会社という特許会社です。永続性の法人格を取得しました。

島田　法人格はイギリスからもらったんですか。

水野　イギリスの国王であるメアリー一世（在一五五三―一五五八年）からです。この間、ヨーロッパではスペインの拡張政策で戦争が頻繁に起きていました。国王からすれば、戦争にはお金がかかりますから、特許会社を認めれば、特許料が国に入ってくるのでありがたい。

モスクワ会社は、北極回りでアメリカ大陸や中国に行こうとしていたのですが、最終的にはモスクワに到着してしまいました。これは、インドに向かおうとして西インド諸島にたどり着いたのと似たような状況です。当時のモスクワ大公国のイヴァン雷帝に謁見し、取引を独占したいという交渉を行い、イギリスの国王にもモスクワとの毛皮取引を独占したいという願いを出しました。会社設立が一五五五年ですから、東インド会社が設立される五〇年ほど前のことですね。

このモスクワ会社が最初の会社とされていますが、それよりも前に一四二八年に胡椒組合、いわゆるスパイサー商人組合が設立されています。スパイサーをただ同然で仕入れて、ヨーロッパで高値で売るわけですからボロ儲けできます。胡椒貿易は非常に儲かるものでした。たとえば、一円で仕入れた胡椒をヨーロッパに持ち帰り、一〇〇円で売ることができたという記録もあります。証拠はありませんが、胡椒は貨幣ですから発行差益九九円ぐらいが懐に入る。

このスパイサー商人組合は、イギリスのヘンリー六世（在一四二二―一四六一）によって法人格を認められ、その後、東インド会社に変わりました。ヘンリー六世の時代、フランスとの百年戦争（一三三七年―一四五三年）が進行しており、戦費が必要だったのです。十字軍も同じように、戦争が株式会社の誕生に関連していたと言えます。戦争は、やはり歴史を変える大きな要因ですね。

戦争は一般の人々にとっては「例外状態」なのですが、その「例外」が歴史を変えていきます。「常態」は人間の本性がコントロールされているのですが、それに既存の秩序が対応しきれなくなって「例外」状態となります。

島田　それだけ戦争という事業が、莫大な金を必要とするということですね。こういうアイデアが生まれたのは、資本蓄積だけが目的なんでしょうか。

水野　資本蓄積が大きな目的だと思います。ここで貨幣の役割が非常に重要になります。ジャック・アタリは「貨幣は、死をなるべく遠ざけるために必要だ」と述べています。これは私の解釈ですが、たくさんの貨幣を持っていれば、いざという時に農作物が手に入らなくても、隣の地域に行ってお米を買うことができます。これによって、生き延びることができるのです。人間は死を避けることができませんが、有限の命を無限の貨幣に置き換えることで、少しでも神に近づきたいと願ったのではないでしょうか。貨幣（コイン）とイコン（聖像画）は語源が同じだと言われています。今では電子決済が普及しているため、人間は神を軽んじているとも言えます。

近代社会の前、頻繁に飢饉が発生しました。そのたびに、お金のない人々は命を落としましたが、お金持ちは貨幣を持つことで、死を遠ざけることができた。中世の時代にペストが流行った時、農民は土地とくっついていますので引越しできませんが、商人などお金持ちは郊外に脱出したと言われています。資本という概念が登場する前から、貨幣は存在し、人々はそれを使って生き延びようとしていました。

京都大学の今村仁司《いまむらひとし》が『貨幣とは何だろうか』（ちくま新書）の中で述べているように、貨幣は死者とのコミュニケーションだとも言えます。古墳やピラミッドなどのお金持ちのお墓に供え物をする習慣があるように、貨幣も死後の世界を想像できる力を持つ人間だけが持つものです。動物は墓を持たず、貨幣も持ちません。お墓と貨幣、この二つだけが人間が持っているものであり、死後の世界を創造するために必要なものです。

ジャック・アタリの「死を遠ざける」という考えと重ね合わせると、貨幣は未来に自分が生き続けたい、名前を残したいという願いの表れでもあります。

これをふまえて法人というものを考えるとどうなるか。法人擬制説とは、会社は人間がフィクションとして作り上げたものであると考える説です。人間は有限の存在でありながら、永遠に生き続けたいという欲望を持っています。それが無理なので、擬制法人を作り出し、永遠に残そうとしたのです。亡くなった先祖に手を合わせ、「ありがとうございました」と感謝し、お布施を捧げることで、その存在を永遠にしようとする意識が働いているのでしょう。お布施を多く払えば、お経も長く唱えてくれるという現象もその一環です。

島田　そういう風には決まってないんですけどね（笑）。

水野　貨幣は所有権を子供に残す手段でもあります。たくさん子供に残せば、その子供たちはお彼岸にも来てくれる。法人をつくることで、人間の希望や願いを託したのではないかと感じます。

島田　今の話で思ったのは、柳田國男《やなぎたくにお》の『先祖の話』という本です。これは、戦時中に書き始めて戦後出版されたもので、柳田が書いた本の中では今でも読まれている筆頭です。先祖になることが、いかに重要かという話なんですが、その中に、柳田が戦争中に東京の町田あたりを散歩してた時に、同じぐらいの年配の老人と出会う話が出てきます。その老人が、「自分はご先祖になるんだ」と、柳田に向かって高らかに語るんですね。自分は田舎から出てきて資産を形成し、六人いる息子みんなに土地付きの家を与えて繁栄できる基盤を作った。したがって、自分は六人の息子たちの先祖になるんだと、誇らしく語ったというのです。

水野　それはすごいですね。過去・現在・未来が貨幣を介してつながっていますね。

島田　このエピソードが、『先祖の話』を柳田が書くきっかけになっていて、日本人にとっていかに先祖供養が重要かということを強調したんですね。そこには経済があって、資産があって、それを継承することによって先祖として祀《まつ》られる。だから、王様の場合も同じように国土を、昔だったら帝国を広げていくことによって、自分がその祖として崇めたて祀られるという構造と同じようなものですね。

†東インド会社の誕生と株式制度

島田　会社で一番有名なのは東インド会社ですが、その誕生はどういうものだったでしょうか。

水野　イギリス東インド会社の誕生は一六〇〇年ですが、インドとの巨大な利益を独占したいので、特許状が欲しいと国王に頼みます。莫大な特許料を払っていたと思います。東インド会社とバブル崩壊した南海会社と、それからイングランド銀行、この三つの民間会社が、イギリスの国債を大量に引き受けています。その中でも東インド会社が、一番引き受け能力があった。インドとの取引で巨額な利益を出していたからです。スペインから強奪したお金の一部が東インド会社の資本にもなっています。

イギリスではその後、一六四二〜四九年にかけて清教徒革命が起きます。一六八八─八九年の名誉革命以降、国王の借金ではなくて議会の借金になります。これによって国王が死んでも議会はずっと続くことになります。ここにもおそらく永続性が関係しています。

一方、前にも話したように、スペイン皇帝は一代限りで借金を踏み倒すことが多くありました。例えば、カール五世が亡くなり、フェリペ二世という息子が継いでも、「カール五世の借金だから私は関係ない」と踏み倒す。

島田　国王は、人間だから死ぬ。永続性を持たない。そういう存在に変わる形で、国家機構とか会社が台頭してくるということですね。

水野　昔の人は、よく考えたと思います。リスクを回避するために、スペインの皇帝はしょっちゅうリスケしている。たまったものではありません。イギリスでは、君主の権力がしだいに弱まっていく中で議会が権力を持ち、議会が借金の保証をするようになると、東インド会社や南海会社も安心して資金を引き受けることができました。議会があることで、利息が毎年確実に支払われる仕組みが作られ、イギリスは近代的な制度を巧みに整備したのです。

島田　パートナーシップから法人の方向に、スペインやイタリアは移行できなかったわけですね。

水野　イタリアとスペインではなくて、イギリスとオランダが近代社会において強い力を持った理由がよくわかります。オランダもオランダ東インド会社を設立しましたが、永続性のある組織を作ることが最大のポイントだったのです。近代社会は、中世の「閉じた空間」という前提を否定し、「無限の空間」という考え方を採用しました。無限に続く組織でなければ、近代社会の主役にはなれません。さらに、不確実性を排除するために保険会社を作るなど、リスク管理が重視されました。イギリスも早い段階で保険会社を設立しています。

現代の中央銀行の原型もスペインではなく、最初は一六八八年にスウェーデンで、その後一六九四年にイギリスで設立されました。ヨーロッパ各国もこれに続いて中央銀行を設立しました。イタリアは国家統一が遅れ、スペインも国民国家として成立するのが遅れてしまった。つまり国民国家の枠組みは、株式会社と同様に永続性を保証するものなんです。

島田　株式会社国家なんですね。

水野　経済的には、そういうことですね。イギリス人はすごいなと思いますね。

島田　東インド会社を発案する人たちは、どういう人たちですか。海賊が考えたんですか。

水野　おそらく東インド会社の前身のスパイサー商人組合の人たちだと思います。中東に行って胡椒の取引をしていた商人たちが組合を作り、最初はパートナーシップで活動していました。だけど、それでは機動力に欠けるから、利益を内部蓄積したい。内部蓄積ができれば、大きな船を作るのも経営陣の自由にできる。いちいち出資者に話して、株主総会を開いて反対側の意見が出てきたら、時間がかかりすぎますよね。そんな考えから、一四二八年のスパイサー組合の人たちが、ヘンリー六世に「法人格をください」と陳情に行ったのです。

島田　その場合の法人格は、特許として与えられたものですか。

水野　そうです。特許として認められた法人格に利益を蓄積できるようになった。

島田　事業の継続性がそこで保証されることが、法人としての会社の重要性になるわけですね。

水野　会長や社長が死んでも、次の人たちが引き受けられますからね。

島田　その時点で、株式は発行されていたんですか。

水野　はい、株式は発行されていました。モスクワ会社の株式も譲渡が可能でした。ただ、株式取引所がないと、譲渡は身内や仲間内に限られてしまいます。そこでオランダ東インド会社が一六〇二年にできたと同時に「アムステルダム証券取引所」が世界最初の株式取引所として設立されました。イギリスの証券取引所は一八〇一年と遅いんですが、一七世紀末にはロンドンのシティのコーヒー・ハウスで株式売買が行われていました。この仕組みによって、会社は不満分子や不満を持つ株主に影響されず、「出資金を回収して、どうぞお引き取りください」と対応できるようになったのです。

島田　非常に合理的な仕組みですね。

水野　いい仕組みですよね。株主が「返せ」と言ってきた時に、会社が現金や資産を取り崩さなければならないと、会社にとって大きな負担になります。特に大口の株主が資金を回収しようとすると、現金が足りないこともあります。そうなると、船を売らなければならないとか、事業に支障が出る可能性があります。ですから、株式取引所制度を作り、株式の譲渡が自由にできるようにすることは、資本主義の発展にとって欠かせないものでした。

✝国債というイノベーション

島田　会社という法人ができる段階と、株式を発行するようになって証券市場が形成されるという二つの段階が、一七世紀の時点で起こるんですね。そこに、国債も関わってくるということですか。

水野　一六五二年から始まった英蘭戦争は第四次の一七八四年まで続きました。だから常にお金がいる。戦争を予期して税金を集めるわけにはいかない。戦争は予期せぬ出費です。それはもう国債しかない、ということです。

島田　その前はどうしていたんでしょうか。

水野　その前の英仏一〇〇年戦争などの戦費の調達は税金と借入です。皇帝、国王、そして教会はメディチ家やフッガー家から多額の融資を受けていました。新しい税金を課すには教会の許可を得なければならないという規則がありました。しかし、国家存亡の危機の時には、ローマ教会の許可を得ずに国王が調整できるようにした。それでもその時の経済力に左右されます。農民や貴族が多く払えないという状況では、限られた戦費しか調達できません。国債は、将来の生産力を担保にしているのです。

島田　何もないところでお金を借りる。

水野　将来、これだけ生産力が上がるであろうという見込みと、戦争で勝利して賠償金を獲得するという思惑で予期せぬ戦費に対応するわけです。

島田　戦争の成果によって、それだけの見返りがあると見込むわけですね。

水野　それだけ、大規模な戦争ができる。昔の一〇〇年戦争は、そんなに大規模な戦争じゃないと思います。ですが、どんどん国債を調達できるようになると、将来の生産力を担保に多額の戦費を調達できて、戦争の被害がどんどん大きくなる。

島田　その場合、国債を引き受けてくれる存在がなければならないわけですよね。

水野　それが、先ほどお話しした東インド会社や南海会社です。南海会社は一七一一年に、中南米のスペイン領との独占貿易を行う会社として設立されました。しかし、一七〇一年に勃発したスペイン継承戦争が翌年アメリカ大陸にもおよび、イギリス対フランス・スペインの間で戦争が起きました。その結果、南海会社はイギリス国債市場に進出し金融会社となったのです。

もう一つがイングランド銀行ですね。一五世紀末から一六世紀を通じておきた第一次エンクロージャー運動によって、地主が小作人を都市に追い出して農地を放牧地に変え、羊毛産業で莫大な利益を得ました。その地主たちの預金をイングランド銀行が集めたのです。東インド会社と南海会社、イングランド銀行という三社が「三大金融会社」と言われ、国債の約四割を引き受けていました。

島田　東インド会社やイングランド銀行にとって、国債を引き受けるメリットは何でしょうか。

水野　メリットは高い利率です。当時、オランダの利率が最も低かったのですが、イギリスはそれよりも高い金利を提供していました。オランダ人もイギリスの国債をかなり買っていたようです。一六〇〇年代から一七〇〇年代にかけて、オランダはイギリスよりも豊かでした。豊かなオランダ人が、自国の国債の金利が低いため、イギリスの国債を購入していたのです。今の日本人がアメリカの国債を買うのと似たようなものだと思います。国内のその三社で四割ぐらい買って、あとは、おそらくオランダが買っている。

島田　オランダがイギリスの国債を持っているというのは、イギリスにとって不都合ではなかったんですか。

水野　オランダ人が急にイギリスの国債を売ることになると、大変ですよね。でも実際には、イギリスの金利が急騰したり、オランダがイギリスの国債を売ってキャッシュにしたいという事情はなかったようです。今の日本も似たような状況です。たとえば、日本は約一〇〇兆円ものアメリカ国債を保有していますが、それを売って何かに使おうという動きはありません。また、日本の国債のうち九割が日本人の手にあり、主に生命保険会社や日本銀行が保有していますが、それをキャッシュにしないと生活が成り立たないという状況ではない。

当時のオランダも世界一豊かだったため、イギリスの国債を売ってもっと贅沢をしようとか、より良い生活を求める動機はほとんどなかったでしょう。配当収入だけで十分に満足できる状態でした。だから借金をする時には、豊かな国から借りるのがいいんです。貧しい国から借金すると、いつお金を返してほしいと言われるかもわかりません。借金を頼む際には、豊かな国の方が対応能力が高い。今のアメリカが日本から資金を調達している状況も、これと同じ構造だと言えます。

†南海会社と投機ブーム

島田　株式会社の誕生、株式市場の形成、それに国債の発行と引き受けといった、そういうものが全体の枠組み、システムとして、この時点でうまく出来上がったということですね。
　今でいう株式会社は、一八〇〇年代になってから生まれたものですか。

水野　一八二〇年代以降、「鉄道の時代」に入ってから、巨額の資本が必要となり、本格的な株式会社が生まれました。それまでは、株式会社のほかにパートナーシップやトラストといった三つの形態がありました。イタリアが作ったパートナーシップもその一つです。イタリアは小さい国ですから、たとえばインドに植民地を作るようなことはありませんでした。小規模なビジネスでは、パートナーシップで対応できたのでしょう。しかし、イギリスは世界中に進出する海洋国家でした。パートナーシップでは限界があったため、より大規模で永続性のある仕組みを模索する必要がありました。海洋国家であったことが、イギリスに革新的な仕組みが生まれた大きな要因だったと思います。

島田　もう一つの海洋国家のスペインとかポルトガルでは、そういう仕組みはできなかった。

水野　スペインは後にポルトガルを併合しましたが、スペイン自体は海洋国家というよりも大陸国家と位置づけられています。スペインの無敵艦隊アルマダは大量の陸軍兵士を運ぶための船で、イギリスを攻めて上陸するための運搬船でした。スペインでは、陸軍大臣が海軍を指揮していましたが、これは海軍が陸軍の支援にすぎなかったことを意味します。海軍が主体ではなく、海上支配を目的とした考え方があまりなかったのです。

一方、イギリスは陸軍をあまり持っていなかったため、海外進出には海軍が不可欠でした。スペインの船は直線的にしか進むことができず、風向きに左右される船でしたが、オランダが最初に作った船は、風向きに関係なく自由に向きを変えられるものでした。これはまさに戦術的な大きな違いで、イギリスの船はスペインの船に対して、より機動的に動けるようになっていました。スペインの船は大きくてスピードも遅く、イギリスの小型で機動的な船に横から攻撃され、最終的に敗北してしまいました。

スペインは広大な大陸領土を持っていましたが、海洋支配という考え方があまりなかったのです。これは、中国と似た状況です。中国も自国領土内にあらゆる資源を持っていたため、海外進出の必要性が薄かった。一方で、イギリスは限られた土地であり、資源も豊かではなかったため、必然的に海に目を向けざるを得なかった。

島田　もう一つの南海会社は、どういう会社ですか。

水野　ミシシッピ会社は北アメリカを対象にしていましたが、南海会社は南アメリカを対象にしていました。当時のヨーロッパ人は、新大陸に対して「何か特別なもの」を期待し、その期待がバブルの原因になったのだと思います。オランダ人がトルコ由来のチューリップに熱狂したのと同じ現象ですね。フランスで人気を博したミシシッピ計画に触発され、イギリスでも南海会社が設立されました。ミシシッピ川よりもさらに壮大な名前を求めて「南海会社」と名づけられました。南海会社は「イギリスの国債を南海会社の株式に交換しましょう、株価はどんどん上がります」と大々的にキャンペーンを展開しました。

島田　一七二〇年の南海計画ですね。イギリスの国債を全額引き受けるという夢のような計画が公表され、イギリス株式市場に投機ブームが起こった。

水野　引き受けた国債を株式と変えましょう、儲かりますよ。それが全然そうじゃなかった。

島田　詐欺ですか。

水野　壮大な詐欺です。ミシシッピ事件は、ジョン・ローというイギリス人がイギリスを追放されて、フランスに行って然るべき地位を得て、それで今のようなスキームを作った。

島田　そういう詐欺とも言えるようなことで引き起こされた投機ブームが起こるのも、この時代の特徴ですね。

水野　その少し前には、チューリップ・マニアがありました。これは一六三〇年代の話です。一六二〇年代にイタリアで超低金利から金利が急騰した理由は、イタリアの富裕層がオランダに投資したからです。オランダの金利がイタリアより高かったため、資金がオランダに流れ込み、チューリップの球根一個が家一軒と同じ価値にまで上がり、最終的には崩壊しました。これが大規模なバブルの最初の事例です。国がこれから成長するぞという時期には、こうした現象が見られます。日本の一九八〇年代も同じですね、アメリカを抜くぞって、自動車生産が一位で、半導体も一位で……。

島田 人間って、バカですよね。

水野 欲望の塊ですよね。こういう人たちが成功者と言われる社会とは、一体どうなっているのでしょうか。

島田 欲望が無限に肥大していく現象がバブル。それが南海計画で、比較的最初の方の現象ですね。

水野 チューリップは株式会社ではないので、株式会社制度を使ったバブルは南海会社が初めてです。

島田 株式会社と国債という関係が投機ブームを生んでいく、そういう構造ですね。

水野 進歩してないですよね。過去に大型バブルは何回もあるのに全然防ぎきれてない。

島田 それだけ、熱狂の力が大きい。

水野 そうです。欲望は無限で、満足することを知らない。それがバブルを引き起こす根本的な原因です。

†アダム・スミスの株式会社批判

島田　バブルの話は、この後の回で出てくると思うんですけれど、アダム・スミスが株式会社を批判したというのはどういうことなんでしょうか。

水野　当時は、株式会社が中心ではないんです。一八〇〇年代、鉄道文化の時代になってから、株式が一般の人にも公開されて大量に集めなければとなってきた。特定のお金持ちだけじゃダメ。

アダム・スミスは一七七〇年代に『国富論』を書いていて、その中で株式会社をけなしています。株式会社の取締役は、常に金儲けのことだけ考えている。あまり中身のない議論ばかりしていると。当時は所有と経営の分離がまだできていなくて、経営者と株主がほぼ一致している。そういう取締役会だと思います。

島田　本格的な株式会社批判というわけではないですか。

水野　アダム・スミスからもう少し後の一八世紀から一九世紀にかけて、株主は礼儀正しくないので、礼儀正しくしましょうという運動が起きています。たとえば、ワインに水を入れて薄めて売るなど、量をごまかすような商売が行われていたらしいです。アダム・スミス自身はそこまで具体的に書いていませんが、取締役や役員会でそういう話がされていたのかもしれません。

島田　せこい。

水野　別の本では、当時のビジネスマンは「抜け目のない人たち」として描かれています。これから台頭してくる資本家たちは、そんなふうに見られることを嫌がったでしょう。自分がこれだけお金を持っているのに、なぜ尊敬されないのかと不満を持っていたと思います。むしろ馬鹿にされていたんでしょう。馬鹿にされるよりは尊敬されたいということで、「ごまかすのをやめましょう」と努力する動きが出てきたのです。

第六章　「長い一六世紀」とは

†価格革命が起こった

島田　今回は「長い一六世紀」というテーマで、資本主義が形成される重要な局面について考えていきたいと思います。この「長い一六世紀」というのは、よく水野さんが言及されるわけですが、これは、ブローデルとウォーラーステインという師弟関係にある二人が用いた概念で、一五世紀後半から一七世紀前半までを一六世紀とみなすものですね。その時期に、資本主義とグローバリゼーションが本格的に開始されたということですが。

水野　ブローデルが言う「長い一六世紀」は、一四五三年のビザンチン帝国崩壊から始まり、二〇〇年後の一六四八年のウェストファリア条約、あるいは一六五一年に終わります。その年に刊行されたホッブズの『リヴァイアサン』が国民国家の概念を確立しました。二世紀にわたるので「長い」と言われるわけです。ブローデルとウォーラーステインは、〇一年から一〇〇年後の〇〇年を一つの世紀とみなすのではなく、時代の流れ、あるいは大きな転換期を迎えている時代幅を「長い」と表現したわけです。

一六四八年には、スペイン帝国からオランダが世界初の共和国として独立しました。中世を通じて教会の権力と世俗の皇帝の権力が支配していましたが、その皇帝の権力が揺らぎ始めたのです。

島田　経済史として見た時、長い一六世紀の出発点にはどのようなことがあったんでしょう。

水野　一四五三年の約四〇年後、一四九二年にコロンブスの航海が始まり、グローバリゼーションが進展しました。オスマントルコの占領で地中海の東側が閉ざされたため、大西洋を越えてインドへ向かう必要が生じたのです。

島田　東方貿易ができなくなったということですね。

水野　はい。そこで西回りの航路を取ったら、南北アメリカ大陸があった。かぎかっこつきの「新発見」と言うのですか。

島田　最近は、発見とは言わないですね。「初めてヨーロッパ人として到達した」と言われてますが、その前に到達した人間がいて、それがバイキングではないかとも言われてます。

水野　捕鯨船の漁師であったバイキングが、クジラを追ってアメリカ大陸にたどり着いたという説ですね。スペインの皇帝からすると、「新大陸発見」という名誉を北欧の名もないバイキングに与えてはならなかった。コロンブスはイタリア生まれですが、スペインが彼を支援したので、スペインの名誉とする必要があったのです。歴史上、権力者が「第一号」という名誉を勝ち取るために、このような操作が行われることは少なくありません。

島田　一四九二年は、スペインのあるイベリア半島からイスラム教徒を追い出した、そういう年でもあります。

水野　レコンキスタが完了した年です。そして、この年からグローバリゼーションが本格的に始まりました。資本主義に関しては、一五八〇年頃に、海賊ドレークがスペインから奪った金銀財宝をイギリスに持ち帰り、その一部をエリザベス女王に献上しました。そのおかげでイギリスの財政が安定し、余剰資金で東インド会社が設立されました。ケインズによれば、海賊ドレークこそがイギリスの最初の資本家だったとされています。

この時期、大きな構造変化が起こりました。ブルクハルトによれば、歴史上三度の危機があり、その二回目が「長い一六世紀」に当たります。第一回目は、西ローマ帝国の滅亡からカール大帝による再建までの四七二年から八〇〇年までの三〇〇年間で、この時期、人々は森に逃れて生活していました。三回目は、フランス革命から普仏戦争までの一〇〇年間です。ヨーロッパの歴史は、この時期に大混乱を経験しました。

「長い一六世紀」の前には、ビザンチン帝国がまだ存在しており、地中海を囲む地域が最も裕福でした。エジプトも含めて、ローマやジェノバがその中心でした。この「長い一六世紀」には海を中心としたグローバリゼーションが進行しましたが、同時に陸のグローバリゼーションも進展しました。北部ヨーロッパのアムステルダム、オランダ、イギリスが経済圏として一体化し始め、さらに東ヨーロッパの穀倉地帯が加わり、これらの地域が融合していきました。

この時期に起きた重要な現象として、ローマの高い物価水準にオランダやイギリス、東ヨーロッパの物価水準が追いつき、大規模なインフレが発生したことが挙げられます。二〇〇年の間に物価が約八倍に上昇しました。年率で見ると〇・九％程度の増加ですが、一〇〇年以上も続くと、当時の人々にとっては大変な出来事でした。それまで物価は「上がれば下がる、下がれば上がる」というサイクルを繰り返していたため、何が起こっているのか理解できなかったと言われています。一九九七年以降、日本では実質賃金が四半世紀にわたって年率〇・七％減少していますが、この現象とも通じるものがあります。

島田　長い一六世紀までは気候とかで変動はあったものの、基本的に定常状態に戻ったということでしょうか。

水野　確かに「長い一六世紀」までの中世では、イギリスの例でみると一人当たりの実質ＧＤＰの年平均成長率は二〇〇〇年間をならしてみればわずか年〇・四％程度でしたので「定常状態」でした。しかし、変動幅はすごくありました。悪い時には前年比マイナス七％、いい時にはプラス七％といった繰り返しでした。来年はどうなるかわからない不安なという時代でした。「長い一六世紀」の後半になると、さらに事態が悪化しました。秩序が崩壊すればこんなに変動幅が激変するのかいうほど激動の社会になりました。そうした状況は一七一〇年頃まで続き、ようやく一八世紀前半あたりから一人当たり実質ＧＤＰ成長率が高まり、変動幅も小さくなり、安定した社会となりました。人々は来年の見通しを立てることができ、利益を追求する企業経営者にとっては望ましい環境が整ったのでした。

　一方、物価についてみると、長い一六世紀に入ったらずっと上がりっぱなし。もちろんアップダウンはあるのですが、常に上がっていくという過去にないことが起きた。これが「価格革命」と呼ばれるものです。物価水準が平均して八倍に上がってくる。でもイタリアは上がらないんです。

島田　そうなんですか。

水野　イタリアは物価水準が一番高いので、そこに収斂していくんですね。ちょうど、一九九〇年代のグローバル化で生活水準が高い日本はデフレで、新興国がインフレと同じ構図です。日本の物価水準が上がらなくて、中国や新興国の物価がどんどん上がってくる。これも現代の価格革命ですよね。もう一つ加えて言うと、ケインズは、長い一六世紀の価格革命を「利潤革命」あるいは「利潤インフレーション」とも呼んでいます。

　価格が八倍に上昇する一方で、賃金は四倍にしか上がらなかったため、実質賃金は半分に下がり、生活水準も半減しました。その差額はすべて資本蓄積に回りました。つまり、価格の上昇は資本蓄積に直接結びついたのです。そしてイタリアは物価水準がすでに高かったため、物価が上がらず、むしろ下がっていくんです。

†利子率革命

島田　経済の成長は、もう見込めないということですね。

水野　そうです。物価がじわじわと下がることで、金利も下がっていきました。当時のイタリアはすでに投資の機会が尽きていたため、過剰貯蓄の状態にありました。さらに、金銀財宝がイタリアに集まるシステムが構築されており、スペインの皇帝やローマ教皇に対して融資をしていたので、スペインが南米から強奪してきた金銀財宝もイタリアに集まってきました。イタリア・ジェノバの金利がついに一％台まで下がっていった。ブローデルは、これを「並々ならぬ利子率の低下革命が起きた」と表現しています。私はそれを縮めて「利子率革命」と呼んでいます。

島田　革命なんですか。いい加減な借金踏み倒しのようでもありますが。

水野　その踏み倒しを避けるために、返済期間を長期化する、いわゆるリスケが行われるようになったのです。革命と呼ばれるのは、それまでこのような方法が存在しなかったからです。リスケの方法が発見されたことで、三年の貸付が五年に延長されましたが、銀行はこのままでは不良債権化するリスクがありました。そのため、国債市場が作られ、よりリスクを取れる人が国債を購入するようになったのです。

島田　なるほど、債券市場ができる。

水野　そうです。リスケを考え、国債市場を作ることで、それまでにないことが起きた、まさに革命です。金利水準も最終的には一％台まで下がりました。紀元前三〇〇〇年のシュメール王国から金利の記録が残っていますが、その当時の上限は三三％でした。古代ローマの四世紀前半には債券の金利が四％台前半まで下がりましたが、その後、ローマが崩壊すると一二％程度まで上がりました。紀元前三〇〇〇年からの記録を見ても、金利が一％台前半に下がったことは過去に一度もありません。

一六一九年、イタリアのジェノバでは金利が一・一二五％まで低下しましたが、それを下回ったのはおよそ四世紀後の一九九八年、日本が初めてです。紀元前三〇〇〇年から一九九八年までの二五〇〇年間、イタリアの一・一二五％が世界記録でした。国債市場を作り、リスクを分散させ、利回り水準が最も低くなりました。それが低かった理由は、イタリア国内に投資先がなかったからです。

島田　確か、ワイン畑が山の上まで作られたんですよね。

水野　そうです。山の斜面はコストがかかるので、新たに農地を開拓するたびに収益率が悪くなります。さらに、山の北側では日当たりが悪いため、作物を育てるのが難しい。イタリアの一％の金利に耐えられなくなった商人や投資家たちは、より利益の出るオランダに資金を移しました。その結果、オランダでは資金が余り、一六三七年にチューリップ・バブルが発生しました。

島田 お金が国境を越えて動くようになったということですね。

水野 ええ。メディチ家も同じです。彼らはロンドンに支店を持ち、一三、一四世紀に多くの商会が設立され、最終的には金融業に手を出し、ヨーロッパ各地に支店を設けました。当時、都市国家は規模が小さかったため、金融業はグローバル化せざるを得なかった。

†ヨーロッパと日本の相似性

島田 まだ国家権力がそれほど強くなくて、都市国家の時代ですね。

水野 フィレンツェ、ヴェネチア、ジェノバなどが世界で最も繁栄していた時代です。これらの都市には羊毛組合やギルドがあり、市を統治している役人よりもギルドの方が実際の決定権を持っていました。事実上、商人たちが都市国家を牛耳っていました。

島田 日本でも、その時代に同じようなことが起こりました。大阪、堺とかですね。この「長い一六世紀」は日本で言うと、戦国時代から江戸幕府が成立するまでの時代で、中世が終わり近世になっていく時代です。その中で、堺の商人が経済力を持って、権力を握るようになった。そうした商人、商業資本を押さえつける形で、江戸幕府が生まれた。こうした流れは、ヨーロッパと共通していますよね。

水野 不思議ですよね。日本とヨーロッパはそんなに交流がない。

島田 南蛮貿易ぐらいですか。

水野 だけど、同じことをやってる。お寺もみんな兵隊を持っていました。

島田 僧兵ですね。ヨーロッパと日本はすごく似ているんです。

水野 連絡を取り合っているわけではないのに、自然とそういうことをやるわけです。不思議ですね。

島田 他の地域ではあまり起こらなかったことが、ヨーロッパと日本で同時期に起こっている。寺社領、すなわちお寺とか神社が持ってる領地があって、権力が入れないので力が非常に強くなり、経済活動の中心になるというのも、ヨーロッパと相当似ている。他の地域は、そういうことはない気がします。

水野 中国やイスラムは、なかったんですか。

島田 中国は、仏教の力がそれほど強くなったことはないんじゃないでしょうか。儒教は教団を作りませんし、道教には教団はあっても、そこまでの力を持つことはなかった。イスラム教でも、モスクは教会とは異なり組織とは言えないので、モスクが権力を持つことはありません。ヨーロッパと日本の共通性は非常に興味深い。

水野 ヨーロッパでこういうことが起きているから、自分たちもやろうなんて思っていないですよね。人間の本質は変わらないということでしょうか。

島田 どっちかと言うと日本の方が、寺社勢力の台頭は早いんじゃないかな。

水野 不思議です。比叡山の焼き討ちは評判悪いでしょうけど、あれは一大旧勢力と新興勢力の争いです。

島田 聖職者が独身であるというところも、二つの地域に共通しています。これも他の地域や宗教にはないところです。聖職者が独身であることで、相続が発生しないようになっていて、だから後の法人と同じ機能を果たした。ですから、「長い一六世紀」というのは、おそらく日本でもあったことになりますね。

水野 「応仁の乱」のスタートぐらいか。

島田 その時に日本で利子率がどうなっていたのかは、ちょっとわかりませんが、かなり低下していた可能性はあるかもしれないですよね。

水野 「長い一六世紀」の中で、イギリスでは一五一二年から一六二〇年の一世紀にわたって実質賃金が六割も減少したため、生活水準は四割の水準にまで低下しました。今のようにサービス施設が多ければ、旅行を控えるなどで調整できますが、当時は衣食住しかなかったので、六割減は非常に厳しい状況です。一日三食を一食に減らすような下がり方です。

†実質賃金の低下はなぜ起きたか

島田　なぜ上がらなかったんですか。

水野　賃金は名目では四倍に上がったのですが、物価が八倍に上昇したため、実際には賃金が追いつかなかったのです。資本家の力が強かったので、すべてが利潤に回りました。イギリスではトマス・モアが『ユートピア』で、「羊が人間を食べている」と表現していますが、これは少し違った言い方ですが同じ意味です。当時、フィレンツェも羊毛産業や毛織物産業が盛んでしたが、イギリスの毛織物の方が品質が良かったようです。イギリスの地主は、多くの小作人を追い出して羊を飼うようになり、羊飼い一人を雇うだけで済むようになりました。あとは番犬を置いて羊を放牧するだけです。

農地を追い出された小作人たちは、都会に押し寄せて職を求めることになり、労働供給が過剰になった結果、雇う側（後の資本家）の立場が圧倒的に強くなりました。そのため、労働力が安く買い叩かれることになりました。

島田　効率がいいわけですね。

水野　イタリアで言えば、ワイン産業のような一番の利益産業が、イギリスでは毛織物産業であり、現代で言えば半導体やＩＴ産業に相当します。追い出された小作人たちは職に就ければ幸運な方で、大半の人々は浮浪者になりました。都市で職に就いた人でも実質賃金は減り続け、生活は厳しいものでした。職に就けない人々が多かったため、治安も非常に悪化しました。この時期に第一次エンクロージャー運動が起こります。マルクスの『資本論』では浮浪者取締法を「血の立法」と呼んでいます。その理由は、三回浮浪者として捕まると死刑になったからです。めちゃくちゃな時代ですよね。

島田 浮浪者であるだけで死刑になるんですか。

水野 そうです。密告制度を作るんです。おそらく警察官の数が少なかったため、密告者には浮浪者を奴隷にできるという特典が与えられました。これにより、密告が積極的に行われるようになり、奴隷となった人々は過酷な状況から逃げ出そうとします。二度目に密告されると、再び誰かの奴隷となり、三度目に密告されると問答無用で死刑になります。この時代は、離婚を繰り返したことで悪評高いヘンリー八世（在一五〇九―一五四七）の時代です。

島田 聖公会ができた原因を作った人ですね。

水野 そうです。彼はローマとスペインからの独立を果たしたわけですよね。

島田 淫乱ではなくて、再婚するためにそういうことになったんですけどね。

水野 スペインから押し付けられた妃《きさき》は嫌で、こっちの方がいいということですね。ネット情報ですけど、ヘンリー八世の時代に、七万人が浮浪者取締法で死刑になった。病気で働けない人は証明書をもらえて、教会が救済したらしいです。病気じゃない人は密告されて死刑になって、教会も相手にしてくれない。ひどいですよね。

七万人は相対的にどれくらいかというと、当時のイギリスの人口は六二〇万人（一六〇〇年）でしたので、七万人は約一・一％に当たります。ロンドンの人口が一五万人だったと仮定すると、ロンドンにいた浮浪者が全体の五割だったとすると、ロンドンでは二三％が死刑判決を受けたことになります。現在の東京の人口が一四〇〇万人ですから、その二三％に当たるのは約三二七万人。この数が死刑を受けた計算になります。

当時のイギリスでは、ヘンリー八世の後にブラッドメアリーがスコットランドから来てカトリックに戻り、エリザベスが即位すると再びプロテスタントに戻りました。信者たちは、自分が何を支持しているかを明言できない状況でした。今の国王がカトリックでも、次に来る人物が変われば弾圧される可能性があったので、信者も自分の立場をはっきりさせることができなかったのです。その後に起こるドイツの三〇年戦争と似たような状況が、イギリスでも見られました。

イギリスは、スペインからスパイがかなり送り込まれて、エリザベス派を暗殺しようとする。権力自体が常にスペインのスパイから狙われている、とても不安な時代だったんだろうなと。

島田　この時代のヨーロッパは、宗教改革のあとに宗教戦争も起こるし、殺し合いの時代ですよね。

水野　カトリックとプロテスタントの間で起こったドイツ農民戦争や三〇年戦争では、昼間に道を歩いていると、後ろから反対派にナイフで首を切られ、夜には反対派の家に火をつけに行くということが行われていました。まさに秩序が崩壊していました。同じような状況がイギリスでも起こり、イタリアでは右派と左派が激しく対立していたかと思うと、裏で手を結ぶこともありました。この時代は、主義主張のために戦うというよりも、何が敵で何が味方かもわからない混乱した時代でした。日本の戦国時代も、関ヶ原の戦いでどちらが味方かわからない状況がありましたね。

†ルネサンスの経済史的意義

島田　そういう中で、いろいろなことが起こります。ルネサンス、宗教改革、大航海時代の到来、そして一七世紀の科学革命になるんですけれど、まずルネサンスですね。単に文明、文化が発達したということではなく、経済史的な意味はどうなんでしょうか。

水野　歴史の危機を指摘したブルクハルトが『イタリア・ルネサンスの文化』という本を書いています。通常、ルネサンスは「自我の解放」や「個人の発見」などと関連づけられ、芸術や宗教の発展として語られますが、興味深いのはブルクハルトが「フィレンツェは世界最初の近代国家に値する」と述べている点です。フィレンツェでは、人口統計や病院の数、金融業の数などが一四〇〇年頃にはすでに把握されていたようです。

今で言う国勢調査のようなものが行われていたということで、国家の基本的な管理体制が整っていたわけです。日本は一億二〇〇〇万人の人口を正確に把握していますが、中国やインドではそこまで詳細に把握されていないかもしれません。フィレンツェではそれが行われていたというのは驚くべきことです。ブルクハルトは「鋭い理性と同時に芸術的創造力を持った精神が、政治や社会を絶えず変化させていく」とフィレンツェの精神を称賛しています。

ブルクハルトは同じ本の中で、「国家を作る芸術家が現れている」と述べています。芸術家が一つの国家を設計することができると考えたわけです。これがマキャベリであり、彼は国家の設計者とされます。寺院や石を素材にするのではなく、人間を素材にして国家を組み立てるという発想です。後にホッブズも「人間は機械である」と述べています。機械を作る人は芸術家かどうかは別として、広い意味では創造者、つまりクリエイターです。

島田　マネージメント、ガバナンスというようなこともここから生まれたと言われてます。目的があって統計資料を作るわけですね。単に記録するだけではなくて、効率的に国家を運営するためということでしょうか。

水野　そうだと思います。税金も効率的に徴収しなくてはいけない。商人はみんな税金をごまかそうとするから、国家はそれに対抗してごまかされないように仕組みを作ります。秀吉もいろんな仕組みを作りましたね。

島田 検地をしました。農民から武器を取り上げたことも非常に大きかった。

水野 これも似ていますよね。芸術家が国家を作るという精神がここにも見られます。中世の人々は、聖書に書かれていることを疑わずに受け入れていましたが、ルネッサンスになると、それが本当かどうかを疑い始めたのです。

†マキャベリとホッブズ――近代国家のデザイナー

島田 教会が言っていることが疑われた、と言った方がいいかもしれないですね。聖書に基盤を置くようになるのは宗教改革以降で、それより前は聖書の知識は一般には広まっていませんでした。

水野 ラテン語で書いてあるから、全く読めないですよね。

島田 オリーヴィの話で出てきたように、説教師たちがキリスト教の教えを一般民衆に説いていた。ルネサンスくらいになると、それに対する疑いが出てきたわけです。

水野 塩野《しおの》七生《ななみ》さんの本にもそのようなことが書かれています。ルネッサンスとは簡単に言えば、「見たい、知りたい、わかりたい」という欲望の爆発でした。人々が「なるほど」と思い、疑いを持ち始めたのです。
「コンスタンティヌスの寄進状」という偽書があります。これは、コンスタンティヌス一世が、ローマ教会に対してヨーロッパの西の地域はみな教会に寄進するという内容でした。この文書は、中世においては教皇領の領有権の根拠として重要な役割を果たしましたが、一五世紀に人文主義者のロレンツォ・ヴァッラによって、言語学や歴史学的な観点から詳細に検証され、偽書であることが証明されました。

島田　中世という時代は、「偽書」の時代です。何が本物かを確かめることができないから、みんなが納得するようなものだとそれが流通してしまう時代だった。
最近『宗教とデザイン』（松田行正《ゆきまさ》・左右社）という本の書評をしたんです。ブックデザイナーでもある著者が宗教の世界のデザインをいろいろ扱っている本です。書評では最初に、「最大のデザイナーは神である」という話を書きました。何しろ神が世界を創造したわけですから。芸術家としてものを創造する力を神が独占していて、教会はそれに頼っていた。ところが、今度は人間がデザイナーとして力をもってくる、そういう文脈かなと思いました。

水野　確かに、国家を作るというのは、教会とは別の組織を作ることになりますから、マキャベリやホッブズが行ったことは本当にすごいことです。「芸術家が国家を作る」というブルクハルトの発想も驚きですね。

島田　マキャベリは、どういう人でしたか。

水野　マキャベリ（一四六九―一五二七）はフィレンツェ生まれで、フィレンツェ共和国の官僚として内政、外交の両面で活躍しました。フィレンツェの要職を解かれた後、一五一三―一四年に『君主論』を執筆し、死後の一六三二年に刊行されました。『君主論』の評価は分かれていますが、ルソーは共和主義者の教科書と高く評価しています。

また、ブルクハルトも「一つの国家を組み立てようとすることができると考えたすべての人間の中でも、マキャベリは比類のない最大の人物」と評価しています（『イタリア・ルネッサンスの文化』ちくま学芸文庫）。

マキャベリは「近代国家論」のホッブズの先駆者的なポジションですが、早すぎたんですね。やっぱり世の中、タイミングが大事です。ホッブズは、ウェストファリア条約ができて三年後に『リヴァイアサン』を出した。今の近代国家の構築は、ホッブズの業績になるんです。もしフィレンツェの指導者たちがマキャベリの『君主論』を受け入れていたら、マキャベリが近代国家の創始者であり、デザイナーであり、芸術家と見なされていたかもしれません。

†宗教改革と情報戦

島田　ルネサンスに次いで宗教改革が起こり、これがキリスト教の歴史の中では非常に大きな意味を持ってくる。それまでローマカトリック教会が、かなり強権を持って世俗の権力と相対立する状況が生まれていたんですが、そこにマルティン・ルターが現れた。それ以前にも宗教改革家という人たちは何人か現れるわけですが、ルターは教会のあり方を根本から批判し、否定してしまった。

バチカンのサンピエトロ大寺院の建設資金を調達するために、贖宥状《しょくゆう》をローマ教皇が出した。それに対して、ルターが異議申し立てをした。それをヴィッテンベルク城に貼り出したということで、その場面は絵にも描かれていますけれど、彼は異議申し立ての文書をラテン語で書いているんです。絵では、民衆にそれを伝えているように描かれていますが、そうしたことは実際には起こらなかったようです。ただ、ラテン語の文書がドイツ語に翻訳されて、グーテンベルクの印刷術によって広まったということで、ルターの影響は非常に大きい。

それまでは教会が救済を独占していたのに対して、ルターは「信仰は聖書に基づくべきである」と言い出した。それぞれの人間が、聖書を読むことによって自らの信仰を確立していく。教会が与えてくれるものではないと言って、聖書もラテン語だったのをドイツ語に翻訳して、グーテンベルクの印刷術によって印刷された。どこまで読まれたかはわからないですが、そういう主張が生まれることで聖書の重要性が高まってくる。

ルターが偶然こういうことをやったわけではなくて、ヨーロッパの「長い一六世紀」の大変化の中で、教会の権力の強さをいかに弱めていくかが、非常に大きな課題となっていたのではなかろうかと思います。その後ヨーロッパ各地で、宗教戦争、特にカトリックとプロテスタントの間の戦争が、最初はドイツでも起こります。フランスではユグノー戦争という形になり、またドイツに戻って三〇年戦争というかなり熾烈な戦いが起こる。

ユグノー戦争のユグノーは、フランスに入ったカルヴァン派のプロテスタントのことですが、それがまたたく間に勢力を広げていく。そこでカトリックとの間に対立が起こるんですが、一旦はユグノーの信仰を認めましょうという方向に進むんですが、最終的に国王が、「ユグノーの信仰を持ってる人間たちは国内にとどまるなら死刑にする」といったかなり過酷な弾圧をして、ユグノーはフランスの国外へ出てしまう。

その後のドイツの三〇年戦争も、カトリックとプロテスタントが対立する中で、他の国が介入することによって、ヨーロッパ全体の戦争になってしまった。カトリックの国はカトリック勢力を応援し、プロテスタントの国はプロテスタント勢力を応援するという事態が生まれたわけですね。これが、第一次世界大戦のミニ版みたいなものになり、ドイツで相当な数の人たちが亡くなって、国土も荒廃する。

だけれども、こうした経緯をたどることによって、プロテスタントが特に西ヨーロッパの中で大きな勢力を持った。宗教改革は、経済史的に考えるとどういう意味合いを持つんでしょうか。

水野　宗教改革の意義は経済史的にみると、ラテン語と俗語（ドイツ語など）の闘いであり、情報を制するものが勝利するということで普遍的な原則だと思います。二一世紀の既存の大手マスメディアとSNSの闘いと同じ構図です。いつの時代も情報を制する決め手はどちらに正義があるかということであって、極端な格差が生じると、権力者や富裕者のほうに不正があるのではと疑われた時、勝敗が決まるのだと思います。

ルターは、ラテン語の聖書をドイツ語に翻訳し、グーテンベルクの印刷術を使ってベストセラーにした。ベネディクト・アンダーソンは『想像の共同体』でこれを「プリンティング・キャピタリズム」と呼んでいます。当時、ラテン語は九〇％以上の人々が読めなかったため、ルターが俗語でありながらもわかりやすく翻訳したのです。

「長い一六世紀」では、金融業と印刷業が大資本家の中心となっていたようです。本は規格化されていたため、すぐに輸出が可能でした。上流階級には、祖先代々のラテン語の聖書が書棚に並んでおり、新しいドイツ語の聖書には需要がありませんでした。ラテン語が読める彼らには、ドイツ語で書かれた聖書を読む必要がなかった。しかし、印刷業者は新しい需要を掘り起こすために、グーテンベルクの印刷技術を活用しました。こうしてドイツ語の聖書はベストセラーとなり、価格が下がって多くの人々が購入できるようになりました。カトリックはこの情報戦で敗北し、競争には勝てなかったようです。

島田　先ほどあげた『宗教とデザイン』という本のなかに、聖書を印刷することに関係する話が出ています。プロテスタントの方は聖書を中心に置いているので、文字文化を推奨する。そのために、識字率を高める。書かれた印刷物によってプロパガンダをやった。

カトリックの側は文字による識字教育なんかしないし、その代わりに絵を使った。そういうものを印刷することによって自分たちの教えを守る。そういう戦争があったと、『宗教とデザイン』に出ていました。

水野　情報戦に勝利した。今で言うネットを使ったことに匹敵するんでしょうね。

島田　印刷で情報を流布する。それによって社会が変わっていくし、変えていく手段にもなっていくという画期になった。

水野　ルターのドイツ語に翻訳した聖書は、二一世紀の今でもそれを超えるようないい翻訳はないと言われているそうです。

島田　ルターには、そういう才能が備わっていたということですね。

†コペルニクス革命の本質

島田　その後に、大航海時代の到来、それから科学革命が起こっています。水野さんが、かつて東大全共闘の議長だった山本義隆《よしたか》さんの『世界の見方の転換』（みすず書房）という本の書評を書かれています。山本さんの本は難しいですよね。科学史の本としてはあんまり親切じゃない。

水野　『重力と力学的世界　古典としての古典力学〈上・下〉』（ちくま学芸文庫）は、ちんぷんかんぷんです。ほとんど最初で、これは理解不能だと思って放棄してしまいました。『世界の見方の転換』と『一六世紀文化革命』（みすず書房）は読みました。前者は三巻、後者は二巻あって、どちらも大著です。この二つの本は、ものをこのように見れば、本質が見えるということを教えてくれる、とても素晴らしい本でした。

島田　私は、山本義隆さんの演説を高校生の時に生で聞いたことがあります。山本さんが一回捕まった後に、ホテル・ニューオータニの近くの清水谷《しみずだに》公園で集会があって、そこに出てきたんです。かっこよかったですね。カリスマ的な演説の名手でした。その後駿台予備校の先生をずっとされていた。もともと物理を専門としていたので、科学史の本をたくさん書かれて、賞も受賞された。

水野　周囲の人たちには、もし山本さんが全共闘の議長を務めなければ、大学院からそのまま研究者として東大に残り、物理学の教授になってノーベル賞を受賞していたかもしれないという期待もありましたが、逮捕されて東大にいられなくなりました。『世界の見方の転換』にも

「長い一六世紀」の話が出てきます。ラテン語の参考文献が多く使われているのには驚きましたが、あとがきに、教え子が欧米の大学にいて取り寄せたと書かれていました。駿台の教え子が東大に大勢進学し研究者になっているという、すごいネットワークにまず圧倒されました。

山本先生はコペルニクスを非常に高く評価しています。コペルニクスは、「長い一六世紀」の中頃、一五四三年に亡くなりましたが、その年に『地球展開論』(『天球の回転について』)という本が出ました。この本で彼は、地球が止まっているなんてありえない、宇宙は事実上無限であると主張しました。

『科学革命の構造』、「パラダイムシフト」を書いたトーマス・クーンは、コペルニクスは生涯に一・二冊しか本を書いてないと言っています。〇・二というのは、パンフレットに匿名で書いたものです。当時、ローマ教会の宇宙論に反するようなことを言うと、殺されてしまいますから。仲間内だけに読んでもらうためだった。

コペルニクスが病気になって入院して、お弟子さんが「余命が少ないのだから、今まで言ってきた宇宙論を本にして残しませんか」と提案したら、「じゃあ、本にしようか」ということで書いた。生涯たった一・二冊で世の中を変えたのは、この人だけです。ケインズもアダム・スミスもマルクスも、いっぱい書いてますから。

島田　アリストテレスだっていっぱい書いた。

水野　そうですね。コペルニクスは初校のゲラが上がってきて、ベッドでそれをチェックしようとして、「はしがき」のところだけ読んで息絶えたらしいです。お弟子さんが校正していると思います。

当時の宇宙論では、宇宙は球体で壁があり、アリストテレスの四元素（火、空気、水、土）で構成されているとされていました。土と水は汚れているため地球を形成し、最下層に位置し、火と空気はきれいなので天球の上層に位置するとされていました。地球と神の位置が明確であり、死後天国に行く道と距離がわかっていたため、人々は安心して天国に行けると信じていました。

コペルニクスは「いや、そうじゃない。（宇宙は）無限だ」と言ったので、まず神様の位置がわからなくなる。そうすると、人々は「自分はどこにいるのだろう」と不安になるわけです。それから山本さんの説によれば、地球が動くかどうかはあまり重要ではなく、問題は「地球は金星や土星、冥王星と同じです」と言ったことです。「太陽の周りを回る複数の惑星の一つにすぎない」とするこの主張が決定的でした。地球が特別な存在ではなく、他の惑星と同じだという考えは、中世の支配構造を根底から覆しました。

中世では、「本質類似」という概念で世界を理解していました。宇宙（コスモス）の完全な球体という本質をもとに地上の秩序が作られていましたが、その本質が壊れてしまったのです。

神の代理人であるローマ教皇が地球を統治していましたが、天上がなくなると地上の秩序も崩れます。そうやってコペルニクスは中世の支配構造を全部ぶち壊してしまった。

山本さんは、ルターよりコペルニクスの方が決定的に重要だったと書いています。ルターは教会の中の一派、二派の争い。彼は教会の宇宙論を信じていたので、「コペルニクスはとんでもないやつだ」と言っていたらしいです。

「ローマ教皇は真の敵はコペルニクスと認定して、ルターと早く仲直りをして、コペルニクスの宇宙論にどう対処するかを教会として考えなければいけない」と、ローマ教皇庁の官僚で進言した人はいたけど却下されて、その後すぐ亡くなってしまったそうです。コペルニクスにどう対処するかを置き去りにして、ルターとの戦争に入ってしまったのは、真の敵を見誤ったのではないかと山本さんは書いています。中心が壊れると、すべての土台が崩れてしまうのです。

島田　それは、全共闘の議長として山本さんが唱えた「東大解体」につながる考え方ですね。解体の思想が、山本さんにあるような気がするんですが。

水野　順番はわからないですけど、あるのでしょうね。コペルニクスが中心を壊したように、日本の中心の東大をまずは解体しなければいけないと。

島田　それがうまくいかなかったので、科学史で、根本的な転換とは一体なんだということに行きついたんではないでしょうか。だから、転換を行ったコペルニクスに対する評価が高い。

水野　なるほどね。ここで東大解体と結びつく。

島田　そういう解体の思想、パラダイム変換もそうだと思いますが、世界がガラッと変わるというイメージが、一九六〇年代から七〇年代にかけての先進国のカルチャーの中にかなりあった。中国でも文化大革命がありましたけれど、そういう上に乗ってるというか、今の我々の見方の中にもあるんではないでしょうか。

水野　パリの五月革命から世界的に波及して、でもそれは挫折してしまった。

島田　ただ、その影響はまだまだ続いているような気がします。

水野　フランス革命がまだ終わってないというのも、そういうところに結びついています。一九六八年にまたパリの五月革命が始まった。二回目の革命が。

島田　世界を一巡しないと多分終わらない。でもまだ始まってない国もいっぱいある。

水野　先ほども言ったように、山本さんの本を読んで浮かび上がったのは、「不動だと信じられていた地球が、惑星の一つになった」、つまりワンノブゼム（一つの存在）になったということです。かつては皇帝を中心とした時代でしたが、国境を決めて、フランスはフランス、イギリスはイギリスというように、すべての国が対等であるべきだという考え方が生まれました。ローマやパリが特別な存在ではなく、ポーランドやチェコも同じくワンノブゼムです。自国の中で平和と安全を維持しましょうという考え方です。コペルニクスの宇宙論から、ホッブズの

「国家と国家は対等であり、大国も小国も対等である」という考え方が受け継がれていったのではないかと思います。

島田　それ以前はローマ帝国中心ですよね。ローマ帝国はその後に解体されて、西と東に分かれて、東はビザンツ帝国ですけれども、西の世界でも、ローマ帝国に対する憧れがずっとあった。世界には中心としてローマ帝国があるべきだという考え方が、その後もずっと続いてきた。そこを解体したってことですね。

水野　はい、その通りだと思います。「帝国の再建はもう無理です」というのが、ホッブズの主張だったと思います。もちろん事実としては、第一次世界大戦まで、ロマノフ王朝、オスマントルコ、オーストリア＝ハンガリー帝国があった。だいぶ時間がかかるのですけど、理論的にはホッブズで命を絶たれる。さらに国際関係論的に言うと、ローマ帝国やローマ教会が特別の存在ではなく多数の平等な国家が存在しますということが大前提となります。

帝国ではなく、大きな国であるフランスやイギリスも、小さな国も平等であり、どの国も単独では存続できず、他国との交易が必要でした。現代のアメリカはエネルギーも食料も自給できますが、他の国々は相互依存しなければならなかったのです。これがアダム・スミスの自由貿易論につながります。コペルニクスからニュートンの万有引力の概念に発展し、相互に影響し合うことで奈落の底に落ちない、相互依存関係にある国々が平等で単独では存続できないからこそ、自由貿易が必要だという考え方です。

国際関係論では、相互依存が中心にあり、その上に共通規範があります。基盤となるのは、平等で主権を持つ国家の存在です。自由貿易を行うためには、WTOのような機関を作り、食品の安全基準を統一する必要があります。これが共通規範であり、ケプラーの法則に似ていると思います。

コペルニクスが壊したことで、神の秩序が消え、人間社会でどうすべきかをマキャベリ、ホッブズ、アダム・スミスが考えました。ガリレオ、コペルニクス、ニュートン、ケプラーなど、当時の人々は物理学の概念や宇宙論を一生懸命学んでいました。コペルニクスは必須科目だったのでしょう。

トーマス・クーンは『コペルニクス革命』の中で、コペルニクスの天体理論は「他の科学にとっては単に新しい問題の提起にすぎなかった。そしてこれらの問題が解決されないかぎり、天文学者の宇宙論と他の科学者のそれとは両立不可能であった。一七世紀には、コペルニクス天文学と他の諸科学との和解は、今日『科学革命』の名で知られている全面的な知的興奮の重要な原因となった」と指摘しています。

島田　アリストテレスの考え方の否定ですね。キリスト教神学というか中世の哲学は、アラビアを経由してアリストテレスを採り入れた。アリストテレスの考えで重要なのは、前にも申し上げたように、三段論法で論理を組み立てること。もう一つはカテゴリー論で、ものを考える時に大きさとか性格とかといったカテゴリーに分ける。キリスト教世界で、学問を築き上げる基礎にアリストテレスがいる。非常に幅広く哲学、倫理学、政治哲学、自然学を全部採り入れていた。

アリストテレスは多神教の世界に生きていた人で、一神教は知らない。それを中世のスコラ哲学が一神教に組み込んで、それで世界を説明していた。アリストテレスの哲学が、コペルニクスが現れることによって解体されていくという道筋なんでしょうね。

水野　そうですよね。そういう意味では世の中が大きく変わる時は、中心概念を否定してどう新しい中心概念を打ち立てるか。

島田　まさにパラダイム転換ですよね。

水野　コペルニクスは、自分の宇宙論を発表するとキリスト教社会が維持できなくなることは理解していました。自分の宇宙論は、コスモスと言われている教会の宇宙論を全部ぶち壊してしまうので、教会自体の秩序がなくなるとわかっていたらしい。

島田　予想もしない形で影響が起こるみたいなことはあるけれど、そこまで予想していたとしたら、コペルニクスは本当にすごいですね。

水野　ケインズは一九三六年に『一般理論』を発表する前の年に、友人に「世の中の経済の理屈を一変させる本を書いている」と話していました。新古典派の前提が間違っている、つまり賃金が需要と供給で決まるという大前提が誤っているとし、それを崩すとすべてが崩れるという考え方です。インプットの前提が間違っているのではないかという疑念があったのです。アウトプットの段階で勝負しても、異なる結果が出てきてしまうのです。

私が知っている限りでは、個人の名前が付いた「革命」は二人しかいません。コペルニクス革命とケインズ革命です。ニュートン革命とかマルクス革命とかあまり言いませんよね。

島田　一人の思想家が、そういう革命を引き起こすことはなかなかないということですね。

水野　ないでしょう。トマス・アクィナス革命とも言わない。

島田　アクィナスは独創的とは言えないじゃないですか。アリストテレスの哲学をキリスト教世界に適合させることが重要な役割で、革命ではなかった。

水野　コペルニクスもケインズも、世の中を一変させることを自覚しながら書いていた。

島田　その感覚はすごいですね。そういう人間になってみたいと思いますけれど。

水野　ケインズはワクワクしていたのですが、逆にコペルニクスは嫌がってたらしいです。当時異端裁判があって火炙りの刑にかけられたら、たまったものではないですから。

†「長い一六世紀」と「長い二一世紀」

島田　今回の締めとして、「長い一六世紀」と、今の「長い二一世紀」の関連について教えていただけますか。

水野　私が「長い二一世紀」と考えているのは、一九七一年のニクソンショックから始まると見ているからです。この時、ドルと金の交換が停止されました。資本主義において、資本が最も重要な中心概念です。資本を測る価値尺度がドルであり、以前はポンドでしたが、現在はドルがその役割を担っています。金とドルは一オンス三五ドルで固定されていて、「私の持っている資本は金に換算するとこれだけになる」とみんなが理解していました。しかし、ニクソンがそれを一方的に切断したのです。

八〇年代にグローバル化が進むと、世界の投資家はドルだけでなく、ユーロやマルクにも投資するようになりました。しかし、為替が変動することで、「自分の財産がどれだけの確固たる価値を持っているのか」がわからなくなってきました。

ドルという中心的な価値が不明確になり、中世において地球と神の距離が明確だったように、近代社会の人々も最大の「関心事」である自分の資産や資本がどれだけの価値を持つのかは、ドルに裏打ちされて不変だと信じていました。それが、一オンス三五ドルという固定されたドルの価値が不明確になることで、一ドル三六〇円だったものが一時的に八〇円程度にまで変動しました。外国投資家が円を持っている場合、ドルに換算するとその価値が大きく上がりますが、日本の投資家が三六〇円で買ったドルは、八〇円ではその価値が四分の一や五分の一に減少してしまいます。

こうした状況が資本家に不安をもたらし、資本をさらに積み上げようとする過剰な行動が生まれます。ビリオネアのトップ5の人たちは、これ以上資産を増やさないという前提でも、一日一五〇万円ずつ毎日使っても四七六年かかってようやく使い切る計算になります。しかし、彼らは一日およそ一・三億ドル（一人当たり）を稼ぎ続けており、他人に迷惑をかけても資本を増やそうとしています。たとえば、コロナ・パンデミックの時期にはプライベートジェット機が非常に売れ、ビリオネアたちはCO_2排出など気にせず世界を飛び回りながら資本を増やしていました。

無限に資本を増やそうとすることで、いわゆるショック・ドクトリンが働き、他人を不幸にするような仕掛けを作り、その時に利益を得るという状況が生まれています。これが社会秩序や平和を乱す方向に進んでおり、その最たる例が、アメリカでの「絶望死」の増加です。アルコール中毒や薬物中毒、自殺が急増し、その影響を受けた人々がトランプを支持するようになっています。ニクソンショックが巡り巡ってトランプを生み出しているという世界になってきているのではないかと思います。

第七章

宗教改革とマックス・ウェーバー

†『プロテスタンティズムの倫理と資本主義の精神』を問い直す

島田　前回は、本格的な資本主義の形成に結びつく「長い一六世紀」を取り上げました。今回は宗教改革と絡めて、マックス・ウェーバーに焦点を当てたいと思います。さっそくですが、水野さんは、ウェーバーについてどのようにお考えでしょうか。

水野　ウェーバーの「一六世紀の宗教革命から資本主義の精神が芽生えた、あるいは資本主義をプロテスタンティズムの人々が作り出した」という考え方に関しては、いや、そうではないのではないかと思います。資本主義の最も重要な概念は、資本です。キャピタルがあって初めてキャピタリストが生まれるのであって、キャピタリストが先に存在し、その後にキャピタルが生まれたわけではないと思います。

ジャック・アタリの『ユダヤ人、世界と貨幣』には、ユダヤ人が利息のつくお金、つまりキャピタルに最も執着していると書かれています。ユダヤ人は貨幣による貸付以外のあらゆる職業を禁止されていたため、生きるためには金貸しになるしかなかったのです。そして今やウォール街を牛耳っています。このユダヤ人を追い込んだのはスペインですよね。

島田　イギリスの方が先ではないでしょうか。最初にユダヤ人がイギリスから追放されたのは、一二九〇年のエドワード一世の時代です。

水野　イギリスが先なのですね。その二世紀後、スペインでのユダヤ人追放は一四九二年、イスラムに占領されていたグラナダを奪還（レコンキスタ）した年です。結局、金融業に特化したユダヤ人には先見の明があったのでしょう。もちろん、一三世紀の高利貸しが将来ウォール街をユダヤ人資本が支配することを予見していたわけではありませんが、利息を生むお金を回転させ続ける能力は非常に優れていました。その能力がなければ、追放された後にポーランドなどに移住しても、再び追放されていたでしょう。しかし今や、ウォール街とアメリカのメディアを握っています。

その意味で、ゾンバルトが『ユダヤ人と経済生活』で指摘しているように、「近代国家の支配者の中にユダヤ人が見当たらないとしても、こうした支配者や近代の君主をユダヤ人を抜きにしては、到底考えられない」というのはまさにその通りです。同じ書で「ユダヤ人が来る所には新生命が芽生え、ユダヤ人が去った所では、これまで栄えたものすべてが衰えていった」と述べられています。近代におけるスペイン帝国の没落と、二〇世紀に「非公式帝国」となったアメリカの繁栄は、その象徴的な例と言えるでしょう。

島田　ゾンバルトの考え方は、最近になってかなり見直されています。ウェーバーは、『プロテスタンティズムの倫理と資本主義の精神』を、非常に論争的な形で書いているんですが、ゾンバルトはウェーバーの仲間であり、一番の論争相手でもあるということですね。あの本は注釈の部分で他の論者を徹底して批判していますが、学問をやる者にとっては、どうやって論争に勝つかを学べる点で非常に参考になると思います。

一方で、かなりアクロバチックな議論でもあります。簡単に言ってしまえば、資本主義は、プロテスタンティズムが勃興した地域で盛んになっている。したがって、プロテスタンティズムと資本主義は融和的な関係があり、プロテスタンティズムの中にある世俗内禁欲が重要なのではないかというわけです。これは、「風が吹けば桶屋が儲かる」式の議論のような気もしますよね。

たしかに、キリスト教には、禁欲主義の伝統があります。世俗の社会を離れて修道院に入る。そこは世俗の社会とはまったく違う世界で、妻帯もせず、財産も所有せず、禁欲的な生活を送っている。それがキリスト教のベースだった。それに対してプロテスタンティズムは、そうした修道院の制度やカトリックの教会制度を完全に否定した。プロテスタンティズムでは、たとえ、俗人であっても世俗内禁欲という形で、お金が儲かったからそれを全部消費してしまうのではなく、貯めて投資に回す。そういう精神が生まれたことが資本主義の精神を生むことにつながったというのがウェーバーの議論です。

そして、プロテスタンティズムの中からは、「予定説」というかなり理解が難しい説も出てきた。これは、スイスで活動したカルヴァンが説いたものですが、救われる人間と救われない人間は神によってあらかじめ決められているんだけれど、誰が救われるかはわからない。ただ、天職を見出してその職に邁進できるような人間は、救われると定められているのではないか。だからこそ、天職に邁進して勤勉に働き、働いて得た金はぜいたくのためには使わず、次の事業に投資する。そういう循環があることを、ウェーバーは論議した。ここらへんの考え方は、どうでしょうか。

水野　カルヴァンの「予定説」が浪費を避けて節約し、投資に回すよう説くのは、アダム・スミスが先駆けですね。スミスは貯蓄が投資に回って、諸国民の富が増えるというメカニズムを発見しました。そういう観点からすれば、プロテスタントが資本主義の精神に合致していると言えます。

ただ、禁欲主義者が資本主義の道を拓いたというのは労働者がそうであったのでしょうが、ビリオネアなど資本家は異常なまでの強欲主義者だと思いますので、ウェーバーの指摘は、きれいごとだと思います。ケインズが「イギリスの資本家第一号は、海賊ドレークだ」と言っていますし、マルクスも最初の資本は掠奪だと言ってますから。

†富の集中とその進化

島田　昔もビリオネアのような人はいたんでしょうかね。

水野　最初の富豪は「土地持ち」です。ローマ帝国の全盛期には、地中海全体を支配していました。ネロの時代になると、土地財産の集中が極端に進み、北アフリカ領の半分を六人の富豪が所有していました。

現在、最も繁栄しているアメリカの名目GDPは二七・四兆ドル（二〇二三年）です。その半分の一三・七兆ドルを六人で割ると、一人の年間所得は二・三兆ドルとなります。ビリオネアのトップであるイーロン・マスクは、二〇二〇年三月から二〇二三年一一月までに純資産を二〇〇〇億ドル増やしました。二年半で割ると、一年あたり八〇〇億ドルとなります。これを考えると、古代ローマでの富の集中がいかに凄まじかったかがわかります。

しかし、これで安心してはいけません。あと一〇年もすれば、トリリオネア（一兆ドル長者）が誕生するとOXFAMは予測しています。現在でもビリオネアはこの二年半で純資産を倍増させています。二〇四〇年ごろになると、一年で一兆ドルの純資産を増やすビリオネアが出てくるかもしれません。二一世紀半ばごろには、ブルジョアジーが進化して、古代ローマ帝国ならぬビリオネア帝国が誕生する可能性があります。

さて、古代の富豪は土地持ちでしたが、一一世紀にお金持ちが誕生して以来「ミリオネア」という言葉が初めて使われたのは、一七一九年ミシシッピ会社のバブルが生じた時です。「ビリオネア」という言葉は一九一六年です。ちょうどアメリカが、「狂乱の一九二〇年代」と言われる直前です。「トリリネア」が二〇三〇年代に登場するとなれば、「大狂乱の時代」が到来しそうです。一一～一二世紀にかけて、「お金持ち」は利息のつくお金を持つブルジョアジーになっていきました。

そして現在の富は、すぐに貨幣価値に換算でき、すぐに売却できる金融資産が中心です。その代表的なものが株式の時価総額です。人口が減少する中で、土地の価値が上がることは東京以外では考えにくいので、現代の富は金融資産と考えるべきだし、その象徴がビリオネアです。

島田　土地が金融資産になったことと、資本主義との関係性というとどうなりますか。

水野　土地から生まれるのは農産物で、自動車や工業製品を生み出すわけではありません。農業社会では土地が最も収益を生む資産でしたが、一三世紀になると東方貿易が盛んになり、その後コロンブスが南北アメリカに渡り、現地の人々をほとんど奴隷のように使い、金銀財宝をヨーロッパに持ち帰るようになりました。

一三世紀以降の資本主義は外部に富を求める植民地主義へと発展しました。世界中を植民地にして、現地の労働者には生存のため、家族を維持するための最低限の賃金しか払わず、残りはすべて資本を投下した者の利益に回すという仕組みです。このような植民地主義によって、莫大な富が蓄積されました。

資本主義との関係で言えば、東方貿易の時代からすでにグローバリゼーションが進み、富が蓄積されていたのです。たとえば、日本やイギリスの国内だけで富を蓄積しようとすれば、国民全体が疲弊してしまい、先進国にはなれなかったでしょう。自国の国民が豊かになるためには、外部からの経済的な支援が必要であり、一国だけでは資本主義は成り立たないのです。外部から富を持ってこなければならず、そうしなければ資本家に富が蓄積できません。

資本主義にはすでにグローバルという概念が組み込まれています。そのため、「グローバル資本主義」を批判する際に、「グローバルでない資本主義は良い資本主義だ」と誤解されることがあります。しかし、資本主義の本質は外部から富を持ち込み、それをいかに合法的に、あるいは合理的に行うかという点にあります。だとすれば、南アフリカやサハラ以南のアフリカが豊かにならないのは、彼らが北半球の人々に比べて劣っているからではなく、条件が整えば豊かになる可能性があるのです。南米も同様です。もちろん、その場合、北側のどこかの国が貧しくなっていることになります。資本主義が「外部」を必要とするということは、地球上の大半の人々が豊かになることはないということです。

だからマルクスは、エンゲルスに宛てた手紙で「市民社会の本来の任務は、世界市場を作り出すこと（少なくともその輪郭だけでも）であり、その基礎にもとづく生産［機械制大工業］を作り出すことだ。世界は丸いので、このことはカリフォルニアとオーストラリアの植民地化と、中国と日本の開国で終結するように見える」と述べています。非常に巧みな表現だと思います。

カカオやコーヒー豆などは、欧米資本による経済的植民地主義の一例です。中国の開国は市場開放を意味し、政治的にはこれ以上進展しませんでしたが、経済的には完了しました。日本の開国も金融ビッグバンが一〇〇％実現して終結しました。マルクスが予想した「資本主義は二〇〇年後にこうなる」という未来像は、見事に当たっているのです。

資本主義には新しいも古いもなくて、常に「周辺」から富を持ってくるという点では古代ローマ以来、基本的に同じです。

一九八〇年代を境にそれ以前の「周辺」とは南側世界で、それ以降の「周辺」とは自国内の労働者と変わってきました。こうした議論はパリのＰＳＥ（Paris School of Economics）が公表する"WORLD INEQUALITY REPORT（世界不平等レポート）2022"に掲載されています。ＰＳＥはパリ高等師範学校に設立された政治経済研究所が前身で、二〇〇六年に設立され、ピケティが理事として参加していますね。

†帝国と市場の論理

島田　資本主義が外部を必ず必要とするという指摘は重要ですね。この場合の外部というのは具体的に何を指しているんでしょうか。

水野　ウォーラーステインが述べているように、中心と周辺があり、常に中心に周辺から富が集まってくる世界システムを作り上げるということです。一八、一九世紀になると、イギリスに七つの海からすべての富が集まってきました。イギリスでは、三時のおやつに砂糖も紅茶も生産していないのに、なぜイギリス人がクッキーと紅茶を楽しむことができるのかと考えると、確かにイギリスはそれらを作っていません。

これは資本主義だけでなく、帝国の論理でもあります。ローマ帝国もそうでした。ヨーロッパ中の富が狭いローマに集まってきました。資本主義も帝国の論理を内包しており、現在は市場を通じて世界の富がウォール街に集まっています。

周辺からすべてを集める。それが世界システムの仕組みです。キリスト教も同様ですよね。

島田　コンスタンティノープルが中心ですよね。

水野　この中心に対して反旗を翻したのは、みんな周辺です。コペルニクスはポーランドという周辺の地から、ルターの出身地であるドイツも周辺です。ローマ帝国も、ゴート族などの周辺の部族に侵入されました。今、アメリカが世界の中心であることは確かですが、アメリカがすごいのは、土地から富を生み出すのではなく、株式市場やウォール街に富を集める仕組みを作り上げたことです。その源はニクソンショックで、ドルを金の制約から切り離したことにあります。

なぜアメリカは土地由来の中心じゃないのか。一七世紀初頭、メイフラワー号が到着し、東海岸から西海岸までの開拓が進められました。北米大陸でのフロンティアが終わる時、アメリカはアジアに進出することを宣言しました。しかし、植民地はすでにヨーロッパの列強によって抑えられており、唯一、一八九八年のパリ条約でスペインから譲り受けたフィリピンを支配下に置いただけでした。そこで、株式市場を通じて世界中の富を吸い上げる仕組みを考えたのでしょう。

九〇年代になると、アメリカは日本企業に対して「ROE（株主資本利益率）を上げろ」と要求し、企業利益を極大化していきました。このやり方なら現地の反乱も起きません。

アメリカのウォール街から見ると、世界中すべてが周辺である必要があります。だからこそ、民営化を進めるのです。チリのクーデターの際にシカゴ学派が入り込み、「民営化を進めなさい」と指導しました。しかし、現地では混乱が起こり、石油の国営企業が民営化されて公開株が出ても、現地の人々はその株を買うお金がありません。すると、アメリカ資本が入り込んで株を買い占めます。混乱期には通常の一〇分の一の価格で買い占めることができます。日本でも一九九〇年代後半以降の金融危機の時、同様のことが起こり、割安で資産を取得し、どこで売っても儲かる状況を作り出します。

民営化の後には「合理化」を進め、アメリカの経営者が送り込まれ、リストラを進めて利益を出せる体質にします。これによって、どこでも儲けることができるのです。アメリカはコストをかけずに「合理化」という名のもとに、世界中から富を巻き上げているのです。

島田　暴力的ではない形で、富を収奪する方法を開拓したということですね。

水野　政治学の人からは、市場の暴力だと言われています。熱い火器を使うのではなく、マーケットでバブルを作って崩壊させる。暴力だと感じさせずに、バブルは自然発生的なものだと思わせることで、バブルが弾けた時に企業がリストラを進めても、労働者側は仕方がないと受け入れてしまうのです。

†官僚制と資本主義

島田　ウェーバーの議論の中に、もう一つ官僚制の問題があります。そこでは、国家公務員のような官吏だけではなくて、企業官僚なんかも含めて議論しています。官僚制以外に、家産制と封建制があり、家産制は家の論理で主人に当たる人たちの恣意的なところで、いろんなことが動くシステムです。官僚制になると、システムが出来上がってくるから、そんなに恣意的なことは起こらない。だから、予測可能な状況が生まれることで資本主義が大きく発展していくという議論をウェーバーはしていると思うんですけれど、官僚制はどうでしょうか。

水野　近代社会の仕組みが順調に機能していた時代には、官僚が過去の事例を最もよく知っていて、前例踏襲主義に従い、「こういう事態が起きた時には過去にこう対応した」といった具合に進めていました。それで問題がなければ、「今回も同じように対応しましょう」となるわけです。経済社会がレールの上を走る機関車のように順調に進んでいた時期には、官僚制はうまく機能していたと思います。日本の高度成長期には、それでよかったのです。

しかし、今は近代社会や資本主義のレールが軋《きし》んでいたり、場合によってはレールそのものがなくなっていたりするので、官僚がなかなか対応できていません。前例に従って対応すると、かえって事態が悪化することもあります。だから、現在のような状況になってしまったのではないかと思います。過去の事例に関する知識については、政治家よりも圧倒的に官僚の方が情報量が多いんです。私の官僚としての経験はわずか二年ですが、知識量は一〇倍ぐらい違うと感じました。

政治家たちはみんな、土日になると地元に帰ります。選挙区に毎週帰っている議員ほど選挙に強いのです。自民党も当時の民主党政権も、選挙に強い人しか大臣にしません。いくら優秀でも、次の選挙で負けそうな人を大臣に選ぶのはかっこ悪いですからね。地元で一生懸命支持者と対話している人が強いのです。一方で、官僚は土日に研究会を開いて勉強しています。

島田　休んでないですか。

水野　私の推測ですが、あまり休んでいないと思います。もしくは自宅で本を読んだり、政策立案を考えたりしているのではないでしょうか。夜もさまざまな人を招いて勉強会を開いていると思います。官僚を一〇年ほどで辞めて政治家になった場合、その後一〇年ほどは過去の経験や蓄積で何とかやっていけるでしょうが、大臣になろうと思うと、選挙で圧倒的に勝たなければならないので、土日に勉強する時間が取れません。ですから、「政治主導で政治家がしっかりしなければならない」というのは、実際には難しいと思います。衆議院議員選挙（総選挙）で小選挙区を勝ち抜いた議員が大臣になると、結局は官僚に取り込まれてしまいます。

島田　構造的にそうなっているということですね。

水野　いわゆる「地盤、看板、鞄」がないと政治家になるのは難しいですよね。そうした条件を持たずに政治家になろうという人は、ごく少数だと思います。ほとんどが二世、世襲、あるいは業界団体をバックに持っているか、経産省や財務省など出身の官僚です。彼らは所轄する官庁が企業や金融機関を抑えているか、弁護士などの職業を持ち、落選しても再起が可能な人たちです。サラリーマンが会社を辞めて立候補し、落選したら終わりです。会社には戻れず、「あいつは変わり者だ」と言われてしまいますから。

実態としては、政治主導ではなく官僚主導だと思います。官僚の支えにうまく乗っている内閣ほど長期政権を維持できますが、官僚と対立するとすぐにその政権は終わります。しかし、現在のように社会のレールが不明瞭な時代における官僚主義は、さまざまな課題に対応しきれていないと思います。昨年も大きな地震があったにもかかわらず、今年（二〇二四年）の元旦に能登で起きた震災でも、初動対応が遅いと指摘されています。広域避難の仕組みや小学校や中学校の対応などは、一年前の時点ですべて解決しておくべきではないでしょうか。

地震が頻発するようになってから一〇年、二〇年が経っているのに、阪神淡路大震災の時から同じような問題が繰り返され、まったく対応できていない状況です。二世、三世議員の多くは東京生まれ・東京育ちであり、選挙区は地方にありますが、地方の生活を経験していないため、実態は支援者から聞くだけでまるでリアリティがありません。

†官僚制の日米比較

島田　このような官僚制、官僚と政治家がセットになっているという形態は、歴史的にはいつ頃からなんでしょうか。日本は江戸時代からですね。武士は官僚で、武家政治と官僚制はよく似ているということでしょうか。

水野　老中が今で言う事務次官のような役割を果たし、いろいろと決定していきました。江戸幕府の大老井伊《いい》直弼《なおすけ》はその典型例ではないでしょうか。

島田　江戸時代の徳川政権は、藩主をやたら動かしました。藩主は、実は大土地所有者ではない。その土地から得た収益は彼らに与えられるけれど、土地そのものは所有させない、そういうシステムですね。

水野　人事異動ですね。農業社会では土地が富の象徴ですから、富の根源は大名に渡さないということですね。

島田　江戸時代のこのシステムは、ウェーバーも繰り返し言及しているように、かなり特異なものだったかもしれないですね。

水野　今はどうなんでしょうね。政権が変わると、アメリカでは三分の一ぐらいは官僚が変わると言います。しかし、日本は政権が変わっても何も変わらない。

島田　村の役場は変わりますよね。村の選挙が熾烈《しれつ》なのは、誰が村長になるかで、役場の人事が全部変わるからですね。だから、血で血を争う激しい選挙になる。

水野　興味深いのは、アメリカでは、局長以上のポジションは変わりますが、専門家（エキスパート）は非常に大切にされるということです。『帝国の参謀』（アンドリュー・クレピネヴィッチ&バリー・ワッツ／北川知子訳・日経BP社）という本には、対ソ連戦略を策定している人が四〇年間同じ仕事を続けたという話があります。アメリカではエキスパートが重要視され、彼らの意見が上層部に反映されているのです。日本ではノンキャリアの人が同様の仕事をしているかもしれませんが、意思決定には関与していません。

アメリカの場合、同じ仕事を続けて八〇歳近くまで働き、ようやく退任します。戦後、ジョージ・ケナンの頃からゴルバチョフの時代まで、同じ人が対ソ連戦略を考えていた。三分の一を占める上層部が変わっても、エキスパートたちの意見をしっかりと反映させ、政治に活かしているのです。印象的な逸話を一つ紹介します。

レーガン大統領の時代、軍部から「ミサイルの時代にB‐52爆撃機は不要なので、すべて廃止したい」という提案がありました。しかし、対ソ連戦略を担当していたエキスパートが「ミサイルは基地から発射されるため軌道がある程度予測できるが、B‐52は予測が不可能で、持っているだけでソ連は全国境にレーダーを設置せざるを得ず、コストがかさむ」と説明しました。レーガンはその説明に納得し、B‐52の廃止を取りやめました。この決定がソ連の軍事負担を増やし、結果的にソ連解体のきっかけの一つとなったと言います。このように、アメリカはエキスパートを大事にする官僚制を持っている。表面的には三分の一が変わったように見えても、本質的な部分は変えていません。

一方、日本では明らかにキャリア組とノンキャリア組の扱いが違います。内閣府内では、意思決定はすべてキャリア組が行い、ノンキャリアの人たちには意見を発言する機会すらありません。このような環境では、ノンキャリアの人々が大事にされることはなく、意思決定はすべて二、三年ごとに異動する課長が行っています。

日本ではアメリカと違い、ジェネラリストや調整型の人材が重宝されます。二、三年ごとにさまざまな省庁で働かせることで、他の省庁とのコネクションを築かせるのです。

島田　同じ官僚制でも、国家によってやり方は相当違っているということですね。

水野　局長はほとんど大臣への説明役となっています。大臣に嫌われると、出世の道が閉ざされるので、付き合いを一生懸命やらなければいけない。日本をどうしたいかという長期戦略について提案しても、大臣も一年か二年で変わってしまうので関心を持たない。安定期には調整型の人でよかったでしょうけど、今のように日本をどっちの方向に向かせるかという重要な局面に関しては、問題があると思います。

島田　政治家が長期戦略を立てる時には、学者の知恵も使いますが、官僚も動員しますよね。田中角栄の『日本列島改造論』などが、その代表ですが、若手官僚や経済記者を使いましたし、チームの中には堺屋太一《さかいやたいち》も含まれていた。これは、政治家が官僚や記者などをうまく使った例になると思うのですが、経済学の方から官僚制に対するアプローチはあるんですか。

水野　経済学から官僚制に対する直接的なアプローチはあまりないと思います。各省庁の審議会に学者が参加していますが、結論は審議会が始まる前にすでに決まっていることが多いです。また、審議会に参加する学者は政府寄りの人が多い傾向にあります。

従来、大平政権や中曾根政権では学者が提案し、それを政権が採り入れるということがありました。しかし、一九九〇年以降、政権が短命となって学者の意見を採り入れる余裕がなくなってきたと思います。小泉政権が例外で、新自由主義的な学者の意見を政策に採り入れていました。ところが岸田政権ではアプローチはほとんどないと思います。「新しい資本主義」を提案している学者の顔が見えてきません。

†戦争と資本主義の密接な関係

島田　さきほどゾンバルトの名前を出しましたが、ゾンバルトの資本主義論は重要です。ゾンバルトの『戦争と資本主義』（講談社学術文庫）という本に、「戦争がなければ、そもそも資本主義は存在しなかった」と書かれているんですけれど、これがもう一つの鍵ですね。しかも、戦争と官僚制は密接に関連している。戦争をするためには官僚制が確立されていなければならない。これは、どういうことなんでしょうか。

水野　「戦争がなければ、資本主義が誕生しなかった」というのは名言だと思います。例えば、ドレークもそうです。ドレークの時代、イギリスの船はスペインの巨大な船の横に回り込み、側面を狙って攻撃しました。航海技術の優位性でイギリスが勝利を収めました。植民地主義も、圧倒的な火力で現地の人々を制圧し、大砲には敵わなかった。資本主義の転換期や創成期には、戦争が密接に絡んでいます。

島田　私は、『宗教戦争で世界を読む』（マイナビ新書）という本を書いています。その中で、ジョージ・コーンという人が書いた『世界戦争事典』（河出書房新社）という本を取り上げました。七〇〇ページ近い本で新版も出ています。その中に項目が二〇〇〇ある。つまり、人類はこれまでに二〇〇〇回以上の戦争を繰り返してきたことになります。

水野　二〇〇〇ということは、毎年やっているのですね。

島田　戦争は、一年で終わるわけじゃないですしね。

水野　大きな戦争は、三年、四年かかったものもある。

島田　今のウクライナだってそうです。ゾンバルトが言っているように、戦争してない期間は、ヨーロッパでも非常に短いです。常に戦争があって、そこで莫大な犠牲者が出る。例えば、独ソ戦は犠牲者が三〇〇〇万人でした。

二〇〇〇回の戦争で、独ソ戦ほど犠牲者が出たものはないんですけれど、とにかく人類は戦争を繰り返してきた。ただ、戦争で被災すると経済は落ち込むわけですが、それ以降、経済が復興して、むしろ戦争前より成長するということがあって、ゾンバルトの言ってることと結びついていきます。

水野　確かに戦争に負けると、合意形成できます。アメリカに負けたんだから、みんなで麦飯を食うのも仕方がないという合意形成がすぐできます。勝利国になると、今までのままでいいのだということになる。戦争に負けると、変革しやすい。

島田　ドイツは、戦争に負けた国、被害を大きく受け続けてきた国です。宗教改革以降は三〇年戦争があって、相当に国土が疲弊した。第二次世界大戦の時には独ソ戦もあって、また膨大な犠牲者を出した。しかも、戦後のドイツは東西に分割されたわけですが、それにもかかわらず経済はかなり伸びていった。ドイツは、戦争に負けることによって経済が発展していく特異な国です。

水野　確かに一次、二次両方とも負けていますね。

島田　ドイツ経済は、最近は落ちているとも言われますが、敗戦国であるにもかかわらず非常に強い。これは、どういうことですか。経済発展の余地が、そこで生じるということでしょうか。

水野　シュンペーターの「創造的破壊」の理論は戦争にぴったり当てはまりますね。戦争によって既存の設備がすべて破壊されると、新たに最新の設備を導入するしかなくなります。そうすると、会計上では多額の減価償却費を経費として計上できます。減価償却費はキャッシュが会社の外に出ていかないため、次の設備更新のための引当金として積み上げることができ、広い意味での内部留保が増えるという点でも有利です。一〇年後に設備を更新する際にも、引当金が積み上がっているため、最新鋭の性能を持つ設備が購入できるのです。

島田　日本の場合でも、関東大震災があった時に、東京は壊滅的な状態になりました。すると、後藤《ごとう》新平《しんぺい》とかが出てきて、新たな都市計画で東京を再生させていく。太平洋戦争でも、東京大空襲で被害を受けるけれど、そこから復興をとげ、今日のような状況になっていく。震災や戦争によって国が破壊されると、かえって創造に結びつくという、なんとも言いがたいことがあります。こうしたことを、経済学はどう考えるんですか。

水野　経済学では、戦争は例外的な事象として扱われます。経済学は持続的成長の経路を追求するので、戦争で一度遮断されて再スタートした場合の分析はあまり行われていません。ただ、破壊された後の高度成長に関する分析はあります。どれくらいの損失が出て、それを取り戻すのにどれくらいかかるかは、生産量を通じて把握されています。

日本の場合、戦争が始まる前の一九四〇年のGDPを一九五五年に抜きました。それが経済白書で「戦後は終わった」という表現につながったわけです。フローの分析はありますが、日本の資本ストックがどれだけ破壊され、それを何年で解消するかという分析は公式には行われていません。後に、一橋大学の大川一司《かずし》先生の研究グループが、明治初期からの統計を推計で作成しましたが、戦争に負けた後の資本ストックに関する具体的な分析はあまりないと思います。

†戦争と経済成長のパラドックス

島田　戦争は、基本的には莫大な消費です。日本も日清戦争以来、対外戦争に相当な費用を使ったわけですけど、それが無になってしまった。けれども、戦争中の総力戦体制が戦後の高度経済成長を用意したということがありますね。戦時中の国家が経済を統制していくというやり方が戦後生きたということで、戦争というファクターは経済的に重要なんじゃないですか。

水野　確かに、戦後の日本では大蔵省と経済産業省が経済を統制し、それが経済成長を支援した面が大きいと思います。ドイツも英米仏に敗北したものの、フランスよりも高度成長を遂げました。戦争で敗れた国が経済成長に有利だったというのは、先ほどの最新鋭設備の導入が一因だと思います。勝ったフランスが衰退し、ドイツがEUの盟主となっていることがその証拠です。

一九八〇年前後に米国ではクライスラーが事実上倒産しました。当時、アメリカで言われたのは「我々は本当に戦争に勝ったのか」ということです。自動車産業は近代産業の中で最も利益を生む産業ですが、オイルショック後、省エネ車が日本から大量に輸入され、それを作れなかった米国の自動車会社が倒産の危機に瀕しました。アメリカ本土は戦争の被害を受けていないのに対し、日本は大被害を受けたにもかかわらずです。

豊かな国でも大手自動車会社はせいぜい三つか四つしかありません。アメリカには三社、ドイツには三社、フランスには二社（ルノーとシトロエン）しかないのに対し、日本にはトヨタグループ（トヨタ、ダイハツ、SUBARU）、ホンダ、日産グループ（日産、三菱自動車）、マツダの七社があり、軽自動車メーカーのスズキを含めると八社が大手メーカーです。

二〇二三年の生産台数で見ると、日本の大手メーカーは世界の上位一八位までにすべて入っています。世界上位一八社で世界シェアは七八％を占めており、そのうち日本メーカーは二七・六％のシェアを持っています。次いでドイツ三社が一五・八％、米国が一三・八％です。これら三カ国で世界シェアの五七％を占めています。

島田 かなり皮肉なことですが、戦争をしてそれに負けることが、かえってその後の経済の発展に寄与するのだとしたら、無謀な戦争はむしろ好ましいということにもなってしまいます。そうなると、戦争をしないモラルとか倫理とか、そういうことはどこかへ吹っ飛んでしまいますね。

ゾンバルトは、そういった現実を的確に見抜いたのかもしれません。他にも彼の議論の中には、贅沢をすることで資本主義が生まれてくるという考え方もありました。宮廷の女性たちが贅沢をすることによって、砂糖などが輸入されて、資本主義が発展していったというのが、ゾンバルトの解釈です。禁欲からと説明したウェーバーとは対照的ですが、むしろ人間の欲望に資本主義の発生のメカニズムを見たところで、ゾンバルトは的確だったかもしれないですね。

†贅沢と欲望が生み出す資本主義

水野　一三世紀から市民革命が起きるまで、第三身分の人々が九七〜九八パーセントを占めていました。その人たちに「禁欲しろ、節約しろ」と言っても無理な話です。そもそも小作人は一家が生きるために必要な農産物しか手元に残らない状況でした。もし節約したら、生き延びることすらできないでしょう。そういう意味では、宮廷の人々がファッショナブルな洋服を着たり、おいしい料理を食べたりすることが必要だったのです。

たとえば、パリの国王が宮廷のデザイナーに「イタリアではこんなファッションが流行っているから、それに負けないものを作れ」と命じる。そうなると、デザイナーは節約せずに材料費を惜しまず使います。これが毛織物産業のスタートとなり、やがて羊の放牧が広がり、小作人が追い出されて賃金労働者となる。もし宮廷が節約に励んでいたら、産業は生まれなかったでしょうし、フランス料理も発達しなかったかもしれません。

島田　そして、そういうものが、だんだん大衆化していくという流れですね。

水野　アダム・スミスが言ったように、市民革命を経た後は、人々が自分で働いた分の富を自分のものにできるようになりました。そのため、少し節約しても生きていけるようになり、将来もっと良い生活を送るために節約するという考えが広がりました。

島田　一般の人々に禁欲を求めるプロテスタンティズムは宗教として特殊ですね。他の宗教では、一般の信者に禁欲を求めない。イスラムなどは、根本的に禁欲の考え方がないんですが、それももともと商人の宗教でしたから。中国にもそういう考え方はあまりないし、仏教でも経済的な面での禁欲は説かれません。そうなると、資本主義を発展させたということについては、キリスト教の世俗内禁欲は、さほど重要な意味を持たなかったということかもしれません。

水野　ユダヤ教は、禁欲はないのですか。意外です。

島田　キリスト教の禁欲の背後には原罪という考え方があって、これはカトリックの発明です。その発明をプロテスタントが違った形に変形させて、世俗内禁欲の考え方を生み出した。ですが、ユダヤ教には原罪の考え方はない。

日本が近代社会になってから、西欧の学問、キリスト教世界で発展した学問を採り入れてきたがゆえに、それが主流になり、その線上でウェーバーの禁欲に価値を置く考え方が受容されてきましたが、実際の資本主義形成の歴史は、実はそうはなっていなかったということかもしれないですね。

第八章

チューリップ・バブルはなぜ起きたのか——バブルの発生

†八〇年代バブルとは何だったのか

島田　今回のテーマはバブルです。日本はすでに、世界に先駆けてバブルとその崩壊を経験しました。今また株価が高騰しているので、多くの人が「もしかして、今バブルなんじゃないかな」と思われているかもしれませんが、バブルは一体どういう現象なのか。経済学の側面から言うと、どうでしょうか。

水野　バブルは合理的ではなく、むしろ非合理的な行動、あるいは熱病に冒された結果の行動だと言えます。非合理的な行動を、人間は何回も何回もしている。今回も、日経平均が二〇二四年七月一一日に四万二二二四円を付け、史上最高値を記録しました。これから、バブルかどうかの議論が出てくると思います。

「市場の神様」と言われていたグリーンスパンは、バブルを次のように定義しました。「短期間に三割以上上がったらバブルで、弾けないものはバブルではない」と。上がっている最中にはバブルかどうかはわからないけど、短期間、すくなくとも一年以内に三割以上下がったら、バブルと判断すべきだと。この定義は的を射ていると思います。

八〇年代の日本でも、株価は四万円をすぐに超えるとか、一〇万円になると言っている株式評論家がいました。しかし、バブルが弾けた後では、それが大嘘だったことが明らかになりました。今回も「一〇万円を目指す」と強気に出る人が出てくるのだろうと思います。

島田　八〇年代バブルの時に一〇万円と言ってた人はいたんですか。

水野　いました。けっこうそれが信じられていた。八九年に三万円前半から三万九〇〇〇円近くに上がっていく過程では、みんな強気一辺倒で、そうじゃない人は私の知っている限りでは二人しかいませんでした。私はまだ平社員で、課長から「もっと株価が上がる資料を作れ」と言われて作っていました。

島田　バブルに加担したわけですね（笑）。二人とはどういう方ですか。

水野　穴があったら入りたいです。一人は、野村総研にいた高尾義一《たかおよしかず》さん、切れ味のすごい人でした。「常軌を逸している」と、ずっとバブルを警告していました。それからもう一人、日本経済新聞社の末村篤《すえむらあつし》さんも警告を発していました。だけど、市場全体で二人の声は全くかき消されてしまった。一〇万円と言っていた代表格は長谷川慶太郎さんでした。

島田　最近でも、藤野英人《ふじのひでと》『日経平均10万円」時代が来る！』（日経BP）なんて本が出ていますね。

水野　やっぱり一〇万円という話が出てきましたね。エドワード・チャンセラーの『バブルの歴史』（日経BP）によれば、「投資は成功を収めた投機で、投機は失敗に終わった投資だ」と言っています。みんな事前には成功を信じているので、自分を投機家と言う人は少なく、投資家だと言います。

島田　それはそうですね。「株式投機している」と言う人はいないですからね。

水野　株で大損すると、後から「あれは投機だった」ということになりますね。インベストメントが投資で、例えば一〇年間投資を続けると、一年ごとに一〇分の一ずつ、例えば一億円投資したら一年ごとに少なくとも一〇〇〇万円のリターンがあるので、一〇年で元本を回収することになります。一方、スペキュレーター、つまり投機家は一〇年も待てず、転売を繰り返して短期間で元本の一億円を回収しようとします。

投機は、Aさん、Bさん、Cさんという個々の投機家が行い、それが失敗することがありますが、バブルは国民全体が巻き込まれて行うという点で異なります。八〇年代には、NTT株を通じて国民全員が投機ゲームに参加させられ、それがバブルになったと思います。

島田　あの頃は、一般紙に投資欄が作られていました。最初は毎日新聞で、一九八六年一月のことでした。同じ月に、朝日新聞も始めています。読売新聞などは、本紙とは別に『読売家庭経済新聞』まで刊行するようになりました。

水野　そうだったのですね。一億人が熱病にかかっていれば、さきほど挙げたような名医が二人警告したところで、とても聞き入れてもらえないですね。今でも、NHK七時のニュースで「今日の日経平均株価はいくらです」とやっています。テレビ東京ならいいんですが、NHK

が報道することではないと思います。マスコミの人から聞いた話ですが、八〇年代になるまでは、NHKでは株価の報道をしていなかったそうです。

自分は株主じゃなくても、NTTの株価が上がりましたと言われると、気分が良くなる。NTTの株価が何百万円になろうと、今の暮らしが楽になるわけではない。NHKが株価を視聴者に知らせているのは、生活が苦しくなっている国民に鎮静剤（アヘン）を打っているようなものです。

†プラザ合意前から市場は加熱していた

島田　日本のバブルは、八六年に始まったと言われることが多いと思います。八五年九月のプラザ合意以降と言われていて、これがなければバブルは起こらなかった説が行きわたっています。しかし、たまたま私の知り合いに山一証券に当時勤めていた人がいて、その人に話を聞くと、八五年よりかなり前の段階で市場は加熱していたようです。プラザ合意によってバブルが生まれたという説は成り立たないんじゃないかと、ずっと思ってきたんですが。

水野　私もそう思います。プラザ合意はバブルをさらに膨らませましたが、その前からすでにバブルは始まっていたと考えています。株価が加熱しているかどうかは、PER（Price Earnings Ratio 株価収益率）という指標で見ることができます。一株当たり一〇〇円の利益がある会社の株価が一〇〇〇円だとすると、PERは一〇倍です。これは、利益が向う一〇年間一〇〇円で不変だと仮定して、一〇年で投資家が元本を回収できるという意味です。当時の基準では、一五倍から二〇倍くらいまでが加熱していないラインとされていました。

日経平均株価は一九八二年九月に六九一〇円（月末）で底をつけ、その後継続的に上がっていきました。PERで見ると、一九八〇年に二〇・四倍（東証一部）が底でしたが、その後、一九八五年には三五倍となり、一九八九年には七〇・六倍に達しました。七〇倍というのは、生涯をかけてようやく投資元本が回収できるほどのレベルです。これでは、短期間で利益を得ようとする投機に走らざるを得ません。そこまで行った結果、バブルは弾けました。

PER七〇倍という意味は、利益が毎年一二・三％で増加していくと仮定して、利益だけの合計額で投資元本を回収するのに二〇年かかります。一二・三％増というのは日本の大企業の当期純利益が一九九〇年度までの実績値です。一九八二年度から投資を初めて二〇〇二年度にようやく利益累計額が投資額と等しくなって、投資元本を回収することができます、ただし、一九九〇年にバブルが弾けていましたので、株価が下落し利益で回収するのにさらに時間を要します。結局、投資が投機になったのでした。

なぜこうなったのかというと、後に話題になるチューリップ狂想曲と同じように、新しい時代が来たという幻想が広がったからです。一九八〇年代には「日本は変わった」という幻想が浸透していました。

八〇年代前半を象徴する出来事として、エズラ・ヴォーゲルの『ジャパン アズ ナンバーワン』が一九七九年に出版されたことと、同じ年にアイアコッカが率いるクライスラーが、政府のローン保証を受けて経営危機を乗り切ったことがあります。これは、日本の小型車であるホンダシビックなどの燃費の良い車がアメリカ市場で売れたため、ビッグスリーが経営危機に陥ったことが背景にあります。これにより、「日本はすごい」という認識が広まりました。

自動車産業は近代産業の中で最も注目される産業です。車は目立つ存在で、ニューヨークを歩くと、日本車が多く走っているのが目につきます。自動車は「より速く、より遠くへ」という近代の特徴を体現しており、心理的な影響も強く与えます。アメリカ人にとって、自国のビッグスリーの車が少なくなり、クライスラーが経営危機に陥ることで、「アメリカは落ちぶれたのではないか」と感じた時期があったと思います。

島田　それがバブルに結びついた。お金がたくさんそこで生まれてきた。

水野　プラザ合意で円が二四〇円から一二〇円になり、外国の商品や資産が半値で買えるようになりました。ニューヨークのコロンビア映画やロックフェラーセンタービルを日本企業が買収しました。そして、一九八六年一一月に景気が底を打って回復に向かっていたにもかかわらず、八七年五月には中曾根総理（当時）が六兆円規模の内需拡大策を打ち出し、さらにお金を市場につぎ込んだのです。

島田　経済が好調だったから、そういうことができたわけですか。

水野　八七年当時、景気が回復していたにもかかわらず、総合経済対策を打ち出したのは翌月にヴェネチア・サミットがあって、そこで日本は内需主導経済を目指していると米国などにアピールする必要があったからです。六兆円の公共投資をしたり、円が一二〇円になったりしても、心理的な変化がなければバブルになりません。例えば九八年に小渕総理が二〇何兆円の総合経済対策をして、「世界の借金王」と呼ばれた時にも、日本ではバブルは起きませんでした。アメリカでインターネット・バブルがあったのですが。

「日本は変わった」という心理的な変化がない限りは、いくら金をつぎ込んでも死に金になります。チューリップの前、南米からスペインに入ってきたお金は、スペインの国王がイタリアの銀行に借金しているので、そのまま素通りしてイタリアに金銀が持ち込まれました。だけど、イタリアではバブルが起きなくて、その資金はチューリップの方に行ってしまった。

†バブル崩壊の内実

島田　面白いですね。株価が八九年の大晦日《おおみそか》に最高値をつけて、翌年になってから下がり始める。これでバブルが崩壊したというイメージがありますが、これも違いますよね。

水野　振り返って「そうだった」とわかったのは一九九〇年代半ばでした。九〇年、九一年に証券会社の中では「湾岸戦争で株価は一時的に下がっているだけだ。戦争が終わったら上がる」と言われてました。九〇年に湾岸戦争が終わったけど、全然上がらない。外国人売りでどんどん下がる。九二年に、宮澤総理が「大変なことが起きているので、東証を一時閉めなければいけない」と言ったんです。すごいですよね。市場閉鎖しようとしたら、大蔵官僚が「いや、そんなことをしたらもっと下がるから開けておきましょう」と言って、宮澤さんはそこで折れてしまった。

島田　根性なしですね（笑）。

水野　一国の総理としては情けないですね。市場を開けて、ずっと売られて下がっていく。おかしい。だけど、その時はまだそんなに深刻じゃない。宮澤さんがあっさり引っ込めるくらいですから。

島田　一九九〇年代前半は、風潮としてバブル的でした。私は九一年ぐらいに世の中に出て、その頃はテレビにもよく出ていましたが、テレビの世界も、出版界もお金が潤沢でした。

水野　出版点数も売り上げも増えていたのですね。

島田　広告の収入が大きかったと思いますが、日本の宗教人口を見ても、一番ピークだったのはバブルの時です。そこから平成になるとずっと下がっていく。そういうことが、後になってからよくわかる。九〇年代は、後半でもバブル的な雰囲気が続いていて、賃金は九七年まで上がり続けたはずです。

水野　九五年が一つの転機ですね。地価が回復すれば株価も下げ止まると言っていました。ところが九五年になって地価が理論値（傾向値）に達しても下げ止まらず、金融機関の不良債権が表に出てきました。土地が株高の一つの原因でしたが、一九九五年に地価が予想値を下回ったことで、底が抜けた状態になり、株価はさらに下落していきました。

結局、株価は一万円を割り、四大証券の一角である山一証券が破綻し、国際証券も危機に陥り、その後三菱銀行に吸収合併されました。また、北海道拓殖銀行も破綻しましたが、それは都銀の中で最下位だったこともあり、やむを得ないとされました。しかし、日本長期信用銀行や日本不動産銀行が外資系に買収されたこと、そして就職人気が高かった日本興業銀行も危機に陥ったことで、大蔵省は日本興業銀行、富士銀行、第一勧業銀行の三行を一つにしてみずほ銀行を設立することになりました。

本当にバブル崩壊の影響が深刻化したのは、一九九五年に木津《きづ》信用組合などの信用組合が倒産し、取り付け騒ぎが発生した時でした。店頭にみんなが押しかけて、まさに「恐慌」というイメージが現実となったのです。バブルが崩壊して七、八年経たないと、その影響の深刻さはわからないですね。

八〇年代の株バブルは、含み益を時価換算していたこともあります。今は時価会計ですが、当時はまだ簿価会計でした。たとえば、三菱商事とか、三菱銀行の土地は明治維新の払い下げでしょうから、簿価一坪一円とか二円とかで、それがずっと続いていた。今の時価で計算すると一坪一億円（二〇二四年公示地価）で、一坪一億円と一円の差額が真の価値と見なされていました。みんな同じようなことをやって、含み益を株価の中に織り込んでいたんです。だからマーケットで今一〇〇〇円だけど、含み益を入れると三〇〇〇円といったレポートが証券会社からたくさん発行されていました。

†土地バブルはいつ終わったのか

島田　バブルが本当に終わったのは、いつですか？

水野　八〇年代の株式バブルは土地バブルを前提にしていましたから、金融機関の不動産融資が不良債権化しました。ですから、その不良債権処理が終わった時期がバブルが終わった時期と言えます。具体的には、二〇〇三年にりそな銀行への二兆円の公的資金注入があり、それでようやく不良債権処理が終わったと考えられます。その後、東日本大震災の影響を受けた金融機関には公的資金注入がありましたが、大手銀行が不良債権で行き詰まることはありませんでした。

島田　バブルの時代には株価もそうですが、土地の値段も上がり続けると思われていた。土地神話と言われましたが、合理的な行動を取るはずの人間が、なぜそういうことになってしまうんでしょうか。

水野　「新しい時代に入った」という錯覚が国民全体に共有されたことが原因でしょうね。NHKが日経平均株価を報道し、『ジャパン アズ ナンバーワン』が広く紹介されたことが、それを助長しました。日本が過去の苦境を克服して、他国を追い抜いたという認識が広まったわけです。同じように、オランダのチューリップ・バブルも、スペインからの独立と「新しい時代が来た」という錯覚が重なって生まれたものです。国民全体がユーフォリア（陶酔）状態に陥った結果です。

島田　集団心理ですか。

水野　そうですね。株がもう上がっていて、その理由は合理的に説明できないとしても、そういう事実があるのだから、それに乗っからないのは大バカ者だという「大馬鹿者理論」が南海事件の時に流行りました。自分は最後の買い手にはならないと思い込んでしまいます。まさに「陶酔」状態です。

島田　そう言われたら投資せざるを得ない。

水野　周りの人が株を買って何千万儲けたとかいう話が出ると、最後の投資家になる人たちも、じゃあ参加してみるかということになる。誰が意図しているわけでもなく、一種の国家総動員的なことが行われる。株価は上がるというレポートを書いていた証券アナリストも、バブルを起こそうと思っていたわけではなくて、それぞれ自分で計算してレポートを出してました。マスコミがそれを取り上げ、テレビ特集が組まれ、一種のまひ状態が生まれたのです。

島田 ベネディクト・アンダーソンの『想像の共同体』(書籍工房早山)という本がありますが、そこに描かれているように、国民国家が形成されて国民の意思が同じ方向に向かって動き出す、そういう状況と似ていますね。

水野 反対意見を言う人が全然注目されませんでした。八〇年代にちゃんと「バブルだ」と指摘していた高尾さんは、バブル崩壊後に野村総研の社長になっているとすれば、まだ日本の会社も捨てたものではないと言えますが、そうはなりませんでした。これが会社の限界です。消極的と見なされる意見は、たとえ正しくても尊重されません。会社は「前進あるのみ」で、一度後退するという選択肢はないようです。

†チューリップ・バブルの衝撃

島田 歴史的な話に移ると、最初のバブルと言われているのが、先ほどから言葉として出ている「チューリップ・バブル」です。チューリップの球根が投機の対象になった。チューリップがヨーロッパにもたらされたのは一六世紀の中頃で、これは「長い一六世紀」に含まれます。トルコから来て、バブルが起こったのはオランダですね。常軌を逸した値上がりをしてそれが暴落していくバブルの典型ですが、こういう現象は歴史上それまではなかったわけですか。

水野　それ以前にも小さいバブル、国債を使ったバブルはあったのですが、こんなに大規模なのは初めてです。今の比ではないぐらいすごい規模でした。おもしろいのは、球根に名前を付けて格付けしていたことです。今の格付け会社、S&Pと同じように、AAAとか、リスクが高いのはBBBといった具合に格付けされていた。一番価値があるのは、アウグスティヌスという名前がついていました。

島田　原罪の教義を作り上げた、キリスト教世界最高の神学者ですね。

水野　バブルが起きる時、権威付けが行われるのですね。センペル・アウグスティヌスという球根は、一六三七年で一一〇〇〇ギルダー、と言われてもよくわからないですが、今の価値に換算したら、一家族の衣食住を生涯の半分にわたって賄《まかな》える金額でした。

島田　一個で？

水野　球根一個で、です。当時は多産多死ですから、一家族六人ぐらいで、五〇年しか生きないとして二五年分。六人家族で年収が五〇〇万円。今の価値で計算すると、七・五億円（五〇〇万円／年×二五年）になります。東京でどれくらいの家が買えるかを調べると、広尾で一〇〇坪（三〇〇平米）ぐらいが買えます。

今から考えると、「バカじゃないの」と言いたくなります。だけど一五四三年にコペルニクスが教会の宇宙論（コスモス）を崩壊させたことで、神様が追放されました。神様に代わって即座に貨幣が中心の世の中になっていきました。高値の球根にアウグスティヌスと名づけたのは、球根が神様であり、かつ貨幣の象徴でもあったということです。球根一個で広尾の七億円の家が購入できるなら、みんなそれを信じてあがめますよね。タイミングよく、神様が追放されてすぐに次に信じるものが現れたのです。

トルコの前はパミール高原の、人が入り込めないところにチューリップが咲いていました。厳しい自然環境の中で耐えて、死なない。ペルシャ人が詣での旅をして、持ち帰って品種改良をして、オスマントルコで流行っていたチューリップの庭園を作った。当時は、オスマントルコがウィーンに攻めてくるなど、非常に強大な勢力を誇っていて、ヨーロッパは皆その勢いに怯えていました。スレイマン皇帝には残虐者のイメージがありましたが、休戦してヨーロッパの外交官がトルコの宮殿に行くと、立派なお花畑や庭園がありました。そこでチューリップの球根を一個か二個オランダに持って帰り、一生懸命植えて育て、神秘的な存在となったのです。

島田　オスマン帝国は、ヨーロッパが直接脅威を感じていた大帝国ですね。

水野　大帝国で、スレイマン一世や二世が宮殿の中に立派なチューリップ畑を作っていました。

もとをたどると、チューリップは生命力の強い花であり、信仰の対象になっていたのでしょう。チューリップは神聖なものと見なされていたのかもしれません。ヨーロッパにはもともと野生の花はありましたが、オスマントルコと接触する前までは、造園という概念がなかったそうです。トルコの皇帝は残虐者とされる一方で、美を愛するという点では進んでいました。

島田　ヨーロッパから見たら残虐かもしれないけど、オスマン帝国は五、六〇〇年続いた安定した政権です。近代に入るまで続くわけで、それだけ文化が進んでいた。ヨーロッパに最初にチューリップがもたらされたのが一五五四年のことでした。これはウィーンですね。

水野　そうですね。これも一種のグローバル化の一環です。外部との接触ですね。

島田　それがオランダに到着したのは一五九三年で、三〇数年かかってますね。チューリップ盗難事件というものがあったようですが。

水野　オランダに持ち帰ったクルシウスという医師が、植物学も研究していて、一生懸命自分の庭園に植えていたそうです。しかし、みんながそれを盗みに来て、チューリップを植え始めたことで、ヨーロッパ中に広がりました。泥棒が普及させたんですね。盗んでチューリップを咲かせ、球根ができれば、それを売って儲ける。誰かが命令して普及させたわけではありません。歴史というのは、思いがけない行為が大きな流れを作るものですね。

島田　希少価値があるからでしょうか。

水野　ヨーロッパにはもともとなかったものですし、さらに神聖で、あがめるにふさわしいものでした。そして、先物取引という技術革新も生まれました。チューリップの花が咲いたら切り花にするか、植木にして売ればよいのに、球根がまだ地中にある段階で値段が付けられる。夏に買って、春に花が咲く前の冬に売るという形です。球根を買った人は、花をめでることはなかったのです。

島田　そういうことを可能にするシステムが出来上がったということですね。

水野　そういう約束手形、今で言う先物取引を発明した。金融技術革新です。

島田　その仕組みが生まれてくる経緯は、どういうものでしょうか。

水野　「早く欲しい、早く手に入れたい」という心理です。球根には限りがありますから、花が咲く前に自分のものにしたいと考えて取引が行われました。結果として、売買高がどんどん増えていきます。今で言えば、株式の年間売買高が膨れ上がるようなものです。夏に買った球根が秋になったら一〇倍の価値になるので、すぐに売りたい。今持っているのは格付けが低いものかもしれませんが、一〇倍になれば格付けの高い球根が買える。格付けの高いものが最も値上がりするということで、回転率がどんどん上がっていきます。

今、ニューヨーク市場で行われているプログラミング売買、たとえば一〇億分の一秒で売買できるようなものと似ています。ＩＴがなくても、人間はこうした行動を取るのです。根本的なところで、人間は大昔から変わっていないようです。

島田　一六三三年には、家一軒と珍種の球根三個が交換されたようですが。チューリップ・バブルはいつごろまで続いたんですか。

水野　一六三六年から三七年の一月から二月にかけてがピークでした。そこでバブル崩壊です。スペインとオランダは一五六八年から八〇年戦争に突入します。オランダがスペインからの独立を目指したわけです。一六三〇年あたりの時点では和平条約を結んではいませんが、オランダの人はもうスペインは攻撃する力が多分ないと察知したのです。

平和な時代が訪れると、今まで戦費に使っていたお金が「平和の配当」として賃金に回されるようになりました。この時期はまだバブルには至っておらず、一般の人々もチューリップを買えるほどの余裕がありました。取引は居酒屋で行われていたそうです。お金持ちたちは最初はチューリップに手を出さず、東インド会社の株や開拓事業の土地に投資していました。

島田　居酒屋が、株式取引所のようなものになったということですね。

水野　そうですね。チューリップの球根の取引は当初、正式な証券取引所では行われていませんでした。アムステルダム証券取引所では、株式や土地、穀物などの取引が行われていましたが、チューリップに関しては「お金持ちが手を出すものではない」とされていました。しかし、豪邸が買えるほどの価値があるということで、次第に証券取引所もチューリップ・バブルに参加するようになっていきました。

島田　一六三三年から三七年にかけてオランダは腺ペストに襲われて、八〇〇〇人の市民の命が奪われました。一六三六年八月から一一月までは五七〇〇人が亡くなって、ハールレムという街の総人口の八分の一が亡くなった。

水野　ハールレムはオランダでアムステルダムに次いで第二の都市で、日本で言うと横浜ぐらい、横浜は三七七万人ですから、八分の一というと四七万人ぐらいの人が亡くなった計算になります。

島田　それによって人手不足になり、賃金が上昇して、労働者に余剰収入をもたらし、それがチューリップを買う元手になったとも言われています。

水野　そうです。日本でも八〇年代後半の実質賃金が一〜三％程度上昇しました。一九八七年二月に民営化されたＮＴＴ株の売り出しが一一七万円で始まり、その年の四月には三一一万円まで値上がりしました。日経平均株価も三万八九一五円まで上がった。ＮＴＴを一一七万円で買った人は、三〇〇万円まで値上がった株を売却して、さらに株を買うことができたわけです。これはチューリップ・バブルと似た現象ですね。

島田　一般庶民が関わってこないとダメなんですか。

水野　バブルは、そうです。だから、なかなか絵画では起きない。ゴッホの絵は大昭和製紙の会長ぐらいになると買えますが、我々では買えない。たとえば有名な画家の絵は一〇〇枚しかなくて、一〇〇〇枚にはできない。流動性がない。球根は作ればいいですし、球根も株式も回転率を上げればいいわけです。

島田 同時に庶民がある程度投資する資金を持たないと、バブルは起こらないわけですね。

水野 そうです。バブルの最後の買い手は、ワンルームマンションに投資した庶民たちでした。VIPローンというものが登場し、上場企業の部課長が購入できるようになりました。昔の企業はオープンで、銀行員や保険のセールスの人が各部署に入ってきて、昼休みには机の横に座って契約を迫るような時代でした。

上場企業の部課長のところに大手銀行の営業マンが来て、「VIPローン」の話を持ちかけます。五〇〇〇万円くらいの無担保ローンで、新宿駅徒歩数分のワンルームマンションが一〇〇〇万円程度で買え、五軒ほど購入できるという内容でした。結果的に、多くの部課長がワンルームマンションのオーナーになったわけです。

島田 そういうマクロレベルのことがないと、起こらないですね。

水野 お金持ちはみんな自己資本ですから、一億円が一〇〇〇万円に値下がりしても借金はない。VIPローンだと、ワンルームマンションが値上がりしている限りはいいですが、半値になったら残りの二五〇〇万は返せません。

†なぜバブルは弾けたのか

島田 チューリップ・バブルはどのように弾けたんですか。

水野 一六三七年の一月に、先ほど話に出たセンペル・アウグスティヌスが高値をつけました。バブルが崩壊するきっかけは特に何もなかったようです。ある日、居酒屋でいつものように値段を少し上げて「これでどうだ」と売りに出しても、誰も応じず、みんなが黙ってしまった。「あれ、おかしいな、誰も買ってくれない」と思ったんでしょうね。次の日には少し値段を下げて売りに出すけれども、やはり誰も買わない。こうしてあっという間に値段が下がり始め、逃げる暇もなかったわけです。

数カ月前から、内心みんな「おかしい」と感じていたと思います。でも、たまたまある日、誰も買い注文を出さなくなった瞬間に、他の人も「やめとこうか」となってしまった。これはまさに心理戦ですね。

島田 まさにバブルですね。ある時、ふっと消えてしまうということですね。

水野 警告を発する人ももちろんいたのでしょうが、強制力を持って「もうこれでやめよう」と言う人はいないんです。

島田 その間に、黒いチューリップというのもあったらしいですね。

水野　黒いチューリップが存在すると信じられていたようですが、実際には存在しませんでした。いくら品種改良しても、黒い色はできなかった。でも、「俺は黒いチューリップの球根を持っている」と言い出す人が現れ、みんなが「そんな球根があるんだ」と思って買いを入れました。地中にあるうちは、春になって花が咲くまでは本当かどうかわからないので、その間にどんどん値段が上がっていきました。結局、存在しないものにみんなが飛びついてしまったんです。この後の話に出てくる南海泡沫会社も、存在しないことを定款に掲げています。永久運動を作るとか、そんなことを謳《うた》っていたんです。

島田　黒いチューリップは詐欺なのかもしれませんが、そうしたものがバブル的な状況で必ず生まれてくる。ところが、空気が変わることで一挙に弾ける。

水野　地中に埋まっている球根を売り買いしているわけですから、本当に花が咲くかどうかはわからない。バブル時代の北海道原野商法も同じです。水道も道もない区画を売買していましたが、誰も東京から見に行かないんです。地中に埋まっていないだけで、結局同じことです。原野を一〇〇メートル×一〇〇メートルの区画（うた）で売買していた。

島田　チューリップに投資していた人たちは、先物取引なので自分の家を担保にして借金を抱えていました。

水野　最初は、腺ペストで賃金が上がった範囲でやっていたんですが、だんだん取引のボリュームが膨らんでいくと、さっきのＶＩＰローンと一緒で家を担保にして五〇〇〇万円を借りて、大きな家に買い替えようということになります。

島田　チューリップ・バブルの時に「私の客が金を払ってくれたら、私も必ず払います。ただ、その客がどこにいるかわからないので」という言葉があったそうですね（笑）。

水野　直接誰に売ったかはわかるんですが、買った人はすぐに他の人に売ってしまうので、チューリップが一体どこに行ってしまったのか、結局わからないんです。だから「借金が返せない」という言い訳がまかり通るんです。開き直りですけど、面白いですよね。

島田　これは結局、どうなるんですか。

水野　最後は国が乗り出してきて、一六三六年の一〇月以降に取引した分に対して、「一〇分の一払えば残り九割は払わなくていい」というお達しを出したそうです。結局それでもみんな払えなくて、うやむやになってしまった。

島田　オランダの経済にとって、このバブルはどういう影響があったんでしょうか。

水野　日本の「失われた〇〇年」のような大打撃にはならなかったそうです。私の解釈では、日本のバブルは近代の終わり、成長が止まる時期に起きたのに対して、オランダのバブルはこれから成長が始まる時期に起きたからです。バブルの損失で家を手放した人が多くいたと思いますが、当時のオランダはイギリスよりも豊かで、アダム・スミスの時代までずっと豊かでした。経済成長が続いたために、バブルの損失をカバーでき、経済に大きな打撃を与えずに済んだんだと思います。

さらに、チューリップは毎年花が咲いて収益をもたらしますが、土地はそれだけでは収益を生みません。だから、バブルの影響が異なったのでしょう。

島田　一八世紀の前半、日本でも同じようなことがありました。その時は菊なんですね。

水野　天皇家の紋章ですから、これも神聖ですね。

島田　破格の値段が菊につくようになった。江戸時代は園芸が非常に盛んになる。参勤交代するので、江戸に大名屋敷ができてそこに庭園ができる。菊やその他の園芸植物が盛んになっていく中で起きた。品種改良でいろんな菊ができる。チューリップと同じで、高いものが生まれてきてバブル的な状況が一八世紀前半に起こった。他の植物、橘《たちばな》に関しても起こったと言われてます。

菊一株が金七両。今で言えば、三〇万円くらいでしょうか。今、そんな高い菊があるかどうかわからないですが、菊ブームは一九世紀の半ばまで続いた。チューリップ・バブルほどではないにしても、同じような素地は日本にもあった。江戸時代が安定した社会になって、庶民層、中間層が育っていったことが影響しているんじゃないですか。

†シェイクスピアの慧眼

水野　戦争が終わって平和になると、庶民層でも美意識の追求が始まります。チューリップ・バブルの時期には、「娼婦フローラ」という言葉が使われました。これは、ローマ帝国時代にフローラという娼婦がいて、お金を稼いでその後、女神として崇められるようになったという伝説に由来します。当時、チューリップは「娼婦フローラ」と呼ばれたんです。というのも、チューリップは一番お金を出してくれる人に次々と乗り換えていくからです。パトロンAよりもパトロンBがもっとお金を出すと言えば、そちらに移る、そんなイメージです。

その話を読んだ時、シェイクスピアの『アテネのタイモン』という戯曲を思い出しました。この戯曲の中で、シェイクスピアは「お金は目に見える神であり、国民と国家を結びつける娼婦の役をしている」と書いています。これがチューリップ・バブルの前の話ですが、お金が高いところにどんどん移動することを、シェイクスピアはすでに理解していたんですね。この戯曲は一六〇八年以前に書かれ、アテネの将軍タイモンの宴会の場面でその発言が出てきます。後にマルクスが、『経済学・哲学草稿』の中でこの一節を引用しています。イタリアのお金持ちが「娼婦フローラ」で、オランダがパトロンBとなって我々の方にくればもっと儲かると、チューリップで誘ったことになります。マルクスはチューリップ・バブルを知っていたから、シェイクスピアの言葉を引用したようにも思える箇所です。
マルクスは別ですが、経済学を一生懸命に研究している人たちよりも、戯曲を書いているシェイクスピアのような人物の方が、世の中の情勢をリアルタイムで理解していたのかもしれません。科学としての学問は、リアルタイムでの理解が難しく、検証ができないからです。後になって「ああ、そうだったんだ」とわかることが多い。不思議なものですよね。
島田　都市で生活して、社会生活のリアルな場面に接することができたことが大きいと思います。学者になると象牙の塔にこもってしまい、現場に接する機会がなくなってしまう。
水野　シェイクスピアは、貨幣の本質を見事に言い当てているわけです。娼婦が神様になったということ、つまり、貨幣が神であり娼婦であるというのは、チューリップ・バブルでまさに実現したわけです。根源的に結びついているということですね。教会が最も忌み嫌う職業であった娼婦が神になるということこそ、教会が頂点に立つ時代は終わったのだと、シェイクスピアは言いたかったと思います。
島田　そして、それをマルクスが引用したわけですね。

†南海泡沫事件の顚末

島田　次の有名なバブルとして「南海泡沫事件」があります。この泡沫という言い方がおもしろいですね。南海というのは会社名ですよね。

水野　そうです。南海会社より前に、フランスのジョン・ローという人物が、アメリカにミシシッピ会社というものを設立しました。その成功を見たイギリス人たちは、対抗意識を燃やしたんですね。当時、フランスとイギリスは両者が競り合う状況で、まだ決着がついていなかったんです。ナポレオン戦争後にイギリスがナンバーワンになりますが、一七〇〇年代ではまだ両国とも力がありました。ミシシッピ川はアメリカで最も長い川で、その名前がついた会社が成功していたため、イギリスもそれに対抗しなければならないと考えた。そこで、フランスに負けないように、川よりも大きい「海」を名前に取り入れた南海（サウスシー）会社を設立しました。

島田　最初からバブルっぽいですね。

水野　ミシシッピを上回る名前をつけなきゃいけない。こけおどしですね。当時の人々も、なかなかおもしろいことを考えたものです。

島田　これは、イギリスで起こったことですね。

水野　南海会社は、国王からアフリカとの貿易の独占権や、イギリスの植民地である北米との貿易独占権を与えられました。その代わりとして、イギリスが発行している国債の約八割を引き受けることになりました。今の日本に当てはめれば、一〇〇〇兆円の国債発行額のうち八割、つまり八〇〇兆円を引き受けるようなものです。南海会社のトップであるロバート・ハーレーは、悪者として知られていますが、そのアイデア自体は非常に巧妙でした。彼らは、一般市民が持っている国債をすべて南海会社の株と交換するという提案をしました。

国債を手放す代わりに、南海会社の株と交換するわけですが、これを簿価ではなく時価で行うことにしました。株価が上昇している限り、人々は喜んで国債を株と交換しました。国債は基本的に額面での価値しかなく、市場での取引ではせいぜい上下一割程度しか動きませんでした。しかし、南海会社の株は大きく値上がりし、一〇〇ポンドから始まった株価が一〇倍になって一〇〇〇ポンドに達することもありました。適正価値は一五〇ポンドほどでしたが、それが二〇〇ポンド、三〇〇ポンドと上がっていったんです。

三〇〇ポンドの時価の株と交換するには、三株の国債が必要になります。一〇〇ポンドだった時には一株の国債で済んだため、早く交換したいという心理が働きました。これは、地中に眠っている球根と同じで、早く交換したいという欲望が刺激されたんです。

島田　国債が希少価値を持ったということですね。

水野　そうです。国債は限られた人々しか持っていませんでしたから、値上がりする株と早く交換したいという心理が働きました。時価で交換することで利益を得ることができると南海会社は宣伝したんです。また、貿易の独占権を持っているため、利益が出るという期待もあったので、二〇〇ポンドが三〇〇ポンド、五〇〇ポンド、一〇〇〇ポンドとどんどん値上がりしていった。最終的に一般市民は国債を手放して、南海会社の株券を持つことになります。上がっている間はいいけれど、バブルが弾けたら大損です。そして実際、瞬く間に暴落していったのです。

†ミシシッピ計画

島田　南海泡沫事件とほぼ同時期の一八世紀初頭に、ミシシッピ計画というバブルもありました。

水野　これは、ほぼ同じ時期にフランスで起きた出来事です。当時のフランスはスペインとの戦争で財政難に苦しんでいました。そこで先述したように、ジョン・ローがミシシッピ会社を設立して株式を発行し、それを政府の債務と交換することで財政問題を解決しようとしました。南海会社と同じ仕組みですが、順序としてはジョン・ローが先に考案し、イギリスがそれを模倣した格好です。ジョン・ローは簿価で運営していましたが、イギリス人はそれを時価に変えて、バブルをより大きく膨らませました。

ミシシッピ会社は、特許会社としてミシシッピ地域の貿易独占権を与えられていたため、一定の収益はありました。しかし、北米がしだいに独立し、イギリスが勢力を伸ばしてフランスの力が減退していく中で、収益は減少し、最終的には立ち行かなくなりました。ですから、ミシシッピ計画と南海泡沫事件はほとんど同時期の出来事です。

島田 内容も似ていますね。こういう仕組みは、この時代の発明だったんでしょうね。

水野 そうですね、一種の金融革命ではありますが、どちらも結果は悲惨でした。

島田 金融操作をやることによって、政府の財政をなんとかしたい、保とうということですね。だけど、このやり方はどうしても矛盾が……。

水野 そう、株価が上がり続けないといけない。当時は、所得税あるいは消費税のような薄く広くという徴税権がまだありませんでした。

島田 法人税もないですね。土地に対してだけ税金がかけられている時代が長く続いて、そこから脱していくのは相当後ですよね。

水野 はい。一七〇〇年代のイギリスでは、議会や首相府が常に国家財政に悩んでいました。だからこそ、こうした仕組みに飛びつく土壌があったのです。

島田 法人税、所得税を導入するアイデアは、近代になってからですか。

水野 一九世紀以降です。

島田 政府の債務のうち戦費調達でかなり大きな比重を占めたんですよね。

水野 大きいですね。実際、戦費は国債で調達してました。土地に対する課税をいきなり上げるわけにはいかないから国債を発行する。イギリスは名誉革命後に立憲君主制を確立し、国家の借金を国債という形で発行したため、継続性があり、投資家も安心できました。スペインは皇帝の借金を次の皇帝が引き継いでません。

財政基盤の安定化は、国家にとって最も重要なことです。安定的な税収を持つ国は、戦争時に一時的に国債を発行しても、返済が確実に行われるため、投資家にとっても安心です。

島田　歴史を経て税金の制度や仕組みが整っていきますが、現代の感覚では、所得税や法人税がない世界は想像しにくいですね。

水野　南海会社やミシシッピ会社の政府債務肩代わりの仕組みは、今から考えると馬鹿げていますが、当時の人たちは真剣にやっていたんでしょうね。

第九章

覇権国家としての大英帝国

†海を制した大英帝国

島田　前回取り上げたオランダのチューリップ・バブルの後、大英帝国が覇権国家として大きな力を持つようになりました。今回はその大英帝国に焦点を当てたいと思います。大英帝国は、昔は「輝かしい」というイメージが非常に強かった。資本主義の最先端を行くような国家、帝国としてもてはやされたのですが、最近大きく変わってきて、たとえば奴隷貿易などはむしろ汚点とみなされるようにもなってきました。

ヨーロッパの中で、しだいに海に進出して帝国を拡大していく動きが出てくる。最初はスペインとポルトガル、それに続いたのがオランダ、そして最終的に大英帝国が「海の帝国」になったわけですね。

水野　「海の帝国」としては、オランダ、イギリス、アメリカの三カ国が挙げられます。インドに西回りで行くには、喜望峰を越えた後も航路上にある港に必ず立ち寄る必要がありました。当時は当然ながら原子力船ではなく、途中で水や食料の補給をしなければならなかったからです。仮に大量の水と食料を積み込んでインドまでノンストップで行こうとしても、半年から一年はかかり、帰りにもまた一年かかります。その間、インド洋では必ず台風に遭遇するので、港に避難する必要がありました。イギリスがその港を押さえていたため、ポルトガルやスペイン、さらにはオランダの船も、イギリスの法律、海洋法、航海法を守らなければならなかったのです。

島田 いつの段階からですか。

水野 一六五一年にイギリスは航海法を制定しました。これはイギリスとその植民地との間の貿易は、イギリスの船に限定するというものです。

島田 一七世紀の半ばに、イギリスはそういうことをやっていたんですね。海の帝国には、スペイン、ポルトガルは入らないのですか。

水野 そうです。スペインの船は、背中を押されたら前に進み、向かい風が吹けば後退するような大型船で、いわば「陸の船」でした。これに対して、オランダとイギリスの船は小型で、風がどの方向から吹いても対応できました。イギリスの船は、大型船に横付けし、距離を取って大砲を撃つことができるため、圧倒的に強かったのです。スペインやポルトガルは、海を支配するという考えを持っていませんでした。

スペインの「無敵艦隊」と言われるものも、実は陸軍大臣が指揮を執る陸軍の下部組織であり、海軍ではありませんでした。オランダはプロテスタント国家で、イギリスは英国国教会という独自の宗教を持ち、プロテスタントとカトリックの間でヘンリー八世の離婚問題を契機にローマ教皇と絶縁しました。プロテスタント、特にカルヴァン派はスイスからオランダに行き、海に向かって祈りを捧げます。一方で、ドイツのルター派は山や森に入って祈りを捧げる、陸に向かう宗教です。だから、ドイツは「陸の国」と言えます。

島田 ドイツは結局、海には進出してないですね。

水野 ドイツはレニングラードやパリ、さらにはバグダッドに進出しようとするなど、ヨーロッパ大陸内で勢力を広げました。陸の国は強力な陸軍を持ち、人民や帝国民を支配する傾向がありますが、海の国は自由と結びつきやすい。オランダやイギリスは、強力な陸軍を持つことはあまりなく、海軍が商船を保護し、商船は自由貿易主義に結びつきやすい特徴を持っていました。

†オスマン帝国とヨーロッパ

島田 「大航海時代」という言い方がされますけれど、この言葉は意外と新しい。日本で一九六三年に、岩波書店が「大航海時代叢書」を企画したのが最初です。それまでは、「地理上の発見」とか、「大発見時代」といった形で、ヨーロッパから他の大陸を発見するという名称が使われていたんですが、もう少しニュートラルな「大航海時代」と命名された。私もこの「大航海時代叢書」を通して、こういう考え方があることを知りました。

世界がなかなか結びつかない時代が長く続きましたが、モンゴル帝国が拡大することによって東の世界と西の世界が結びつけられたと、よく言われます。ところが、モンゴルは、各地に広がっても急速に衰えてしまう。典型的なのは中国の元の時代で、一〇〇年ももたなかった。収奪という方向に行ってしまい、帝国の統治機構を作り上げられなかったんですね。

ただ、東西が結ばれることによって状況が変わり、その後オスマン帝国が登場し、強力な帝国を作り上げて、地中海貿易を支配するようになった。しかも、オスマン帝国はヨーロッパ、特にイタリアの諸都市と手を組むことで交易を独占する。その後ウィーンまで攻めていくことになり、ヨーロッパに大きな脅威を与えるのですが、この辺の事情はどうでしょうか。

水野　もともとイタリアが東地中海を独占していたのですが、オスマン帝国が東地中海を支配するようになると、ヴェネチアなどの冒険商人が中東に行く道を閉ざされてしまいました。そのため、これまでたびたび話題にあがった胡椒貿易も途絶えてしまいます。

胡椒はインドのカルカッタ、今のコルカタでしかとれませんでした。そこからシリアまではイスラム商人が運び、ヴェネチアやフィレンツェの商人がシリアに行って胡椒を買い付けていたのです。イスラム世界では胡椒は味付け程度のもので、あまり価値がありませんでした。しかし、ヨーロッパは金山を掘り尽くして金が不足していた。一二〜一三世紀には経済が発展して貨幣の時代に突入すると、胡椒は偽造ができないため、貨幣として使用されるようになったわけです。

インドで一で仕入れた胡椒が、ヨーロッパに持ち帰ると一〇〇の価値になるということです。しかし、東地中海はオスマントルコによって支配され、高い関税がかけられたため、その貿易が途絶えてしまいました。

島田 オスマントルコはウィーンまで攻めこんでいます。

水野 二回にわたって攻めていますね。一五二九年にスレイマン大帝率いるオスマントルコ軍がウィーンを二カ月近く包囲しました。そして一六八三年にはメフメト四世に仕えたカラ・ムスタファ・パシャ首相率いるオスマン帝国軍が再びウィーンを攻撃し（第二次ウィーン包囲）、その後一六九九年まで、ヨーロッパとオスマン帝国の戦争が続きました。

ただ、当時の情勢は複雑です。カール五世（在一五一九―一五五六）の時代に、オーストリア・ハプスブルク家が成立しましたが、当時、フランスとハプスブルク帝国は常に戦っていて、フランスはウィーン、スペイン、神聖ローマ帝国、ドイツから包囲されていた。そのため、フランス国王フランソワ一世がウィーンを攻めるようにとスレイマン一世と結託しました。これは「敵の敵は味方」という考えです。

島田 フランスとオスマンが手を組んで、ウィーンを攻めたんですね。

水野 ヨーロッパにとっては、自殺行為だったと思います。

島田 ウィーンという都市はその頃、どういう重要性を持ってたんですか。

水野　ウィーンは中部ヨーロッパの中心都市でした。イタリアの北部と接していたため、中世のイタリアの芸術・文化がウィーンに真っ先に伝わりました。一六世紀初頭のハプスブルク家はスペイン、ネーデルラント、オーストリア、そして南イタリア（ナポリ王国とシチリア王国）を支配していました。フランスから見れば、東西をハプスブルク家に挟まれており、非常に脅威だったと思います。

†オランダとイギリスの優位性

島田　この頃のスペイン、ポルトガルは、レコンキスタという形で国土回復を果たしています。ムーア人と呼ばれていたイスラム教徒をイベリア半島から追い出した時期が、ちょうどコロンブスが新大陸に向かっていく時期と重なっている。コロンブスはジェノバ出身のイタリア商人ですが、マルコ・ポーロの『東方見聞録』を読んで、「黄金の国ジパング」に行くことを最初考えていたと言われています。日本ですね。そのためにコロンブスは、イタリアに頼むんではなくて、スペインに渡って女王に直接会って交渉をする。

まだレコンキスタが進行中だった時には、女王はコロンブスの提案を受け入れなかった。それが一四九二年に完了したので、新しい世界に船出するというコロンブスの提案を受け入れてバックアップした。それでコロンブスは大西洋を渡ってインドに向かったんですが、今の西インド諸島に行き着いてサンサルバドル島に上陸したことが、いわゆるアメリカ大陸のヨーロッパ人による発見ですが、今は到来と言われます。

到着した島にサンサルバドル、「聖なる救世主」という名前を付けたことが重要です。当時、遠洋航海をする人たちは貿易が主たる目的ですが、一方でキリスト教を広めるという意識が強かった。日本にやってきたポルトガルのイエズス会の人たちが、貿易をして、その稼ぎでキリスト教を布教していく資金を得るというモデルを作ったわけですが、コロンブスもこれに近い考え方を持っていた。

彼は世の終わりを信じていて、それが切迫しているので、今こそ世界にキリスト教の信仰を広めなければいけないと考えていた。晩年には、世の終わりが到来することを説く『予言の書』という本まで書いています。コロンブスは、根本的に侵略者として捉えられるわけですが、一方で、彼の中にはキリスト教を世界に広めたいという願望があり、だからこそカトリックの信仰を持つイザベラ女王も彼を支援することにしたのではないかと考えられます。

資本主義は、必ず外部を必要とするわけですが、スペインやポルトガルによる新大陸への進出は、新たな外部の獲得と捉えていいんでしょうか。

水野 いいと思います。コロンブスの時代、ヨーロッパの環地中海世界やエジプト、現在のアルジェリアなどが最も進んでいました。北部のオランダは裕福でしたが、ドイツはやや遅れていました。また、東欧はローマに食料を供給する穀倉地帯でした。これら三つの地域は分断されていましたが、コロンブスが外に進出していくのとほぼ同じタイミングで、これらの経済圏が統合されていきました。

そのきっかけが、一五二七年の「ローマ劫略《ごうりゃく》事件」でした。一夜にしてカール五世の傭兵がローマに進軍し、フランス国王フランソワ一世と同盟関係にあったローマ教皇クレメンス七世がバチカン宮殿から逃げる事態が発生しました。この略奪により、有名な人文学者や芸術家たちがヨーロッパ各地、特にパリなどに散らばり、文化が広がり一体化していきました。一四四六年にメディチ家が東欧やロンドンに支店を置き、経済圏を一体化させています。そして「新大陸」の発見が、ヨーロッパにとっては外部、あるいは周辺として認識されるようになりました。帝国は、中心と周辺という二つの要素がなければ成り立たないものです。

南北アメリカ大陸の発見は、イギリスやオランダにとっては外部の誕生を意味し、そこから収奪が可能となったわけです。よく言われるのが、コロンブスによる不等価交換です。コロンブス、正確にはヨーロッパ人たちは、南北アメリカからトウモロコシなどの農産物や金銀を持ち帰り、代わりに現地の人々にウイルスをもたらしました。戦争で亡くなる人よりも、疫病で命を落とした人の方が多かったと言われています。

ヨーロッパ人は免疫を持っていましたが、現地の人々は疫病で次々と亡くなり、土地の所有者がいなくなりました。その土地をヨーロッパ人が入植という形で手に入れ、残った住民にギリギリ生活できるだけの賃金を与えて労働力としました。イギリス帝国やアメリカ帝国の成立は、このような外部の発見がなければ実現できないものでした。

島田　南米のインカ帝国もかなり苛烈というか抑圧的な帝国で、そういう弱点もおそらくありましたね。

スペイン、ポルトガルはアメリカ大陸に進出しますが、恒久的な支配を確立するまでには結局至らなかった。それは、スペインやポルトガルが海の帝国としての機能を十分に発揮できなかったことが大きいんですか。

水野　そうです。たとえばスペインは南米のポトシ銀山を占領し、そこで掘った金銀を本国に送っていました。しかし、その途中でドレークに奪われることもありましたが、すべてではなく、残りは本国に送り続けました。しかし、その金銀は首都マドリッドを素通りして、イタリアの銀行家に担保として取られてしまったそうです。

島田　借金をしていたわけですね。

水野　フランスとの戦争のために借金をしていたのです。傭兵を雇う必要があったため、イタリアの銀行が先に契約して貸し付けていたのです。スペインが強いから、フランスの土地を取ればそこから返済してくれるだろうと考えていました。しかし、結局フランスを取ることはできませんでした。南米の金銀はスペインの生産力を向上させるためには全く使われず、戦争のために浪費され、イタリアの資本家に金銀が集まってしまったのです。

島田 だとしたら、イタリアが世界帝国になっても不思議じゃないですね。

水野 イタリアは都市国家が多く、規模が小さすぎたんです。また、南部イタリアはスペインと同盟していました。スペインは当時、五正面作戦を展開していて、同時に五つの国と戦争をしていました。現在のアメリカの二正面作戦とは比べ物になりません。アメリカでもニクソン大統領の時代に、中国訪問を経て一・五作戦に縮小しましたが、スペインは五つの国と同時に戦っていたんです。

「長い一六世紀」に言われているのは、スペインのような巨大な世界帝国は規模が大きすぎ、逆にイタリアのような都市国家は規模が小さすぎるということです。適正規模は、イギリスやオランダのような中規模サイズの国家で、「自由」な海を支配することで、国民国家が「非公式」の帝国となることができたのです。

島田 五つとは、どこですか。

水野 フランス、ネーデルラント（オランダ）、オランダの独立派を支援していたイギリス、オスマン帝国、ローマです。ローマについては、スペインは南部イタリアと同盟を結んでいましたが、ローマ教皇が途中でフランスと同盟を結んだため、ローマも攻める必要が出てきたんですね。当時のイタリアはまだ都市国家の段階です。イタリアのお金持ちは、スペインの戦争に巻き込まれることを恐れて資金を死蔵していました。今の日本の内部留保のような状況です。
オランダが台頭してくることがわかって、イタリアのお金持ちは初めてオランダに投資する。その資金で、オランダではチューリップ・バブルが起きました。当時は「海の時代」だったので、造船業が最も成長していた産業です。イタリアが投資し、オランダが覇権国となる要因の一つとなりました。

島田　オランダに有利な条件は何だったんでしょうか。

水野　オランダの造船技術の高さですね。大航海時代において、これは最も重要な技術でした。それに加えて、オランダ人の冒険心です。カルヴァン派が海に向かって祈りを捧げていたように、オランダ人には海に出ていくという精神が根付いていました。また、イギリスとオランダの王家はしばしば交流しており、オランダ独立戦争でもイギリスはオランダを支援していました。造船技術は、現在で言えば半導体を支配することに匹敵します。近代社会にとって最も重要な最先端技術でした。鉄道が重要になるのはもう少し後の時代です。
まずは船を使って自由に移動し、海を自分たちのものにする。「自由な海」という理念を掲げていましたが、港を押さえることで「自由な海」はイギリスとオランダの独占使用が可能だという発想です。陸の国々にはこの発想がなく、彼らは土地から得られる農産物を自分の首都に送りたいと考えていたのです。

†オランダ覇権の背景

島田　一六〇二年にオランダ東インド会社が設立されますが、これはどういうものですか。

水野　アジア貿易を独占した株式会社です。株式を発行して資本を調達したことでも有名です。イギリスは一六〇〇年に東インド会社を設立していますが、当初は株式会社ではなかったので、オランダの方が大量の資本を集めることに成功しました。オランダは造船業が盛んで、大量の資本が必要だったのです。知り合いや親戚からの出資だけでは資金を集められなかったため、一般の人々にも「造船業でもうかりますよ」と呼びかけ、株式を発行して資金を集めたのです。こうして、イタリアの大資本をも引き寄せました。

島田　それで海に進出して、ポルトガル勢を駆逐する。その当時は、イギリスもオランダには勝てなかったわけですね。

水野　全く太刀打ちできませんでした。一人当たりGDPで比較すると、一六世紀後半からオランダが世界一の造船技術を持ち、共和国として独立するまでの間、オランダの一人当たりGDPはイギリスの二・五倍も高かったのです。この差が逆転するのは一九世紀初め、ナポレオン戦争が終わった時です。

アダム・スミスも『国富論』の中で、オランダの方が裕福な暮らしをしていると述べています。オランダでは資金調達の金利が二・五パーセントだったのに対し、イギリスは三・五パーセントでした。オランダの信用力が高かったため、世界中の投資家が二・五パーセントでもいいからオランダの国債を購入し、同時にオランダの株式会社の株主にもなっていました。オランダは今のウォール街と同様に、世界中から資金を集める能力があったのです。

島田　これは意図的なものですか、それとも自然にそうなったんですか。

水野　「合理的」な経済人の行動という観点からみれば、意図的です。オランダ人は、近代の「より速く」という行動原理を実現するために、造船技術が最も適していることを理解していたのでしょう。オランダの船は圧倒的に速く、ヨーロッパに農産物を早く届けることができました。カール・シュミットが述べたように、オランダの船は蒸気機関や内燃機関以前の最も重要な技術革新でした。

島田　具体的に何が違ったんでしょうか。

水野　カール・シュミットは『陸と海と』で次のように述べています。「一五九五年、北オランダ、西フリースラントの町ホールンから新しい型の船が登場した。それは横帆を持つボートで、従来の帆船のようにただ追い風を受けて進む単純なものではなく、風を横から受けて帆走することができ、従来とは全く異なる方法で風を利用できるものだった」と。また、彼は「オランダ人は捕鯨と造船技術で世界をリードした」と述べています。一五九五年は「中世の航海術が壊滅的に崩壊」し、「陸と海の関係の歴史における真の転回点」として高く評価されています。スペインがオランダの独立を阻止できなかったのは、中世の航海術に依存していたためです。

アダム・スミスも『国富論』（一七七六年）で「金利が低い国が一番豊かだ」と述べています。「資本が過剰になっていること、つまり自国内の適切な事業に投じて十分な利益をあげられる限度を超えるほど資本が増加していることを示しているのであって、自国内で適切な事業が減少していることを示しているわけではない」ということです。世界で最も金利の低かった国の継続期間を調べると、イギリス帝国よりもオランダの方が長かった。オランダは一五七年間、イギリスは一三九年間で、オランダ人の方が長きにわたって豊かな生活をしていました。

島田　その一五七年の間にチューリップ・バブルが起きています。金利が低い状況でどう儲けるかというと、チューリップのような投機的な商品に行くしかないわけですね。

水野　国債は確定利息が付いているので、一〇年国債であれば向こう一〇年間のリターンが保証されます。しかし国債利回りが低くなると、投資家は一〇年間も低いリターンで我慢するのは嫌だと感じますよね。そして実際、一六二四年にオランダ国債の金利がイタリアを下回り、世界で最も低い金利になってしまいました。それでチューリップの球根が投資対象となり、バブルが発生したわけです。

日本のバブルの時も、公定歩合が二・五パーセントで、当時としては戦後、世界で最も低かった。そのため、国債だけでは儲からず、株や土地などの資産と資産の交換でしか利益を上げることができなかった。国債は一〇年間投資して、低利ではありますが安定的に利益を得ることができたのですが、投資家はそれでは満足できません。当時の公定歩合が二・五パーセントと非常に低く、リターンが低すぎました。バブルは常に、超低金利の時に発生しています。

島田　ということは、オランダは相当に先駆的な地域だったわけですね。今は、オランダが世界を引っ張っていたという感覚はあまりないんですが。

水野　一人当たりGDPは生活水準におおむね比例しますが、イギリスがオランダを抜いたのは一八〇八年です。この年、オランダはフランス革命軍に占領され、一人当たりGDPが三割以上低下しました。ナポレオンが一八一〇年にオランダをフランスの直轄領にしたことで、オランダの豊かさは失われました。しかし一四世紀半ばからオランダは世界最高水準の豊かさを誇っていました。四世紀以上にわたって、一人当たりGDPで世界一の豊かな生活をしていたのです。一七〇〇年で比較すると、オランダは三四〇〇に対してイギリスは二四〇〇で、オランダの生活水準はイギリスより四割も高かったのです。

島田　それだけオランダに富が集まっていたんですね。

水野　イギリス人やフランス人、そして自国の政情が不安なイタリア人が、信用力のあるオランダの国債を購入し、その資金で世界最新鋭の船を作って海に出ていきました。オランダのお金持ちは東インド会社に投資し、オランダの労働者はチューリップで儲けていました。

島田　ずいぶんと巧みなモデルができたんですね。

水野　オランダが他国の資金を低コストでうまく利用し、高収益の企業に投資して高いリターンを得るというモデルは、後の一九世紀のロンドンのシティ、そして現在のウォール街のお手本となったと思います。陸地には人々が住んでいるので、スペインやフランスのように他国の領土に攻め入ると抵抗に遭います。しかし、海には魚しかいないため、自由です。自由という理念を掲げ、港を押さえることで、イギリスとオランダ以外は不自由な状況に陥ります。彼らの発想は本当にすごいですね。

島田　そうしたオランダを、当時のヨーロッパの人たちはどう見ていたんですか。

水野　最先端の国として見ていたと思います。「世界海洋平和論」（『海洋自由論』）を書いたグロティウスのような最先端の法学者もいましたし、芸術の面では「光の魔術師」といわれるレンブラントが活躍していました。宗教も自由で、独立後は共和国となり、国王がいない国です。

島田　それは、国王による恣意的な政策の変更がなくなったということですか。

水野　はい、そのとおりだと思います。皇帝や国王がいると、「あいつのやっていることはけしからん」といった不満が生まれますよね。そのため、学問や科学が発達しにくいのです。中国でも、ずっと皇帝が支配する時代が続いていました。ヨーロッパは逆に何も持っていない状況でした。

島田　オランダは特に何もないから、逆に革新的なことができたのかもしれませんね。

†イギリス帝国の拡大――第一帝国から第二帝国へ

島田　イギリスは、そうしたオランダの先進的な部分を真似たんですね。

水野　当時のイギリスの帝国史をたどってみましょう。イギリスには第一帝国、第二帝国という呼び方があります。第一帝国は、一七六三年のフレンチ・インディアン戦争に勝利したところから始まったとされています。フレンチ・インディアン戦争とは、一七五四年から六三年にかけて北アメリカ大陸でイギリスとフランスが繰り広げた植民地戦争のことを言います。この時期、ヨーロッパ大陸でもインド植民地でも戦争をしていました。

イギリスは戦争に勝って、フランスからカナダとミシシッピー以東のルイジアナを獲得したほか、インドからフランス勢力を駆逐しました。

このあたりから第一帝国が始まったというのが定説ですが、実際にはもっと前から第一帝国が始まっていたのではないかとも言われています。早い説ではエリザベス女王の時代からすでに第一帝国が始まっていたというものです。その理由は、海外に進出する前に、イギリスはイングランド、スコットランド、アイルランドを統合しようとしていたからです。

エリザベス女王の時代に、ブリテン島内でまず帝国を築こうとした動きがありました。エリザベス女王が亡くなった後、一六〇三年にスコットランドからジェームズ一世を迎えます。その後、一七〇七年にイングランドとスコットランドが統一されて「グレートブリテン王国」となり、さらに一八〇一年にアイルランドが加わって「グレートブリテン及びアイルランド連合王国」となりました。しかし、一九二二年には南部アイルランドがイギリスから分離・独立しました。

このようにエリザベス女王の時代から、三つの王国が統一に向かって進んでいたことを第一帝国のスタートとする議論もあります。

島田　第一帝国はいつまでですか。

水野　アメリカ大陸ではイギリスが支配権を持っていましたが、アメリカの独立をイギリスが承認した一七八三年のパリ条約で第一帝国は終わりました。この第一帝国の特徴は、軍隊による支配ではなく、海洋帝国、海上帝国ということです。ポルトガルやスペインと異なり、征服ではなく貿易や入植を行いました。その際、現地の人々が疫病にかかり亡くなってしまったため、入植が容易になりました。これは意図したわけではありませんが、結果的にウイルスが細菌兵器のような役割を果たした。それが第一帝国の特徴です。
第二帝国は一九世紀後半、ちょうどヴィクトリア女王の治世下の時代です。この時期にイギリスはアフリカ方面に進出しました。アメリカは失いましたが、商業を重視していたため、イギリスはそれほど大きな打撃を受けませんでした。もともと貿易と商業を基盤とする帝国だったからです。第二帝国では、南アフリカを占領し、エジプトを含むアフリカ大陸の南北を貫く植民地を形成していきました。その際には軍事力も使われました。

島田　イギリスが第一帝国の時代に、アメリカはどういう位置づけだったんですか。

水野　アメリカは、ほとんどが入植地としての役割を果たしていたと思います。

島田　それ以前のアメリカでは所有という概念がなかったということですか。

水野　そうです。自分が先に囲い込んだ土地は自分のものだという、カウボーイの物語のような構図でした。イギリス国内の第一次エンクロージャー運動（一五世紀末〜一六世紀）の構図とよく似ています。インディアンや原住民は追いやられ、抵抗があれば軍事力が行使されました。海上では海軍によって商業船が守られていたのが特徴です。
イギリスの巧妙な点は、国内と植民地を分離していたことです。第二帝国では、植民地では軍事的征服や人種的差別、搾取が行われましたが、国内では自由と平等が謳われていました。

†イギリスのインド支配

島田　イギリスにとって、インド支配が非常に重要でした。インドは広大な地域ですけど、途中からイスラム勢力が入ってきて、ムガル帝国が成立する。ムガルはもともとモンゴルという意味です。当時のモンゴル勢がイスラム化して、少数派であるにもかかわらずインドを支配するという構造が成立しました。

イスラムは、征服した地域では同じ仲間のユダヤ人やキリスト教徒に関しては、税金さえ多めに払えば信仰は認めるのが、そのやり方だった。ところがムガル帝国の場合、インドの人たちは一神教徒ではなく、多神教徒です。しかも多数派を少数派のイスラム教徒が支配するので、イスラム的な原理を通用させるわけにはいかなかった。税金すら取ることができないという、非常に不安定な状況が続いていた。最終的にムガル帝国が崩れた後に、イギリスが進出します。イギリスのインド進出は、どのようなものですか。

水野　アメリカが独立した後、イギリスはアフリカとインドにますます比重を置くようになります。東インド会社は一八五八年まで存続していて、軍隊も裁判権も持っている、いわばイギリスの出店のような存在です。

対外資産、対外債権、国内外に持っている債権もすべて含めて、一九一〇年の時点ではイギリスが世界ナンバーワンでした。次にアメリカ、フランス、ドイツが続き、この四ヵ国で世界の有価証券の八割を独占していました。残りの大半の国々は、みんな借金国です。

イギリスは対外投資を行い、インドや南アフリカを含む多くの地域にイギリス資本を持っていました。もちろん支配人はイギリス人が務めていましたが、一人か二人で、あとは現地の人々が働き利潤を生み出していました。イギリスが九割の資本を持っていれば、外国人労働者には生存できるギリギリの賃金を払うだけで、彼らが生み出した付加価値のほとんどは本国に送金される、というすごい仕組みをイギリスは作り上げました。

島田　それが帝国主義ということですか。

水野　そうです。債権で相手を借金漬けにすれば支配できる。

島田　誰が最初にそういうことを考えたんでしょうか。

水野　長らくヨーロッパは、文明国が非文明国を支配するという理屈に基づいて植民地支配を正当化していました。ずるい言い方ですが、ヨーロッパ人は「自分たちが先に文明化したので、遅れたアフリカや南米の国の人々を豊かにし、文明化する使命がある」と言っていました。

理論的な方面では、ロシア革命の直前、一九一六年にレーニンが『帝国主義論』で「対外債権を巨額に有している帝国主義国が借金国を支配する」ことについて述べています。また、一九三二年にカール・シュミットが「現代帝国主義の国際法的諸形態」という論文で、二〇世紀のアメリカが世界を支配する根拠について次のように指摘しています。「米国の帝国主義の基礎をなす新分類は債権国と債務国の分類である。（中略）今や債権国・債務国の区別こそ帝国主義の論拠となるに至った」。

島田 文明国と非文明国に分けるという理屈は、スペイン、ポルトガルの時代から同じですね。

水野 おそらく、イギリスが近代になってからこの考えをさらに発展させたのでしょう。フランシス・ベーコンが「進歩」を「時間を経た進歩」と定義したことで、近代化を早くスタートした国が文明国となり、遅れて近代化した国は野蛮国とされました。こうして、文明国が野蛮国を指導するという考え方が生まれ、「進歩」と「文明」という時間的な観念が、国際社会におけるヒエラルキーを決定づけていきました。

島田 スペイン、ポルトガルもキリスト教化をめざしますね。

水野 中世の時代は、キリスト教を世界中に広め、異教徒をキリスト教徒が指導するという理念がありました。しかし、ルターとの分裂が起き、イギリスやオランダが造船技術や羊毛産業で豊かになると、原始的で未開な人々が豊かな生活をするためには、私たちヨーロッパ人の行動を見習うべきだという考えが広まりました。こうして、ヨーロッパ人が現地に行って支配人や総督となり、現地の人々に指導を行うようになりました。しかし、実際には資本が生む利潤をどんどん本国に戻すということが行われていたわけです。

アメリカ合衆国は、一九〇〇年頃には西海岸に到達し、ヨーロッパの列強がすでに押さえていたため、新たに植民地を持つことができなかった。そこで、イギリスやフランスが行っていたような軍事力を使った進出ではなく、債権・債務関係で他国を支配しようと考えました。戦後のマーシャルプランも西ヨーロッパ向けの復興援助で、その九割が贈与でした。

カール・シュミットは一九三〇年代に「ポルトガル、スペインは宗教による支配、つまりキリスト教徒が異教徒を支配するという考えだ。オランダやイギリスは先に進歩した国が未開の国を導くのが文明の使命だと考えた。そして二〇世紀のアメリカは債権・債務関係で支配するというものだ」といった趣旨の議論を展開しています。特に債権・債務関係は所有権に関わる問題で、借りたお金が返せなくなると、債権者の指導を受けなければなりません。

石油危機後、産油国以外の国々は大打撃を受け、発展途上国は債務の返済が滞るようになりました。その際、ＩＭＦに融資を仰ぐ必要がありましたが、ＩＭＦは融資の条件として民営化などの構造改革を求めました。シュミットが挙げた三つのうち、とくに後者の二つは反論しづらいですよね。文明の進歩と言われると反論できない、もっと貧しくなっていいのかと言われます。また、借金は必ず返さなければなりません。

島田　経済力を実際に持っているわけですからね。その点でなかなか反論できない。

水野　国際連盟の規約二二条にも「文明の使命」という文言が含まれています。文明化された国がまだ文明化されていない国を指導する責務があると国際法で規定されていたのです。法律を作る力を持つ国が、自分たちに都合のいい「文明の使命だ」としてしまうのは非常に巧妙な手法です。

†蒸気機関と石炭の力

島田　大英帝国の経済力の背景には産業革命があると言われますが、この点はどうとらえてよいのでしょうか。

水野　産業革命の始まりは、ジェームズ・ワットが一七七六年に蒸気機関を発明したことからです。それ以前から、イギリスでは一六世紀半ばから石炭が工場の燃料や製鉄の原料として使われていましたが、蒸気機関の登場により石炭の使用が一層拡大しました。イギリスの歴史学者リグリーによれば、産業革命の意義は有機経済から鉱物基盤のエネルギー経済への転換にあると指摘しています。有機経済とは、人間や牛、馬の筋肉など、生きているものに依存する経済であり、鉱物基盤のエネルギー経済とは石炭や石油といった死んだもの、つまり地下資源に依存する経済です。これにより、無（死んだもの）から有（莫大なエネルギーの獲得）を生み出すことができたと語ってます。

毛利《もうり》健三《けんぞう》先生の著書『古典経済学の地平』（ミネルヴァ書房）に紹介されていたデータを基に

計算すると、石炭や石油などの地下資源が発見されなければ、二〇世紀の高成長は実現しなかったことがわかります。イギリスは石炭を使って鉄を製造し、それを造船や戦車の製造に利用しました。最初は薪《まき》を燃やして鉄を作っていましたが、一トンの鉄を作るのに必要な木材の量を計算すると、仮に一九世紀半ばに石炭が発見されず、薪を使い続けていたとすれば、イギリス全土を森林にしてもそれでも足りなかったという結論になります。

島田　イギリス全部を燃やしても足りない。

水野　薪で鉄を大量に作ろうとすれば、人間が住む場所がなくなり、農地もなくなりますから、食糧生産ができず、人間は生きていけなくなりますね。石炭の利用によって、それまで不可能だったことが可能になりました。鉄の生産が増えると、それを使って戦艦や戦車が製造され、イギリスの軍事力が強化されました。これが産業革命の一つの大きな意義です。

さらに、有機経済では、牛や馬に人間の労働力を代替させるために牧草地が必要でした。馬には人参を与えなければならず、畑が必要です。人間が食べる小麦も育てなければならず、人間が住む家も必要です。有機経済はすべて地上での資源に依存していますが、鉱物基盤のエネルギー経済では地下資源に依存することになります。地下資源は、それまで人間がまったく利用していなかったため、どんどん掘り出すことで効率の高いエネルギーを生み出し、これまでできなかったジェット燃料の製造が可能になったのです。薪ではジェット燃料は作れませんから。

島田 薪で飛行機という発想はないんじゃないですか（笑）。

水野 化石燃料で得られる高エネルギー密度のガソリンを使ってタービンを回さなければ、飛行機は飛びません。産業革命の意義は、これまで不可能だったことが可能になった点にあります。また、経済的な意義としては、石炭を使った内燃機関が蒸気船を生み出し、南北アメリカとヨーロッパという二つの大陸が密接に結びつくことになりました。帆船の時代は「今日は風がないから出港できない」という状況がしばしばあり、風待ちの時間が長かったのです。商品がいつ届くかわからなければ、商取引は成立しません。確実性がなかったのです。

しかし蒸気船の登場によって、イギリスの港リバプールを何月何日何時何分に出発すれば、ボストンに何時何分に到着するかが正確に予測できるようになりました。商品が到着することがわかっていると、商人は先物契約を結ぶことができ、その資金で次の大きな商売ができます。風まかせだと先物契約ができないので、持続性がない。蒸気船の意義は、定期航路の確立にあります。何時何分に正確な荷物が届くという予測可能性が高い。事業にとって一番大事なのが予測可能性、確実性です。商売にとって不可欠ですよね。

†石炭が近代をもたらした

島田　イギリスが、なぜそういうことができたのですか。

水野　リバプールは工業都市で、その近くに炭鉱がありました。当初は牛や馬で石炭を運んでいましたが、内燃機関の発明で鉄道ができ、リバプールとロンドンを結ぶ最初の鉄道で石炭を大量に運べるようになりました。イギリスには良質な石炭がありましたが、問題はそれをどうやって消費地や工場に運ぶかでした。エジソンの時代より前の話ですから、送電線もまだ存在していませんでした。

島田　それまで石炭には使い道が全くなかったんですよね。

水野　黒いダイヤモンドとも呼ばれる石炭でしたが、当時は見放されていたのだと思います。暖をとるために主に薪が使われていました。

島田　当時は他の国に良質な石炭は、なかったんですか。

水野　ドイツにも石炭はありましたが、消費地が豊かでないと大量生産する需要がありませんでした。当時、ロンドンがオランダを抜いて世界一の消費地になっていましたが、ドイツではそこまでの需要がなく、大量に石炭を使う必要がなかった。

島田　日本が開国して急速に近代化を果たしました。その時に石炭は大量にありましたね。それで鉄道網が発達して、どんどん鉄を生産し軍事力も高まっていった。日本もやっぱり良質な石炭に恵まれていたということですか。

水野 はい、そうですね。成長産業の最先端です。

島田 日本の変貌は異常なほどですよね。江戸時代の生活と明治以降はまったく違う。

水野 成長率がすごく高いです。

島田 そういうことが可能だったのは、石炭の力というわけですね。

水野 大きいと思います。日本ぐらいまでの近代化は、全部鉄です。製鉄所も石炭を使っていましたし、石炭が自国にあることは非常に有利でした。外国から輸入するとなると、輸送コストもかかりますし、製品がまだできていない段階で購入しなければならない。売上が見込みを下回れば、債務国に陥る危険もあります。日本はその点で地の利に恵まれていました。

島田 もし、日本でそういう良質な石炭が発見されなかったとしたらどうなっていたんでしょうか。

水野 おそらく外国に支配され、借金漬けになっていたでしょうね。レーニンが計算したところだと、一九〇〇年代初頭の四大大国、つまりイギリス、フランス、ドイツ、アメリカが世界の有価証券の八割を持っていたと言います。今、その四大大国にはイギリスが外れて、日本が入っています。当時も今も、世界一のお金持ち国がその四大大国に含まれています。

フランスがすごいのは、イギリスが植民地を解放したのに対して、フランスはまだかつての植民地の権益を維持していることです。アルジェリアは独立しましたが、フランスの所得収支が黒字であることを考えると、フランスはおそらくその権益を手放していないのでしょう。なぜこんなに対外債権があるのかと考えると、フランスは一九〇〇年当時の国内債権や外国債権を今も維持していることが窺えます。

アメリカが今も経済的に強いのは、国土が広く軍事力も強いためですが、フランスはイギリスに次ぐ第二の植民地帝国であり、二度の大戦でもドイツ軍に敗北し、特に第二次世界大戦ではパリが占領されました。それにもかかわらず、フランスは今でも大きな経済力を持っており、大きな顔をしているのが興味深いですね(笑)。

島田　まだフランス帝国主義が存在するということですね。

水野　もちろん政治は全部手放していますが、資本は手放してない。イギリスは独立する時に、資本も全部返した。きちんと調べないといけませんが、今後の課題です。一九一〇年には世界の四大金融大国だったのに、現在イギリスが四大大国から脱落した大きな原因かなと思います。

島田　フランスは、旧宗主国として旧植民地に対して今でも強い影響力を持っているんですね。そのため、北アフリカからの移民がイスラム教徒としてフランスに多く入り込み、その割合は今では一〇パーセントに達しています。この状況は、実質的に植民地の状態が続いていると言えるのかもしれません。

†大英帝国の終焉

島田　イギリス帝国はどのように終焉を迎えるんですか。

水野　イギリスは第二次世界大戦後に、連邦に属していた七つの国々がすべて独立しました。歴史学者デイヴィッド・アーミテイジによれば、イギリス帝国の「産婆役」はウィリアム・ピット（一七〇八―七八）で、彼が実質的に指揮した七年戦争が、イギリス帝国の第一帝国の始まりとされています。一七六三年のフレンチ・インディアン戦争が、ヨーロッパにおける七年戦争とともに、イギリス帝国のスタートラインとなりました。そして、帝国の「墓守」は、最後のインド帝国総督であるマウントバッテン卿です。

島田　マウントバッテン卿は、ヴィクトリア女王のひ孫ですね。

水野　はい。そして、イギリス帝国、ブリテン帝国の「喪主《もしゅ》」はチャーチルです。第二次世界大戦で勝利したにもかかわらず、その後、英連邦がすべて独立したため、チャーチルは帝国を存続できなかった人物として、イギリス人の中には彼を失敗者と見なす人もいます。

島田　戦勝国であるはずのイギリスも、実は敗北しているということですね。イギリスの経済力はこれからどうなるんですか。

水野　シティの力もすでに失われており、ウォール街にその地位を奪われています。イギリスには自動車産業がありません。リーマンショック後、イギリスはＥＵを離脱しましたが、今でも日産などの自動車工場は存在しているものの、長期的にはイギリスに進出した外国資本、特に製造業はどんどんＥＵに移転すると思います。金融業でも影響力が低下しており、もともと大きな自動車会社もなく、半導体産業もない。イギリスが世界に誇る産業は、ほとんど見当たりません。

島田　テディベアくらいですか（笑）。

水野　サッチャーの時代に一時的に盛り返しましたが、ＥＵを離脱したことで、むしろ衰退が加速するのではないかと思います。イギリスはもともとヨーロッパではないという立場があり、ＥＵの中で居心地が悪かった。結局、ＥＵはドイツが主導しており、戦勝国であるイギリスが敗戦国であるドイツの指示を受けなければならないことに対する不満が根底にあった。それならば、ＥＵを離脱して自由になる方が良いと判断したわけです。

島田　ＥＵを離脱した効果はあったんでしょうか。

水野　まったく良くなっていません。むしろ、ＥＵ離脱が経済的な衰退を早めるのではないかと考えています。まだその影響は大きく表面化していませんが、時間の問題でしょう。

島田　植民地を失った後、英連邦という形は残りましたが。

水野　エリザベス女王が存命中は形式的に英連邦にとどまっていましたが、今のチャールズ国王にはそれほどの求心力はありません。英連邦の国々にとって、象徴的な存在は大事なんですね。

島田　ダイアナさんがいたら、だいぶ違ったでしょうね。

水野　話を少し戻しますが、ヘンリー八世（在一五〇九―四七）は、カール五世の叔母にあたるキャサリン・オブ・アラゴンと一五〇九年に結婚し、一五三三年に離婚してアン・ブーリンと再婚しました。彼は六人の妃を次々と迎えましたが、ローマ教皇から離婚を禁じられていました。その時、事実上の総理大臣だったトマス・クロムウェルが、国王の離婚の意向を摑んで「わかりました、私がなんとかします」と言い、ローマ教皇から独立してイギリス国教会を創設しました。これがブリテン帝国の基礎となりました。

エリザベス女王は、離婚を政治的に利用することはまったくしませんでした。ダイアナ妃と離婚する際にも、大義名分がありませんでした。クロムウェルはローマ教皇からの独立に置き換える形で大義を作り上げましたが、エリザベス女王にはそうした支援がなかった。

島田　離婚で盛り上がり、離婚で盛り下がる大英帝国、というわけですね。

水野　なるほど、言い得て妙ですね。確かに、終わりと始まりの原因がそれだとは（笑）。

第一〇章 世界恐慌とアメリカ

†マルクス流の「世界創造神話」

島田　今回はマルクスとケインズという二人の経済学者を取り上げます。面白いと思ったのは、ケインズがお母さんのお腹の中にいた時にマルクスが亡くなっていることですね。これは、二人が活動した時期が時代的にまったく違うということです。その間に時代は大きく変わり、経済状況も大きく変わっていきました。

ケインズの時代に世界恐慌が起こっています。二〇二三年に、伊藤宣弘《のぶひろ》さんという人の『ケインズ――危機の時代の実践家』（岩波新書）という本が出ていて、ケインズについて新しい観点で書いています。

マルクスの『資本論』については、その第一巻が二〇二四年にちくま学芸文庫で出ました。以前に出ていたものの改訳です。『資本論』というと、非常に難しいイメージがありますが、この翻訳は読みやすく面白い。それを読むと、マルクスがイギリスの産業について、あるいは工場について相当に詳しいことがわかります。まるで、工場で働いていたのか、または資本家として工場を経営していたかのごとくで、そこが注目されます。イギリスの産業についてのリアリティ、ディテール、細かさがマルクスの大きな強みだったのではないかと思いました。

マルクスが説いているのは資本主義が形成されていく過程で、商品が生まれて貨幣の形を取り、そこから労働に価値が生み出され、工場が出来上がることで労働者が搾取されていくプロセスを描いています。一ヵ所に多くの労働者を集めることで生産性を上げていく仕組みが出来上がり、機械が導入され、それが社会的な分業に結びついていくという展開を追っていくわけですが、これは世界がどのように生まれて発展していくのかを説いたマルクス流の「世界創造神話」なのではないでしょうか。

水野　はい、資本の始まりの神話ですね。たとえばアダム・スミスをちょっとコケにしたりして、「古典派経済学は牧歌調で資本を語ってるけど、そんなことはない。最初はみんな暴力だ」と。『資本論』は、発行が一八六七年でした。年代を隠してしまえば、今のことを書いてるのかと思います。たとえば、「労働規制、これは血の立法だ」という表現がすごくわかりやすい。マルクスには作家のセンスがあります。シェイクスピアも出てくるし、ファウストも出てくるし、芸術作品と経済はとても親和性があることがわかります。

島田　そうした事柄の使い方がうまいですね。彼自身はユダヤ人です。果たしてマルクスをユダヤ教徒と言っていいのかどうかはわかりませんが、聖書に出てくることをギャグとして使っています。たとえば、「原初的資本蓄積は、経済学においては神学における原罪（オリジナルシン）とほぼ同じ役割を果たしている」といった形で、経済現象を聖書の中の事柄に喩えているところが結構多いんです。そこらへんも、文筆家として非常に興味深いなと思いました。

†学問の細分化

水野　マルクスとケインズは、経済学という狭い枠に収まらない人物です。この二人は、二〇世紀には経済学者として分類されていますが、その枠を完全に超えています。一八世紀から一九世紀にかけて、学問が経済学、政治学、社会学などに細分化されましたが、一七世紀のニュートンについては、誰も彼を何学者と限定しませんよね。現代の区分でいえば物理学者ですが、それだけでは語り尽くせない人物です。

島田　今で言う物理学者とは違って、自然哲学者ですよね。

水野　当時の学者たちは、すべての学問を理解していました。たとえば、ケインズはニュートンについて論文を書いていますし、アダム・スミスも宇宙論について研究していました。彼らは、宇宙がどのように成り立っているかを考え、それを地上の現象と結びつけていたんだと思います。キリスト教の宇宙観がコペルニクスによって否定され、学問が一新された時代です。ニュートンやコペルニクスの宇宙論に、自分たちの学問をどのように適応させるかを模索していました。

島田　元をたどればアリストテレスですね。アリストテレスは今では哲学者と言われますけれど、純粋な哲学に限定されるわけではなくて、政治学とか経済学についても研究していた。例えば利子を取ってはいけないと最初に言ったのはアリストテレスです。特に自然学の方面ではかなりの業績を上げていた。トータルな学問という伝統がアリストテレスに発していたのは間違いありません。そこから「リベラルアーツ」という考え方が生まれてくる。

水野　一二〜一三世紀に、アリストテレスの著作がヨーロッパに流入しましたよね。アリストテレスの「人間は社会的（政治的）動物である」という思想は、世俗社会が宗教的世界から分離し始めるきっかけとなりました。その後、貨幣経済の進展や都市化によって、利子が容認されるようになり、公正価格についての議論も始まりました。

経済学が独立した学問として確立されたのは、一八七〇年代から九〇年代頃です。それ以前は、アダム・スミスやジョン・スチュワート・ミルが「ポリティカル・エコノミー（政治経済学）」というタイトルで経済書を書いていました。アルフレッド・マーシャルが、この「ポリティカル・エコノミー」を「エコノミクス」に変えました。

マーシャルが「ポリティカル・エコノミー」を変えたのは、それが特定の利害を代弁する学問になってしまったからです。地主の立場や、マルクスが代弁する労働者の立場に基づく学問が多かった中で、マーシャルは「冷静な頭脳と温かい心（cool head, but warm heart）」を持ち、経済学は貧しい人々の力にならなければならないという意味で「エコノミクス」という言葉を使いました。

物理学からケミストリー（化学）が派生し、生物学やダーウィンの進化論が出てくるなど、学問はどんどん細分化していきましたね。そして一九世紀末の明治維新の時代に、日本に一斉に入ってきます。ニュートンの時代にはまだそのような細分化は進んでいなかったけれど、日本には細分化した学問が入ってきた。だから日本にはニュートンのような総合的な科学者が現れなかったのかもしれません。

島田　ちょうど学問の分化がヨーロッパで進んでいた時代に、日本が近代化した。

水野　明治時代の学者である西周《にしあまね》は、ヨーロッパで「サイエンス」という言葉を耳にしました。この言葉はもともとギリシャ語で「知る」という意味でしたが、一九世紀のヨーロッパではすでに学問が専門化されており、経済学や政治学などが科目として分かれていたため、日本でも「科目」の学問という言葉で「科学」と名づけました。日本は総合化のプロセスを経験せず、細分化されたヨーロッパの学問をそのまま採り入れたわけです。

島田　逆に言うと、細分化された学問が入ってきたがゆえに、近代化が遅れてきた日本で欧米の学問を受容できたとも考えられますね。

水野　しかも一九世紀半ばからちょうど産業革命で、経済成長の基盤がしっかりしていたので、それぞれの専門分野をどんどん追求していけば、みんな生活が豊かになると考えられていました。だけど今、近代というレールの軌道が曲がっていたり脱輪したりしているのだから、もともとのサイエンス、すなわちトータルな学問に立ち返る必要があります。

島田　日本がもしサイエンスがトータルなものとしてまだあった時代に近代化をしようとしていたら、ちょっと困ったかもしれないですね。トータルな学問を丸ごと受け入れるためには、相当な教養や知識が必要ですからね。

水野　科目の学問の方が、安易に受け入れやすかったかもしれないですね。

島田　その伝統が、日本の場合に問題を生んでいるということかもしれない。

水野　アダム・スミスは最初、倫理学を教えていました。それから道徳学、法律学、経済学と進んで、最後に「人間学」を教えようとしていました。彼は、その「人間学」の本を書こうとしていましたが、その前に亡くなってしまったのです。ジョン・スチュワート・ミルも『人間本性論』を書いています。古典派の人たちは、最後には「人間とは何か」を考えざるを得なかったのだと思います。マルクスもそうで、人間とは何かを追求する中で、聖書を持ち出さざるを得なかったのかもしれません。

†そして資本は神になった

島田　ケインズの時代に世界恐慌が起こります。これは現代の経済史に大きな影響を与えたと思いますが、世界恐慌の手前にはバブルがあったわけですよね。

水野　そうですね。一九一四年から一八年にかけての第一次世界大戦で、ヨーロッパは大きく疲弊しましたが、アメリカは無傷で、本土は攻撃されませんでした。ヨーロッパの資本家たちの資金の大半がアメリカに流れ込み、フロリダやウォール街にお金が集中しました。一九二一年からアメリカのバブルが始まります。

これはちょうどオランダ八〇年戦争の終わり頃、スペインがオランダに再び攻め込むことがないと一六三〇年には分かっていた時期と似ています。その時点でイタリアの投資家たちがすべての資金をオランダに移し、チューリップ・バブルが発生しました。バブルは一国の中、閉鎖的な環境では起きず、国境を越えて大規模なお金が流入することが一番の原因です。やはり資本の移動が大きな要因です。

島田　資本移動は、そもそもどの時代から起こっているんでしょうか。

水野　一四世紀から一五世紀にかけて、チューリップ・バブルの前にすでに国債バブルが起こっていました。例えば、カール五世が発行した国債やフランス国王が発行した国債を、ヨーロッパ中のお金持ちが購入していました。現在、ヨーロッパは三〇カ国以上に分かれていますが、当時はスペインやフランスという大国を中心に、その周りに小さな国々が存在していました。メディチ家はブリュージュやロンドンに支店を持ち、ヨーロッパ中に広がるネットワークを築いていたのです。そのため、国債が最初のバブルだとも言われています。

島田　ヨーロッパは、今はEUという形をとっていますが、もともと経済圏としてかなり密接な関係があったということですね。

水野　そうです。国債といっても、当時は個人である皇帝の借金でした。したがって、皇帝が亡くなると、その債務は次の皇帝に引き継がれることはありませんでした。イギリスとオランダはこれを国民国家の借金にしたので、外国人投資家も安心して資金を投じることができたのです。オランダ共和国やイギリスで名誉革命が起こった後は、皆が永続性のある国の借金と認識するようになりました。資本移動の記録が確認されているのは一五〇〇年代、つまりチューリップ・バブルの一〇〇年ほど前からです。

公式な文書には記録されていませんが、一三世紀に金利が事実上認められてから約一〇〇年後には、すでに資本の移動が始まっていたと言われています。資本は規制があっても移動するもので、投資した方が利益を得られると思えば、規制を乗り越えてでも動きます。キャピタル、つまり利息のつくお金という概念が誕生すると、すぐに資本の移動が始まったわけです。

島田　資本が『資本論』のテーマですが、資本というものは非常に不思議なものですね。

水野　すごいなと思うのは、資本に資本家が操られていること、人間が作った概念に人間が縛られていることを明らかにした点です。資本主義では資本が最も重要な概念です。マルクスが言うように、神が追放された後、それに代わる資本が作られ、今度はそれに縛られている。中世で神に縛られていた時代と基本的な構造は同じなんですね。

島田　神は資本であり、資本は神である。そういうことになった。

それで、ヨーロッパのお金が一番安全なところのアメリカに流れ込んでいった。その頃のアメリカ経済は、かなりの活況を呈していたんですか。

水野　戦後の日本で起きた家電ブーム、いわゆる「三種の神器」ブームに似た状況です。T型フォードがローンという仕組みを活用して、工場で働く人たちでも家電製品を購入できるようになり、それがどんどん広がり、「豊かなアメリカ」という概念が生まれていったんです。

島田　日本も昔は、テレビなどの三種の神器は月賦でしか買えなかった。逆に、月賦という仕組みを導入することで、テレビなどが大幅に普及していきました。アメリカの二〇年代も、そういう状況だったのかもしれませんが、それが、どうして大恐慌に発展したんでしょうか。

水野　株価インデックス自体が六倍も上昇するのは、明らかに収益力からかけ離れています。NYダウのPER（Price Earnings Ratio　株価収益率）は、一九二〇年代のバブルに突入する前は平均すると二〇倍前後でしたが、一九二九年九月には三二・六倍にまで達しました。この水準は一九九七年のネットバブルに突入するまで最高記録でした。いくら期待が高まったとしても、インデックス全体の評価が以前の倍になるというのは理解に苦しみます。バブルは冷静な判断を失わせるんです。南海会社もミシシッピー会社も同じです。

島田　そんなことあり得るはずないのに、ということですね。

水野　面白いのは「愚か者の合理的理論」です。要するに、愚か者がフォードやチューリップを大量に買っているので、その行動に乗れば儲かるという理論です。愚か者が大量に買っていることを知っている人は、それが合理的だと考えるんです。しかし問題は、その合理的だと考えている人たちが、バブルのピークを迎える前に売り抜けられないことです。「まだ大丈夫だ」と思ってもっと愚か者が出てくる。そして結局、愚か者の理論だと思っていた人たちも、最後には愚か者になってしまうんです。

島田　その理論は、誰が唱えたんですか。

水野　エドワード・チャンセラーの『バブルの歴史』に、一七二〇年にロンドンの銀行家、ジョン・マーティンが提唱した「大馬鹿者理論」という考え方が紹介されています。マーティンは「世の中全体が狂っている時には、ある程度までその真似をすべきだ」と述べています。これは今で言う「バンドワゴン効果」です。みんなが太鼓を叩いてお祭りをしているので、その後について行く。アメリカのブラックマンデーや日本の八〇年代のバブルも、すべてバンドワゴン効果で同じようなことが起きました。人間は一度熱狂状態に入ると、合理的な判断ができなくなるのです。おそらく、一九八〇年代から世界は狂気の時代に突入したのだと思います。

†FRB神話の崩壊

島田　一九一三年に生まれた今のFRBが、「好況、不況、恐慌の問題をすべて解決する」という神のような機関として崇め奉られていた。投資専門紙では「恐慌のない新時代が来る」、それから「株価は一段と高い、高原状態にしっかりと定着したようだ」と書いています。

水野　そう言ったアービング・フィッシャーは、アメリカでナンバーワンの超一流の新古典派経済学者です。バブルの直前にこんなことを言って、その後権威が落ちてしまいました。当時、人々はFRBがすべての問題を解決する神のような機関だと信じていたんです。FRBがバブルの発生を抑えてくれるという信仰を持っていた。

島田　教会がすべてを救済してくれるような感覚ですね。

水野　八〇年代末からリーマンショックが起きる直前まで、グリーンスパンが二〇年近くFRBの議長を務めていました。その時、彼は「市場の神様」と投資家たちに称えられていました。一九二〇年代と同じ状況です。以前はFRBという機関そのものが崇拝されていたのが、今回は特定の人物に変わっただけです。組織から個人へと信仰がシフトしたわけですね。これが二一世紀に起きた現象です。グリーンスパンが言った「バブルは発生している最中には、それがバブルだとはわからない」というのは正しいのですが、それでも神様だって人間の欲望は理解しきれません。

島田　「神のみぞ知る」って言葉がありますけれど。

水野　ということは、グリーンスパンは神ではなくて人間だったことになりますね。現場にいると、どこがピークなのかわからないものです。しかし、グリーンスパンは株価が三割下がったらバブルと認定し、ＦＲＢがすばやく救済に乗り出せば初期消火ができると考えていました。

島田　それ、無理じゃないんですか。

水野　無理でした。グリーンスパンの後を継いだバーナンキは、「三割下がってもバブルではない」と言い出し、結局バブルのソフトランディングに失敗しました。バブルを認めたくない理由は、それを認めるとＦＲＢの過去の政策が失敗だったと認めざるを得ないからです。日本の官僚もそうですが、無謬性《むびゅうせい》、つまり「間違えることはない」と考える傲《おご》りがあるんでしょうね。

島田　ＦＲＢはアメリカの中央銀行と考えていいんですよね。

水野　そうです。中央銀行ですから、発券機能を持っていてドル紙幣を発行します。かつては個別の銀行が紙幣を発行していましたが、現在はＦＲＢがその役割をになっています。また、金利の上げ下げで物価や景気をコントロールしています。

ＦＲＢは一二の地区に分かれており、各地区に連邦準備銀行があります。各連邦準備銀行には総裁がいます。これらの総裁のうち、ニューヨーク連銀総裁は常に、シカゴやカリフォルニアなどの連邦準備銀行総裁は持ち回りで、FRB議長とともに連邦公開市場委員会（FOMC）に出席し、金利の利上げや利下げを決定します。戦後は、日本が最近行っている国債オペレーションのように、どれだけ国債を購入するか、長期金利を抑えるかということもやっていました。

島田　FRBのような機関ができるのは、資本主義の近代における発展でかなり重要なことですよね。中央銀行としてFRBを捉えるとするなら、中央銀行の存在がかなり大きいということになりますね。中央銀行は、他の国ではもっと早くに生まれていますね。

水野　世界最初の中央銀行はスウェーデンのリクスバンクで一六六八年に設立されました。一六九四年にはイングランド銀行が軍事費調達の目的で設立され、紙幣を発行しました。

島田　日本銀行も、FRBより早いですね。

水野　早いです、明治維新の直後の一八八二年に設立されています。

†古典的自由主義からケインズへ

島田　ケインズ以前と以後で、中央銀行の役割は大きく変わったと考えていいんでしょうか。

水野　そうですね。一八―一九世紀はレッセフェールの時代で、政府や中央銀行は経済活動をコントロールするという考えはありませんでした。財政と金融政策で経済を安定させようと考えるようになったのは、二〇世紀の大恐慌以後です。ブームが過熱だと判断したら金利を上げて抑えるのが、ケインズ政策以降ですね。一九世紀のイギリスは古典的自由主義と言われていますが、今の人たちが「古典的」と言うだけで、当時は古典じゃないから現代（モダン）主義です。

今の新自由主義者（ネオリベラリスト）たちは、アダム・スミスの古典的自由主義を信奉しています。古典的自由主義の後、ケインズが出てきて、自由を実現するためには積極的に政府の介入が必要だというニューリベラリズムを主張しました。これは、大恐慌の時に公共政策を正当化する議論です。古典的自由主義は「小さな政府」が望ましいと考えており、政府は余計な介入をしないことを旨としていました。

島田　余計なことをするなというのは、余計なことができなかったということでもありますね。なぜできなかったんでしょうか。

水野　イギリスで貨幣が中央銀行の紙幣として使われるようになったのは、南海泡沫事件の前にイングランド銀行が設立された時です。当時、政府や中央銀行が国民生活を安定させるために経済をコントロールするという考えはありませんでした。経済学の主流はレッセフェールでした。アダム・スミスは、絶対君主が行っていた重商主義的政策を批判し、臣民を自由な国民にするために、政府の介入を排除することを目的とした経済学を提唱しました。

当時、絶対君主は輸出には補助金を出し、輸入には関税をかけるなどの政策を行っていました。その差額が貿易黒字となり、金がどんどん国庫に流れ込む。アダム・スミスは「そんな政策では国民は豊かになれない」として重商主義を批判しました。それが、「政府は余計なことをするな、民間のことは民間に任せろ」という考え方につながりました。そのため、中央銀行も積極的に経済の変動を平準化するという大義名分を持っていなかったんです。

†過剰生産と恐慌のメカニズム

島田 金利を操作できる公定歩合のような考え方、制度が生まれてきたのはいつですか。

水野 景気循環をコントロールしようというマクロ政策の考え方が本格的に出てきたのは、ケインズ以後です。マクロ全体の需要と供給を把握するためには国民所得統計が必要で、これは一九三〇年代になってようやくGDPが把握できるようになったことで可能になりました。それによって、物価が上昇する原因が需要超過なのか供給不足なのかが分かるようになったのです。ケインズは初めてマクロ経済政策を提唱しました。ミクロ経済学では、個人の消費行動と企業の生産行動をもとに、均衡価格や均衡生産量、均衡需要量が決まります。だからブームの時も均衡点、恐慌になって生産量が落ちても均衡点で解決ということになります。アービング・フィッシャーの時代まで、市場に任せておけばいいと考えられていたんです。

島田　人間の側は、非常に無力ですね。日本の中世の時代は、天変地異、地震が起きても、神になんとかしてくれと祈る以外手段がなかったというのと同じような状態ですね。

水野　大恐慌が起きた一九三〇年代には、失業率が三割近くに達しました。当時は失業保険もなかったため、三割の人々が明日生きられるかどうかという危機に直面していました。新古典派経済学が主流だった頃、アービング・フィッシャーは「賃金を下げれば明日でも仕事ができる」と言いましたが、みんなすでに最低賃金で働いていたため、これ以上賃金を下げることは不可能でした。

最低賃金で働く人々が多数存在し、彼らが生命の危機に直面する中、国が介入してダム建設などの公共事業を行い、職を提供して賃金を支払い、生活を維持できるようにした。そこから積極財政政策が登場し、大恐慌の際には金利を引き下げるという手段が取られました。それ以前には、金利を操作してブームを抑えるという発想はなかったんです。

島田　マルクスは、大恐慌が起こることを予言したと捉えていいんですか。

水野　いいと思います。『資本論』にも少し触れられていますが、『共産党宣言』には恐慌が起きることが書かれています。恐慌が起きるメカニズムはブルジョアの過剰生産です。過剰生産が起きると資本を全部処理しなきゃいけない。それが嫌だったら、植民地主義で新しい市場を作っていかなければいけない。選択肢はその二つしかありません。資本家は当然資本を廃棄するのは嫌ですから、植民地主義でどんどん新しい市場を作る。でも結局は大きな過剰生産を招くことになります。ブルジョアジーは自分たちの墓を掘っている。そこから資本主義が崩壊すると。

島田 過剰生産がどういう形で出てくるのか、マルクスの考えはどうだったんですか。

水野 マルクスは、企業は生産のために生産するのであって、消費者のために生産しているのではないと言っています。過剰生産は、本当は過剰投資だと思います。投資は思惑が入っていますから、チャンセラーが言うように、「投機とは失敗に終わった投資であり、投資とは成功を収めた投機だ」ということです。資本家は、事前にはそれが「過剰」だとは考えていません。

しかし、欲望が「過剰」生産を引き起こし、結果的に恐慌となります。例えば、鉄道のレールを敷いたり、大型の観光船を大量に作ったりといったことです。マルクスの時代は鉄道と運河の時代でしたが、個々の企業は競争に勝つためには、ライバル企業よりも生産能力を高めることで固定費を削減し、生産コストを下げる必要がありました。経営者は自社が負けるとは思わないですから、すべての企業が生産量を増やそうとします。しかし、必ず需要をオーバーする事態が生じ、競争に敗れると市場から排除されることになります。最終的に、独占に向かうことになります。

一九世紀の過当競争は過剰生産に行き着き、マルクスはブルジョアジー自身がその結果として倒れると考えていました。

島田　資本家はどう考えてたんですか。過剰生産になったらまずいという意識はなかったんですよね。

水野　市場経済とは競争を前提にしていますので、協調できません。協調するにはカルテルを作らなければいけないけど、完全競争を阻害するからできない。だから資本家たちは、ライバルよりも大きな生産能力を持ち、市場シェアを少しでも高めようとします。ライバルが市場から撤退すれば、独占的な利益を得られるわけです。利潤の追求が資本家の最大の目標であり、マックス・ウェーバーは「今日の資本主義的経済組織は既成の巨大な秩序界（コスモス）であって、個々人は生まれながらにしてその中に入りこむのだし、個々人にとっては事実上、その中で生きなければならぬ変革しがたい鉄の檻として与えられている」と言っています。近代になって資本主義が中世の聖書にとって代わったということです。

生産は消費者のためにするのではなく、自己目的化して生産のために生産する。消費者の方は、人間の数を増やすことを自己目的にして生活しているわけではないし、一日三食を四食にしたいとは思っていませんので、必ずブレーキがかかって需要と供給の均衡が崩れます。

島田　どんどん生産していっても、結局それが消費されない、買い手がいないという状況が生まれる。結局、その先に恐慌が起こるということですね。

水野　恐慌が起きると、資本家が損するじゃないかと思われますね。もちろん損する資本家もいますけど、ギリギリ生存できた企業は翌年からリストラができる。恐慌で利益が減ったので従業員に対して、「ちょっと今年我慢してください。賃上げどころじゃありません。賃下げです」という。次の年に利益が出ても「まだまだ一年前のあの大変さは忘れちゃいけません。来年儲かるまで我慢してください」と。言われた労働組合もそうかなと思う。

すでにこうしたことは『資本論』に書かれています。『資本論』を読むと、マルクスの慧眼に本当に驚かされますね。

†マルクスとエンゲルスの観察力

島田　マルクスは、どうやって観察したんでしょうか。相当に詳しく当時の産業のあり方を研究しているように思えますが。

水野　エンゲルスの協力が大きかったと思います。エンゲルスの父が資本家で、紡績工場を経営していました。エンゲルスは工場労働者の生活の苦しさなどを身近に見てきたのでしょうし、賃金表を見せてもらっていたんじゃないでしょうか。

島田　エンゲルスが書いたものを元にして書いている部分は、たしかにかなりありますよね。

水野　エンゲルスは、能力的にはマルクスにかなわない。でも、多分材料をたくさん提供しています。エンゲルス自身が裕福な家庭に育ったため、マルクスに仕送りをすることもできました。そして父親が経営する紡績工場では、実際には労働者が一〇時間働いているのに、五時間分の賃金しか払っていないことを理解していたと思います。

島田　エンゲルスの方は、何を考えていたんですか。

水野　資本家の家庭に生まれたからこそ、労働者の悲惨な状況をより強く感じていたはずです。だから貧しい人々の味方になろうとしたのでしょう。ケインズも結論を述べる際に根拠を書いていないことが多いのですが、これは天才たちが直感的に理解していたからかもしれません。

島田　資本の声を聞くことができたということですか。

水野　高いアンテナがあって、人格のない資本の声を常にマルクスは受け取っていた。それくらいのテレパシーがあるのではないですか。ロンドンは、世界中の情報が入ってきます。プロイセンの公安警察が常にマルクスを見張ってたらしいです。それぐらい危険人物だということは、イギリスでマルクスに対してシンパシーを感じる人がいて、「実はこうですよ」とかそういう声がどんどん入ってくる。

島田　今的に言えば、人間ＡＩみたいな？　分析する力を唯一持ってたんですか。

水野　シェイクスピアも同様に、彼が『ヴェニスの商人』を書いた時、実際にイタリアに行ったことがなくても、ロンドンが世界の情報の中心地であり、さまざまな情報が集まってきました。彼の感度が高かったため、周りの情報を集めて作品を作り上げることができた。マルクスもシェイクスピアと同じように、情報を集めて分析し、それを『資本論』に反映させたのだと思います。

島田 シェイクスピアとマルクスは、立場的に同じような存在なんですね。マルクスの『資本論』も、さまざまな人々が関わって訂正や情報提供をしていたようですね。

水野 そうですね。『経済学・哲学草稿』は一九三〇年代に発掘され、後世の人々がそれを本にしましたが、これはもともとマルクスが備忘録として書いていたものでした。また、『資本論』の第二巻、第三巻はエンゲルスが編集しています。リアルタイムで情報提供をしてくれた人々や、マルクスの弟子たちが彼の手書きの備忘録をまとめ、本にしてくれた。マルクスは、貧困に対する神様的な存在だったのかもしれません。

島田 マルクスを通してしか、この世界の仕組みを理解することができない。資本主義が強い力を持つようになった世界を理解することはできないと、周りの人たちも考えた。

水野 そうですよね。一九世紀のイギリスは世界の情報が集まる中心地であり、その中でマルクスにシンパシーを感じていた人々がいたのでしょう。彼らは、「これじゃいけない」と考え、情報を提供していたのだと思います。

島田　工場の話でも、剰余価値を生み出すために六時間労働を倍にして、その倍にした部分で儲けるという、あまりにも図式が単純で最初はよくわからなかったんです。労働時間の長さだけで資本家が儲けるのは、すごいなと。

水野　六時間とか五時間は、今で言う二〇〇〇キロカロリーを必要にする賃金です。

島田　六時間労働なら、自分を再生産、維持していくことはできるけれど、資本家はそれでは自分にとっての利益が生まれないので、さらに六時間働かせてそこから上がるものを自分の利益にする。それが剰余価値である。

水野　今で言うサービス残業と同じですね。二〇世紀になってもやっていました。私が働いていた一九八〇年代、月一〇〇時間はゆうに残業しているのに、課長から月二〇時間までしか申請しないようにと指導が入りました。月八〇時間はサービス残業で資本家の利益になっていました。さらに驚いたのは二〇一一年に内閣府に行ったら、役所の世界ではまだ残業規制が入っていました。官僚は、サービス残業分は天下りで回収するのでしょうが、民間はそうはいきません。

島田　大学を卒業して就職する時点までに、教育を受けている期間がある。その上に企業での労働が成り立っているとすると、そこを資本家は剰余価値として使っているという考え方も成り立ちますね。「君はここまで自力で教育を受けてきたんだから、その分の教育費は払うよ」

とは、企業は言わないですね。

水野　家計負担、親の負担になっている。

島田　資本家に使われるために、教育を自分で受けている形になっています。

水野　私もそうですけど、地方から一九歳になって東京に出てきて四年間、すぐに卒業できなくて七年ぐらい大学にいて、帰れば地方に所得が落ちますが、結局東京の企業で働いている。企業は一八歳までの教育費を親に払ってくれたかというと、払ってくれない。だから、みんな持ち出しです。

島田　当時のイギリスの労働者は、そういう教育を受けてないからそこまで費用がかかってない。一〇歳くらいで、すでに働いていたりします。二歳で労働している話も出てきた気がします。

水野　今の方がひどいかもしれないですね。高校に九九パーセントの人が行ってるんだから、国が無償化すべきです。自治体が学費の補助をやっているから、住む場所によって受けられる教育が違ってきます。

島田　企業は、新入社員の家庭に一〇〇〇万ぐらいのお金を支払うべきですよね。

水野　賛成です。企業は二二歳で採用したら、二二年間分の半分の教育費は教育税として国が徴収して、それを家計に戻せばいいのです。それぐらいのことをしないのであれば、一八──一九世紀の児童労働とあまり変わりません。

†ケインズ理論の功績と限界

島田　世界恐慌とケインズが結びつけられていて、公共政策の重要性をケインズが説いたということになっていますが、本当にそうなんですか。

水野　ケインズは一九三六年の『一般理論』で大恐慌の原因を需要不足にあると診断し、有効需要を政府がつくり出すよう提案しました。しかし、ニューヨークダウが二九年につけた高値を超えたのは、一九五四年一一月です。取り戻すのに二五年かかっています。ルーズベルトはケインズ政策を先取りしたニューディール政策、たとえば、ＴＶＡダムとか高速道路など積極財政政策を実施したのですが、それだけでは不十分で、株価は回復しないし、経済も一旦盛り返してもまた落ち込みました。やはりバブルの深刻さをアメリカ政府が認識できなかったということで、二番底になっていくんです。

最終的には戦争がこの問題を解決しました。不謹慎に聞こえるかもしれませんが、戦争も一種の公共投資として機能する側面があります。一九二〇年代から三〇年代にかけての米国政府は、バブルの存在やその崩壊の深刻さを十分に理解していなかった。もし理解していたなら、戦争以外のもっと大規模な公共投資が行われていたかもしれません。

このことから学べる教訓は、バブルを作ったらもう勝負ありだということです。バブルはわからないうちにはじける。三割下がってもバブルじゃないとリーマンショック後に当時のFRB議長だったバーナンキは言うのですから、バブル崩壊の敗戦は防ぎようがない。バブルを生み出さないためには、金融政策で金利を上げればいいし、通貨供給量を抑制したり、国債を売却して市場から現金を引き上げたりすることが重要です。

島田　予防的な対策はとれるということですね。それとケインズは関係するんですか。

水野　ケインズは有効需要理論ですから、金融政策はその中に入ってません。金融政策は効果が出るのに時間がかかります。財政政策はすぐに実行に移せて、例えば工事を始めればその日から所得が発生し、有効需要を生み出すことができます。これに対して、金融政策は失業者にもそうでない人にも広く影響を及ぼします。ですから、バブル崩壊後にはケインズの有効需要理論が有効ですが、最も重要なのは事前にバブルを防ぐための金融政策だと思います。

島田　ケインズの『一般理論』はよくわからない本で、私も読もうと思って読めなかったんですが、ケインズは基本的にどういう考え方をしていた人ですか。

水野　ある先生にケインズの『一般理論』は日本語が難しいですよねと言ったら、その先生は「いや、英語で読むともっとわからない」と。ケインズは英文も悪文だということです。

島田　わかりやすい英語で書かれていれば、どなたかがちゃんと日本語にできると思うんですよね。ケインズってどういう人だったんですか。

水野 マルクスは周りに、エンゲルスの他にも支援者がいました。ケインズはもっとすごくて、当時のケンブリッジの倫理学の先生とか、芸術の先生とかいろんな人が集まる「ブルームズベリー・グループ」に参加して議論しています。あらゆるジャンルの本、数学も駆使して確率論まで書いています。大蔵省の試験で二番だったそうです。ケインズ自身は芸術家になりたかったのですが、なれなかった。

ケインズの考え方によると、人間の仕事は序列的に分かれており、クリエイティブな仕事、つまり芸術家が最上位に位置します。次に科学者、たとえばニュートンのような人物がいます。芸術家は直感を通じて善に至るとされます。道徳的な善、つまり良い行いをすることに至るというのです。しかし、自然法則を発見する科学者は、必ずしも良き行いに結びつくわけではありません。原子爆弾を作ったりしますから。そして三番目が実業家で、最も下位に位置します。労働者はどうなるんだと思いますけど（笑）。

ケインズは、実業家たちは本当は芸術家になりたかったけど、それが叶わなかった悔しさからお金儲けに邁進すると考えていました。彼は、貨幣愛は企業家の鎮静剤だと言っています。貨幣愛は際限がなく、一種の病気だと見ていました。つまり、ビリオネアは精神的に病んでいる病人とみなされるわけです。企業家にとって、貨幣はアヘンのような存在だったということです。

島田　ケインズは自身も投資家じゃないですか。

水野　投資家なのですが、儲けたお金は劇場を作るなど、すべて還元していました。

島田　メディチ家みたいなことをやってるんですね。

水野　大負けもするんですけど、最終的には大勝ちして、劇場を作ったり、アーツカウンシルなんかを作ったりしています。貧しい画家を直接支援すると彼らに引け目を感じさせてしまうので、ケインズは画廊に行って「この作品はすごい」と評価し、たとえば一〇〇円の作品を一万円で買うことで、画家に自信をつけさせ、生活も支援していました。彼には、そうした貴族的な一面があり、善き行動を自ら実践していました。

†ケインズが予言したゼロ金利社会

水野　ケインズの予見力に驚かされるのは、「一〇〇年後には、経済学者は歯医者のような存在になるだろう」と書いている点です。最初はその意味がわかりにくいかもしれませんが、行間を読むと、一九三〇年代の彼は「私は今、心臓外科医として緊急の処置をしているのだ」と考えていたのだと思います。つまり、今まさに死にそうな人を救うために、『一般理論』で有効需要を生み出す政策提言を行ったということです。しかし、一〇〇年後には経済は世の中の中心問題ではなくなっている、と彼は予測していました。虫歯で命を落とす人はまずいませんが、虫歯があればおいしい食事を楽しめない。ケインズは労働よりも自由時間を大切にしており、歯医者のような存在がその自由時間を支える役割を果たすと考えたのです。

ケインズはまた、「重大な戦争と顕著な人口増加がない限り、経済問題は一〇〇年以内に解決されるか、少なくとも解決の目処が立つだろう」と述べています。現代の先進国では多くが出生率二・〇を下回っており、第三次世界大戦もまだ起きていません。

一方、マルクスの時代には経済が下部構造であり、政治や文化を決定していた。ケインズはそれを意識しながら、一〇〇年後に経済がこの土台から外れると考え、「心臓外科医ではなく、歯医者のような存在になる」と予言したのでしょう。歯医者は町の一部として人々の健康を維持し、経済学も人間の生死を左右するような学問であってはならないと、一九三〇年の論文で述べています。

島田　どういう道筋をたどって、心臓外科医が歯医者になるのでしょうか。

水野　まず、一〇〇年後にはみんなゼロ金利になるだろう。

島田　それを、ケインズは予言しているんですか。

水野　予言しています。ただし、彼がその根拠を明示していないのです。もしかしたら私が見落としているのかもしれませんが、ケインズにはもちろん根拠が頭の中にあったはずです。ただ、それを明かさない。天才は往々にしてそういうものです。

　私のような人間だと、根拠をしっかりと示さなければなりません。そうでないと、質問攻めにあったり、「いい加減なことを言っている」と批判されてしまいます。ケインズが言ったことに関しては誰も「いい加減だ」とは言わない。彼が言うなら、それに間違いはないとみんな思うんです。

　私なりに説明すれば、ゼロ金利の理由は、資本は必ず過剰になるからです。ゼロ金利が実現すると、現在と将来の価値は同じになるため、今日を我慢して明日に期待する必要がなくなります。

島田　昔の定常状態に戻る。

水野　ケインズが言っている「定常状態」というのは、ある意味で経済の最終形態とも言えます。つまり、これ以上資本を増やさなくてもよい状態が訪れるということです。それが一〇〇年後に訪れると、ケインズは一九三〇年の時点で予見していたのです。なぜ一〇〇年後なのか、少し考えさせられますよね。ゼロ金利がその兆しであり、現在が最も豊かな生活を送っているという証しでもあります。「まだ満足できない」という人は、ケインズに言わせれば「貨幣愛病」にかかっているのです。

　ゼロ金利社会になると、明日のことなどまったく気にかけないような社会が訪れるとケインズは述べています。

島田　一九三〇年から三一年にそれを言ったわけですから、もうすぐですね。

水野　はい、もうすぐです。日本は先進国の中で最初にゼロ金利に突入した国となり、ケインズの予測がかなり当たっています。現在、日本の一〇年国債利回りは一・〇％以下ですから、実質的にゼロ金利状態です。土地は人間が作れないため、土地の収益性よりも過剰になった資本の収益性の方が低くなる。これによって資本の希少性が失われ、ケインズが言う「資本家の安楽死」が起こるのです。ケインズは、資本主義は過渡的な現象だと見ていました。

ケインズの解説をしている有名な宇沢弘文《うざわひろふみ》先生が、「ゼロ金利というのは、流血を伴わない社会改革だ。」と訳しています。資本家は資本を持っているがゆえに働かなくていい。当時の資本家は利子収入です。イギリスの貴族が、囲い込み運動で土地を工場主に売ってイギリス国債を買うのが当時の資本家です。国債の利息だけで優雅な生活ができる人たちです。でもゼロ金利になると、革命をしなくても血を流さなくても、資本家は「安楽死」します。

島田　ケインズは労働時間についても予言してますね。

水野　一週一五時間労働で必要なものが全部供給できるようになると言ってます。現在、日本では週四〇時間、残業を含めれば五〇〜六〇時間ほど働いてますから、働きすぎですね。ケインズは、労働時間を減らして自由時間を増やすことが人間にとっては望ましいことだと言っています。

ただ、人間の原罪として、人間は常に働かなきゃいけないように訓練されていることをケインズは懸念しています。急に自由時間が多くなったからといって、その時間を自由に使えるのかと。人間は心配性でゼロ金利になってもやっぱり相変わらず働いてるのではないのか。まさに今の日本のことを言っていますね。

島田　世界中そうです。

水野　ゼロ金利になっても、定年を延長してもっと働けと言われるんですからね。

島田　武者小路《むしやのこうじ》実篤《さねあつ》という小説家が、「新しき村」というコミューンを作りました。大正時代に宮崎県に作るんです。武者小路は都会のボンボン、貴族だから、土地の農民に騙されて、水の来ない土地を買わされてしまう。景色はすごくいいんですが、水が来なくて農業には適さないわけですから、村はなかなか自立できない。武者小路は、最初はその村に住んでいたんですが、村を維持する費用が必要なので、そこを離れて東京に戻り、原稿料を稼いで村の維持のために使うということをやった。

その新しき村には「義務労働」という考え方があって、一日ある程度の時間働いたら、あとは自分たちの好きなことをする。新しき村には、武者小路の影響があって、芸術志向の人たちが来るので、そうした考え方が生まれたんですね。その後、宮崎の方も続きますが、大部分のメンバーは戦時中に埼玉に移る。そして、戦後になって養鶏を取り入れることで、村はようやく経済的に自立できるようになりました。

そしたら、どんどん新しく村に人が来るかというと逆で、あまり来なくなった。義務労働さえすればあとは自由という環境を作ったけれど、それを多くの人が望まなかった。戦後ですから、経済が大きく成長していたわけで、村に行かなくても、自由な生活ができるようになったということかもしれません。

第一一章

戦後の経済成長

†第一次世界大戦の意味

島田　今回のテーマは第二次世界大戦後の経済発展、経済成長です。日本では高度経済成長という時代が訪れましたが、戦後は日本に限らず先進国では経済成長が起こりました。どうしてそういう現象が起こったのか、第一次世界大戦に遡《さかのぼ》って考えようと思います。

戦争と経済は密接な関係を持っていて、戦争によって時代が大きく変わっていきます。日本の場合も、近世が始まる前の時点で戦国時代があり、最終的に江戸幕府が成立します。江戸幕府というのは非常にユニークな政権で、各地にいる大名たちは直接土地を支配してるわけではない。幕府から一定の石高の領地が与えられてはいましたけれど、簡単に配置替えをされてしまった。つまり、藩主は藩の土地の所有者ではなかったわけです。

こうした江戸幕府の体制は、世界的にも珍しいのではないかと思います。幕府はそれによって巨大な権力を持った。その意味を考えてみるのもなかなか面白いとは思うんですが、ここでは第一次世界大戦と第二次世界大戦によって世界の経済がどのように変容したのか、それを考えようと思います。

まずは第一次世界大戦の意味を、水野さんはどのようにお考えでしょうか。

水野　第一次世界大戦は、国民国家が帝国に引導を渡した戦争だったと思います。ウィルソン米大統領が「一四カ条の平和原則」を打ち出し、第五条で「民族自決」を提唱したのが、その象徴です。その結果、オーストリア＝ハンガリー帝国やトルコ帝国が解体しました。オランダ八〇年戦争でオランダがスペイン帝国から独立して国民国家が誕生し、およそ三〇〇年間帝国と国民国家の闘いが続いていたのですが、第一次世界大戦で決着がついたことになります。オランダやイギリスのような小国が、スペインのような巨大な帝国に挑み続けた結果、第一次世界大戦で、帝国と国民国家の闘いに一応決着をつけたかたちです。

ここでいう帝国とは「公式の帝国」のことで、ドイツ帝国、オーストリア＝ハンガリー帝国、ロマノフ王朝、それからトルコ帝国（オスマン帝国）ですね。この四大帝国が崩壊して、一応、「公式の」帝国に対する国民国家の勝利となったわけです。

さらに第二次世界大戦では、かつての宗主国オーストリアを併合したドイツが再び挑戦しましたが、ドイツ第三帝国も敗北し、二〇世紀は名実ともに国民国家の時代となりました。

島田　それは、国民国家の勝利と言っていいわけですか。

水野　帝国が消滅した以上、その勝利と見なしていいと思います。「長い一六世紀」における陸の国（帝国）と海の国（国民国家）の戦いでは、最終的に海の国が勝利しましたが、経済力などの面では依然として陸の国が強かった。しかし、時代は「大航海時代」となり、陸の国が世界帝国を目指すにはその領域が広すぎました。一方で、地中海で活躍するヴェネチア共和国は規模が小さすぎたため、「海の時代」にはオランダやイギリスのような中規模のサイズの国が適していたのです。

島田 国民国家が帝国と直接に戦ったわけではないですよね。国民国家というイデオロギーが帝国と争って、結果的に帝国が消滅したということですか。

水野 第一次世界大戦の連合国であるイギリス、フランス、アメリカは、いずれも国民国家の立場を標榜していたため、結果的に国民国家が帝国を消滅させたと言えます。ウィルソンの「民族自決宣言」により、敗戦国の帝国が解体され、その支配下にあった国々が独立していきました。しかし、イギリスやフランスの植民地はこの時点で解放されず、インドやアルジェリアが独立を果たしたのは、第二次世界大戦後になってからのことですから、ダブルスタンダードではありますすね。

†帝国の三要素

島田 水野さんの枠組みでは、公式の帝国に対して「非公式の帝国」という概念があります。

水野 イデオロギーではなく、普遍的な価値観を共有している前提で成立しているのが世界秩序です。しかし、それがなかなか実現できないため、国際秩序で世界平和を維持しようとします。価値観はお互いに違いますが、さまざまな規則を作り、世界平和を実現しましょうという考え方です。国民国家体制では、バラバラでは国際秩序を維持できないので、一番強大な国を「非公式の帝国」と認めましょう、つまりアメリカが世界の警察官を務めましょうということになっています。

島田　覇権国家と非公式の帝国は違うんですか。

水野　帝国と覇権国の定義はいろいろあって、統一的な定義はありません。最近の注目すべき理論は、アメリカの政治学者マイケル・ドイルの帝国理論です。これは帝国を通時的な概念で捉えることによって古代、中世、近代のどの時代においても共通する「帝国」の特性を抽出しようとするものです。ドイルは「覇権国家は、外交だけに影響を行使できるが、帝国は外交のみならず内政にも影響力を行使する」と規定しています。

覇権国は外交政策だけに影響を与えます。たとえば「戦争しろ」とか「一緒に戦争しよう」という要求は、相手国は拒否しづらい。次に「覇権国は必ず帝国を目指す」と言います。戦争は一〇年に一度程度しか起こらないため、覇権国はその影響力を十分に行使できません。でも内政に干渉できれば、特に金融市場に影響力を行使できれば、帝国は頻繁に影響力を行使することができます。実際「労働規制を緩和しよう」とか「金融の自由化をしろ」といったアメリカからの要求を日本はすべて受け入れてきました。内政に干渉して、相手国が「ノー」と言えない状態にすることができるのが帝国の特徴です。

覇権国でとどまることは、やがて我慢できなくなります。やはり帝国になりたいという欲求が出てくる。それはローマ帝国以来の概念であり、内政まで含めてあらゆるものを支配したいという願望です。

島田 帝国は、経済を拡大していくための手っ取り早い手段でした。

水野 内政はほとんど経済に直結してますからね。国民国家システムは、理論上あらゆる国家が平等ですから、公式の帝国はありえません。そこでマイケル・ドイルはじめ多くの国際政治学者は「非公式の帝国」という概念を持ち出すわけです。

帝国には三つの要素があります。まず第一に、強力な中心が存在することです。第二に、抵抗力の弱い周辺が存在することです。

三番目に、中心と周辺を結びつけるイデオロギーや諸装置が必要です。覇権国であれば軍事力だけで事足りますが、帝国の場合はイデオロギーで結びつかなければなりません。最近ではグローバリゼーションがその役割を果たしており、その前は民主主義やリベラル・デモクラシー、自由と平等といった理念が用いられてきました。古代ローマでも同様で、皆がローマのような豊かな生活を望みました。中世においても、キリスト教徒になって天国に行きたいという願いが広がっていました。一九世紀にはイギリスが非公式の帝国として、いわゆるパクス・ブリタニカの時代を築きました。

第一次世界大戦で帝国と国民国家の戦争に決着がついたかと思いきや、すぐに非公式のアメリカ帝国が出現し、さらにはソビエト帝国も登場しました。マルクス経済学者で歴史学者でもあるリヒトハイムは『帝国主義』という本の中で「人類史上、帝国主義に免疫性のある社会経済構成体などは存在しない」と述べていますが、これは非常に的を射た言葉だと感じます。

島田　レーニンっぽいですね。

水野　アレキサンダー大王やローマ帝国の時代には、他の帝国と接触することはほとんどありませんでした。ローマは世界帝国であり、中国もまた世界帝国を名乗ることができました。しかし、産業革命以降、大航海時代を経て大西洋が蒸気船によって事実上つながり、東西が接触するようになりました。これを避けたいがために「ベルリンの壁」のような壁を作り、接触を遮断しようとした。しかし、結局はアメリカが自由主義というイデオロギーで世界を結びつけ、決着がついたはずの闘いが再び繰り返されることになったわけです。

†社会主義が負けたのはなぜか

島田　第一次世界大戦と第二次世界大戦は連動していますよね。マルクスは『資本論』の中で、「機械は誰も幸福にしない」と明言しています。それは工場とそこでの労働について言ってるわけですけれど、兵器に関しても同じです。機械が戦争に用いられることによって、世界大戦が起こったんではないでしょうか。

水野　前に話したこととも重なりますが、やはり火力の問題が大きいです。化石燃料を使って大砲を遠くに飛ばす力が機械の力です。木炭だけではこのようなことはできません。木炭で動く戦車では途中で動かなくなってしまいます。化石燃料を使った機械、特に内燃機関の発明は戦争にも非常に大きな影響を与えました。薪を燃料とする経済では、戦争を行うたびに国土全体を森林にしなければならず、住む場所がなくなってしまうため限界があります。

しかし、地下に化石燃料が発見されたことで、これが大きく変わりました。当時は、化石燃料は無尽蔵にあると考えられており、それを使って火力を最大限に活用し、大きな大砲やロケットを作ることが戦争での勝利の鍵となりました。ですから産業革命以降、戦争の様相も大きく変わっていったわけです。

島田　機械が戦争に大幅に採り入れられ、被害が飛躍的に大きくなっていく。第一次世界大戦では、大量生産された兵器によって総力戦となりました。総力戦だからこそ、負けた旧帝国の消滅が起こる。イギリスの没落も進んでいく。さらにロシアでは革命が起こり、ソビエトが誕生しました。水野さんは社会主義をどのように捉えているんですか。

水野　資本主義陣営も社会主義陣営も、それぞれの方法で最終的には「自由と平等」を実現すると主張していました。旗印は同じですが、所有権を重視して市場経済を通じて達成しようとする西側と、所有権を一旦廃止し計画経済で実現しようとする東側とに分かれてイデオロギー闘争を展開したのが二〇世紀です。

社会主義は根本的な矛盾を抱えていると思います。自由を獲得するために、一旦所有権を国家に移し、その上で最終的に自由が実現するというのが社会主義だと思います。所有は自由の関数ですから、所有を認めないというのは自由を失うことになります。国家に所有を移すというのは、実際は共産党幹部（ノーメンクラトゥーラ）の自由が極大化するということになります。自由を手に入れたノーメンクラトゥーラは自由を手放すはずがないと思います。それは裏を返せば、立場の弱い人ほど自由を失っていくということを意味します。

結局、ソビエトが負けたわけですが、ソビエトが敗北した理由について、私が最も納得したのは、ソビエトは世界の石油の三割程度しか支配しておらず、西側陣営は七割を支配していたということです。東西両陣営は冷戦状態にあり、軍備を拡張し続けなければならなかったのですが、石油を十分に確保できなかったソビエトは、軍備を増強するために民生品に回せるエネルギーが不足した。アメリカの大統領とソビエトの書記長が対談した時、アメリカ側は民生品の豊かさを自慢し、ソビエト側はミサイルを誇っていました。

世界の七割の石油を持っているアメリカを筆頭とした西側は、民生品を多く生産でき、国民を満足させることができました。さらにアメリカは軍事力も十分で、七つの空母打撃群（実際は第二から第七までの六つの打撃群）を持っています。最終的に決着がついたのは、九一年のソビエト解体の時です。その前にエマニュエル・トッドが「七〇年代半ばにソビエトだけが乳児死亡率が上昇している」と書いており、これは非常に示唆的でした。他の先進国は乳児死亡率が低下している。戦車やミサイルにエネルギーを優先して使っていたため、粉ミルクを生産するためのエネルギーが不足していたわけです。

ソビエトでは、赤ちゃんを産んだお母さんたちの「自由と平等」がまったく実現されなかった。国民の中で最も立場の弱い人々の自由が損なわれていたんです。その結果、ソビエト共産党に対する支持が低下し、ゴルバチョフでは不十分とされ、さらに悪化した状況の中でエリツィンが選ばれるという、危機に陥った国家でよく見られるパターンが見られました。国家が危機に陥った時、現行のリーダーでは不足だとされ、リーダーを交代させるものの、結果的により悪いリーダーが選ばれてしまうというのは、九〇年代の日本でも同様でした。

島田　日本はもう選ぶ人がいなくなっていますが、石油の確保の成否が、冷戦を最終的に終わらせることに一番結びついた。

水野　産業革命は化石燃料を支配した国がリーダーとなります。セブンメジャーといわれる国際石油資本は米国資本が五社、イギリス資本が一社、オランダ資本が一社です。「海の国」の創成期にオランダ、そして一八世紀から一九世紀にかけての大英帝国、そして二〇世紀のアメリカがそれぞれ「非公式」の帝国となっています。

†ドイツ処理の失敗

島田　第一次世界大戦で、一番負けた国がドイツで、多額の賠償金が課せられました。これに対してケインズが、「あまりに多額の賠償金を課すのはよくない」と言った。この考え方はどうですか。

水野　ケインズは本当に先見の明がありました。第一次世界大戦でも第二次世界大戦でも、ケインズは今で言う大蔵省の代表を務めていました。彼は一九一九年のパリ講和条約の際に、「過大な賠償を課すと、ヨーロッパ全体が共倒れになる」と警告しました。彼は、イギリスを除いたヨーロッパを一つの統一体として捉えていたのでしょうね。頭の中にはフランク王国のイメージがあったのかもしれません。彼は、ドイツに過大な賠償金を課して屈服させると、戦勝国であるフランスやイタリアもいずれ共倒れするだろうと反対しました。そして、その予見は的中しました。

ドイツはその後、ワイマール共和国からナチス政権に至った。イタリアもドイツ陣営に加わり、第二次世界大戦を招く結果となりました。ケインズが一九一九年に述べた発言は、どこまでがヨーロッパであるかという視点を持っていたことを示しています。

「ヨーロッパとは何か」という問題は、学者によってさまざまな議論がありますが、地理的に考える人だと、フランク王国がヨーロッパの中心とされ、そこには現在のドイツ、フランス、イタリア、スペインの一部が含まれます。フランクは「自由」という意味を持つらしいです。

島田 十字軍の時代に、攻撃されたアラブの側は、自分たちを攻めてきたのは「フランク」だと考えていたんです。

水野 アラブの人は、フランクという一つの集団が攻めてきたと思っていたんですか？

島田 そう。野蛮なフランクが攻めてきたと、当時は考えていた。最初は、「こいつらは何しに来るんだろうか」みたいな感じでした。意図がわからなかった。ところが、進軍してくるあいだに情報が伝わってきて、エルサレムを奪還することが目的だとわかるんです。ただ、キリスト教徒が攻めてきたという認識ではなくて、あくまでフランクが攻めてきたととらえていたんですね。

水野 彼らはフランクを統一体として見ていたわけですね。カール大帝の後、彼の子供たちが三つの国に分割し、神聖ローマ帝国に至るまでさまざまな分裂がありましたが、もともとは一つの統一体だった。その意識が、一般の人々に「我々はヨーロッパだ」という認識を持たせたのだと思います。神話の世界では、ギリシャの時代からヨーロッパという概念がありますが、それはエリート層だけのものでした。

島田　ヨーロッパは、王朝の間で通婚が繰り返されてきましたね。必ずしも自国の人間が王になるわけではなくて、他の国から来たりした。王がその国の言葉を話せないということさえあったわけです。

水野　イギリスにも、オランダの人が来ますね。

島田　そうですね。ロマノフ王朝もイギリスの王室と姻戚関係があって、今のイギリス王室のメンバーがロマノフ王朝を再建しても不思議ではない。そういう関係性がある。

水野　西の境界線はドーバー海峡で、イギリスはヨーロッパとは異なる存在とされています。東の境界線はウラル山脈です。中国の元が攻めてくる際にはウラル山脈を越えますが、ロシア人が最初の抵抗勢力となり、時には敗北することもありますが、最初に戦ってくれる。そのため、ヨーロッパにとっては、ウクライナが防衛線を張ってくれる仲間と見なされます。だから、ロシアはなかなか一つになれない。モスクワの人たちはみんなヨーロッパを向いているし、シベリアの人たちは「自分たちはロシア人」という意識があるのかどうか。

島田　イギリスがヨーロッパに含まれないということは、マルクスやケインズのものの見方に影響しているかもしれないですね。フランクの伝統があるヨーロッパの中にいると、ヨーロッパを相対化できないけれど、イギリスだとそれができる。

†帝国理論から見る第二次世界大戦

島田　話を戻すと、第一次世界大戦後に、ヨーロッパ全体がドイツいじめに徹したことで、ナチスが生まれ、大変なことになった。それが第二次世界大戦につながるとすると、ケインズはそれを予言していたことになるんですかね。

水野　そういうことです。ヨーロッパはもともと一つなんだから、過大な賠償金を課すと共倒れする。勝利国であるフランスやイタリアだって、自らの破壊を招くと言ってます。

島田　ヨーロッパは、そういう声を聞かなかった。

水野　経済政策では大きな政府路線で古典派経済学に勝利するのですが、それ以外はケインズはいつも論争で負けています。第一次世界大戦でも、こんな賠償金じゃダメだと言って、辞表を叩きつけてイギリス大蔵省の代表団をやめる。第二次世界大戦後、ブレトン・ウッズ会議にイギリス代表として参加して、「バンコール」という国際通貨の創設を提案しました。ただ、アメリカの反対により否決され、代わりにドルを基軸通貨とする体制が採用されました。

だけど、その後見るとケインズの言う通りなんです。ドル一極じゃ持たなくなって、ユーロが一つの大きな勢力になっている。天才ケインズに多数派は理解が追いつかないということです。

島田　ケインズが予言したにもかかわらず、第一次世界大戦が第二次世界大戦を呼ぶわけですけど、ここには帝国理論はどう関係しますか。

水野　一九世紀はイギリスがいわゆる非公式的な世界帝国でしたが、第一次世界大戦で疲弊して、アメリカの助けがないと勝てなかった。一九世紀末のボーア戦争に最終的は勝利したものの、大英帝国の凋落を世界に知らしめてしまいました。

イギリスはもう、世界秩序あるいは国際秩序に責任を持つ実力、経済力がない。第一次世界大戦直後、アメリカはそれまで借金国だったのが債権国となり、世界の主役として台頭してきました。しかし、ウィルソンが国際連盟を提案したにもかかわらず、モンロー主義的な考え方が根強いため、自国は国際連盟に参加しなかった。アメリカは国際秩序に責任を持ちたくなかった。これがいわゆる「真空地帯」を生み出し、ナチス・ドイツがその間隙を突いてポーランドに侵攻し、さらには電撃作戦でパリを占領することになったわけです。

世界秩序あるいは国際秩序に責任を持つ主体がしっかりしていれば、ナチスもそのような行動は取れなかったでしょう。帝国論にもつながりますが、国民国家体制でも、一つの中心となる、みんなが認める能力と責任を持つ非公式の帝国が存在しなければ、侵略者が出てきます。

二〇一三年に当時のアメリカのオバマ大統領が「中東では世界の警察官ではない」と発言しました。世界の警察官が一地域で責任を果たさないとなると、他の地域で侵略行為が始まります。例えば、「中東でやらないのなら、クリミアあたりで試してみようか」といった具合に。実際、二〇一四年にロシアがクリミア半島を併合しましたが、その際アメリカはまったく介入しませんでした。これは現在のウクライナ問題にもつながっています。そういう意味で、今起きていることは戦間期に似ているのかもしれません。

†枢軸国の成立背景

島田　日本では軍国主義という流れができて、ドイツと日本とイタリアが枢軸国という形で、第二次世界大戦では連合国と戦う構図になりますが、枢軸国の誕生はどういうことだったのでしょうか。

水野　経済的に見ると、連合国の方はすでに高い生活水準に達してました。たとえばイギリスだったら名誉革命以降、フランスだったらフランス革命以降、二〇〇年、三〇〇年にわたって経済成長を続けてきました。産業革命もイギリスが先駆けて行い、豊かさを享受していました。

枢軸国の三カ国は全部一八七〇年前後に国家統一をして、そこから近代化を始めてます。後発国は、二〇〇年先に豊かになっている国に追いつくために、無理をして走らないといけないので、強権的な、権威主義的な体制を採らざるを得なかった。現代の中国も同じような状況です。

島田　近代の後発国が手を組んだのが枢軸国ということですね。では、日本が戦争に追い込まれた背景は、どのようなものでしょうか？

水野　大きな要因は、エネルギーの確保です。ABCD包囲網（アメリカ、ブリティッシュ、チャイナ、ダッチ：オランダの包囲網）が形成され、アメリカからの石油の購入ができなくなりました。石油供給が止まると、戦車もただの粗大ゴミになってしまいます。日本は中国との戦争も行っていたため、石油の供給が断たれることはまさに生命線を絶たれるような状況でした。

もし対中戦争を行っていなければ、アメリカが石油輸出をストップさせることはなかったでしょう。しかし、日本の発想は悪い方向に働き、アメリカから石油が入手できないなら南方（インドや南方作戦）に進出しようと考えた。悪い方向に一度進むと、さらに悪い方向に進んでしまう。対中戦争をやめて撤退していればよかったのに、そうはしなかった。

島田　靖国神社に遊就館《ゆうしゅうかん》という戦争博物館のようなものがあって、日本と戦争の歴史についていろいろな資料を展示しています。その展示の中では、日本は戦争に行かざるを得なかったと、それを正当化しています。そこでは石油をアメリカに依存していたという話も出ている。にもかかわらずアメリカと戦争するのが、どう考えてもよくわからない。これは愚かなことだったのではないかと、展示を見ながら思ったことがあります。

水野　本当にそうです。私もそこを研究しているわけではないんですが。真珠湾攻撃の後、短期決戦で講和条約を結びたいということだったのですよね。

島田　戦争は必ず楽観視から始まる、というのが法則です。南北戦争も、お互い自分たちがすぐ勝つだろうと思っていた。独ソ戦も同じようなもので、結局泥沼化して殲滅戦《せんめつせん》に行くという道筋をたどった。日本の場合も、最初は勝っていたから、もっと勝てるんではないかという楽観視があって、それが敗北によって難しくなっても、引くに引けなくなり、最後は負けてしまう。

水野　一旦戦争を始めると撤退はありえないってことですね、コテンパンに負けるまで。

†冷戦の帰結

島田　第二次世界大戦で連合国側が枢軸国に勝ったわけで、自由主義イデオロギーの勝利になったわけですが、連合国の中にはソビエトが含まれていて、今度は冷戦が始まる。冷戦が始まった初期の段階、六〇年前後はソ連の経済力は相当に強かった。いわゆるスプートニク・ショックがあり、先に人工衛星を飛ばしたのがソビエトで、アメリカはそれに衝撃を受ける。統制経済であっても、当初はうまくいっていたということですか。

水野　宇宙衛星の打ち上げは一種の軍事活動です。軍事力の面ではソビエトはうまくいっていました。軍事科学技術に集中投資できた結果、九一年までその影響が続き、国民の声に応えられない状態になってしまった。

島田　冷戦は、西と東が軍拡をして結局は軍事力を強化していった。原爆や水爆を競争して増やし、最終的にはソ連が負ける方向に行ったということでしょうか。

水野　レーガン大統領の時代、すでにミサイル競争になっていました。一九八〇年代の米ソ軍拡競争は軍事費の膨張を伴いました。ソビエトが米国に敗れたのは有力な「周辺」をもっていなかったからだと言えます。一方、「非公式」の米帝国には「周辺」国日本の存在がありました。日本は過剰貯蓄を抱えていて、米軍事費増大による米国債の増発分を購入しましたので、米国は安心して軍拡競争に臨むことができました。ソビエトはそれができませんでした。

島田　直接の戦争はしないけど、相手をどうやって疲弊させて負かすことができるかを考える。それが冷戦ですね。

†戦後復興の逆説

島田　第二次世界大戦後、敗戦国であるドイツと日本が驚異的な経済発展を遂げたのは、戦争に負けたことの意味を考えさせられる逆説的な現象ですね。

水野　ドイツも日本とほぼ同じように高い成長を遂げました。敗戦国になると、軍備や戦闘機の製造が禁止されるため、国防費の負担が軽減され、その分を民間投資に回せます。また、戦争で焼け野原となったことで、最新鋭の工場を建設することができました。ただし、お金がないので、外国やＩＭＦなどから借り入れて工場を建設し、まずは輸出をしてドルを稼ぎ、早く返済しなければなりません。これが成功するかどうかが鍵でした。

新しい工場で生産された製品をすべて国内で消費してしまうと、外貨を稼ぐことができず、借金だけが増え、ＩＭＦの管理下に入らざるを得なくなります。これに対して池田勇人《はやと》さんは「貧乏人は麦飯を食え」と言った。本当は「所得の低い人は麦飯を、所得の高い人は白米を」という発言が縮まったのですが、我慢して貯蓄を促し、早期返済を目指そうというメッセージでした。そういうことができる国民だったら、負けてもすぐに回復できます。

一方で、韓国の発展が遅れたのは国防負担が大きかったことが影響しています。朝鮮戦争が休戦状態で続いていたため、韓国は長い間、軍事独裁政権のもとにありましたが、一九八七年にソウルオリンピックの前年に民主化宣言を行いました。この差が、日本と韓国の経済発展の速さの違いとなりました。実際、韓国も民主化後は急速に発展しています。日本は一人あたりのＧＤＰで韓国に抜かれましたが、これは為替の問題も関係しているので、そこまで気にすることはありません。

日本は戦後急発展し、一人あたりのＧＤＰは確か一九六八年にドイツを抜き、八〇年代末になるとアメリカやイギリスも抜きました。戦勝国からは、「なぜ自分たちが勝ったのに、経済的に負けるのか」と八〇年代後半から九〇年代の初めに言われていて、本当にアメリカは対日戦争に勝ったのかという意見が出てくるようになった。

韓国も同じです。韓国も国防費がやや高いですが、民主化して市場に任せ、財閥のサムスンなどが成長して急速に発展しています。貯蓄ができて、現在我慢すれば明日、あさって良くなるという考え方ができる国民なら追いつけるわけです。それができなかったのが南米です。今日楽しまなきゃいけない。明日は明日の風が吹くみたいな。

島田　南米でも今は、カトリックからプロテスタントの福音派とかペンテコステ派に改宗する動きが出ています。

水野　じゃあ、みんな努力するようになりますか。

島田　そういう兆候は出ています。ブラジルでは、リオのカーニバルのような享楽的なものは間違っているとか言い出す人が生まれています。カーニバルもカトリックの信仰から生まれたものですから。

水野　本当ですか。それでローマ教皇が焦ってよく南米に行っているのですか。

島田　そうです。ブラジルでもカトリックはかなり落ちて、代わりにプロテスタントが伸びています。

水野　どうして南米の人たちがそっちに変わるのですか。もともとラテン系の人ですよね。

島田　都市化が進んでいるのではないですか。ＢＲＩＣＫＳと言われているくらい経済が発展してきて、産業構造が変わると、都市化が当然起きます。田舎にいたあいだはカトリックだけど、都市に出てくるとそれから解放される。

水野　規律が、カトリックの方が厳しいですか。

島田　カトリックの方が地域共同体の力が強いんです。その分、都市的ではない。都市化が起こると、新しい宗教に流れるというのが世界的な法則で、日本の場合には、高度経済成長の時代に創価学会などの新宗教が伸びた。韓国の場合は、漢江《ハンガン》の奇跡と言われた時に、ソウルへの一極集中が進み、キリスト教が大幅に増えた。中南米も都市化してプロテスタントに変わっていくことで、世界観も変わっていくでしょう。禁欲的なところ、我慢することができるようになるかもしれません。

水野　それで貯蓄できますか。

島田　可能性はありますね。マックス・ウェーバー的に言えば、プロテスタンティズムが資本主義を生む、そういうことがこれから起こるのかなという感じはあります。

†経済成長の条件

島田　経済成長できるかどうかは何で決まるんですか。

水野　経済成長の収斂仮説という考え方があります。たとえば、一八七〇年、ちょうどドイツ、日本、イタリアが近代化を始めたあたりを起点にします。当時、日本、ドイツ、イタリアは貧しく、一方でイギリス、フランス、アメリカは豊かでした。この一八七〇年から二〇二〇年までの約一三〇年間の成長率を比べると、貧しい国がみんな高い成長を実現しているのに対して、豊かな国は低成長になっています。この理論によれば、最終的には一人当たりのGDPが約六万ドルの水準で、各国が同じような状態になるとされています。遅れた国は速いスピードで成長し、早く近代化をスタートした国はゆっくりですが、最終的には六万ドルに到達できるということです。

この仮説にもとづけば、九割ぐらいは一八七〇年時点での貧富の差がその後の成長率を決めていることになります。残りの一割がその国の特殊性です。たとえば、日本は貯蓄が大好きだとか、ドイツは労働組合が経営に参加するとか、そういった違いはありますが、説明できるのはせいぜい一割ちょっとです。あとは、初期の段階で貧しかったかどうかで決まるわけです。

ただし、この理論はすべての二〇〇カ国に当てはまるわけではありません。初期の時点で、ある条件が揃っていないといけない。たとえば、国家を統一した時に、初等教育がすでに普及していることが必要です。日本で言えば、一八七〇年の時点で寺子屋制度が普及しており、読み書きそろばんができるという状態でした。また、貯蓄ができる、すなわち現在を我慢できる国民であることも重要です。

読み書きそろばんができるということは、工場で働く人たちが共通のコミュニケーションができる水準にあるという意味です。たとえば、工場のラインに問題があった場合に、現場で話し合って修理できる。本社から専門家を呼ぶと時間がかかり、工場がストップしてしまいますが、現場で同じような教育水準の人たちが話し合って、三〇分から一時間で修理できれば生産量が増えます。標準化していないと意思疎通ができません。標準語を話しましょうという運動が起きるのも、こうした背景があります。

こうした条件が整っていて、現在をしっかり我慢し、貯蓄できる国民がいる国では、大体将来六万ドルぐらいの水準に向かって進んでいます。日本も今は成長率が非常に低いですが、二〇〇年間の視点で見ると、英米に比べて非常に高い成長を遂げています。

島田　それ以上望むのは無理だと。

水野　それ以上を望むと、外国から資源を持ってこなければならず、戦争を始めることになりますが、そうすればすべてを失うことになりかねません。

島田　『菊と刀』という本は、戦争中に準備されたものですが、そこには日本が戦後、経済発展すると書いてあります。著者はルース・ベネディクトという人類学者で、アメリカに雇われて日本の研究をして「日本人の行動パターン」という報告書をまとめています。これが『菊と刀』の本の元になっています。その中で、戦後の日本で軍隊が解体され、軍事費を使わなくなったら経済発展すると予言しています。彼女はその後すぐ亡くなってしまい、結局日本には一度も来なかったので、自分の予言が成就したことを確認はできなかったんですが。

水野　軍事費がいかに大変か、経済発展を阻害することをよく分かっていた。

島田　ドイツも、軍事費の負担が戦後なくなります。日本と同じように朝鮮特需が起こって、それを起爆剤として経済が発展したという流れですよね。

戦後、アメリカが出した「神道指令」について、私は最近研究しているんですが、アメリカの政策を見ていくと、日本を占領した時にどうするかを事前にいろいろ研究していたことが分かります。軍を解体するということが最優先事項になりましたが、それと並行して日本に経済力を持たせないことを最初の段階では考えていた。兵器産業だけではなくて、重工業に対してもかなりの制限を加えようとしていた。

ところが、冷戦が始まることによって、日本の位置づけがアメリカにとって大きく変わります。それによって、日本の重工業を制約なしに発展させる方向に向かった。冷戦が深化したことで、日本は得をしたことになりますね。

水野　そうですね。一九四九年に中国で共産党革命が起きた後、アメリカは日本に投資するようになります。それまでは、中国もまだ共産化していなかったので、両国を大きな市場と見ていたのでしょう。冷戦が進行することで、日本は多大な恩恵を受けました。朝鮮戦争で特需が発生し、中国の共産化により、アメリカは日本に対して積極的に投資することになりました。

第一二章

世界経済史から学ぶべきこと

†帝国にとっての経済成長

島田　ここまでの講義では、原初の経済が発展していく中で資本主義が生まれ、今日にどういう形で引き継がれてきているのかを見てきました。印象的な話がいくつかありました。

一つは、最初、同じような定常的な状態がずっと続いたということです。つまり、経済が発展することはなかったわけですね。それが、農業が発展していくことによって状況が変わってくる。定常状態が続いて経済が発展していかない時に利子をとったら、みんな返せなくて大変なことになるということが利子の禁止の背景にある、そういうお話だったんですが、よろしいでしょうか。

水野　そうですね。中世の時代では一年ごとに見るとプラス一〇%、次の年はマイナス一〇%というようにアップダウンが多くて、一〇年、二〇年ならせば定常状態です。当時生きていた人からすると、プラス一〇の時よりはマイナス一〇の方が心に残る、しんどい。だから現世は苦しいのだ、ということにつながっていき、来世に期待するしかなかったのかなと思います。

島田　今の経済状況と比較した場合、昔は飢饉が起こったり、不作になったりしたら、かなり大変だった。その時代に経済をどうしようかということは、あまり問題にならなかったと思うんですけれど、定常状態での経済拡大の一つの手段として、帝国の形成があるということですね。

水野　帝国は版図をどんどん広げていくと、どこかの地域が飢饉になったとしても、他の地域が豊作ということもあるでしょうから、ローマは経済を安定して保つことができます。飢饉がなければ、周辺が広がっていけばいくほどローマに農産物がどんどん送られ、貢ぎものが税金で入ってきますので、帝国の中心にいる人たちの生活をよくするということです。

島田　その頃は、今で言う国民国家は形成されてない。帝国は一体どういうものとして捉えたらいいんですか。

水野　一番いいのは、多民族を内包しているということです。

島田　ローマ帝国の場合だと、そこに暮らすのはローマ民族だけじゃないということですね。

水野　そうですね、イギリスまで征服してますから。多民族であり、多文化、多言語でもある。よくまとめられたなと思います。

島田　今みたいな通信手段がない。そんなに速く移動できるわけでもない。この広大な版図の支配が一体どうやって実現できたんですか。

水野　ブローデルの『地中海』によると、空間の支配には四〇―六〇日で情報や物資が駆け巡ることが必要だといいます。古代ローマ帝国の版図の辺縁は、情報（手紙）や商品が四〇―六〇日で伝わるところまでだったと指摘しています。一五―一六世紀もイタリアを中心としてやはり情報の伝達が四〇―六〇日と変わらないと言っています。ローマ皇帝やスペイン皇帝、そしてローマ教皇の命令が六〇日以上もかかるようだと、政治・経済の一体的な支配ができないということです。

だから六〇日経済圏ができる地域まで軍隊を送り込む。そしてその周辺の都市のトップの人、国民国家で言えば県知事のような人を任命して、その人が税金を取ってローマに送る。そうすると県知事が間で利益を抜いてしまいますから、もともとその地に住んでいる人は重税感が強まるかもしれません。

とはいえ、帝国が拡大していく時には、周辺の人々もそれなりに豊かになれることも多いです。たとえば北の方の領土では、さらに北に住む人々が作った農産物がローマに運ばれる途中で中間利益を得ることができるのでハッピーになるというわけです。

島田　街道ができるとか、今で言うインフラが整備されることも帝国の住民にとってはよいことですね。

水野　そうですね。領土が膨張している限りにおいては、中心に近い方からハッピーになっていく。近代で言えば経済成長しているということです。

島田　ローマ帝国の場合には、キリスト教という宗教が広まっていくことになって、帝国を統合する原理が生まれてくるところが特徴的ですね。

水野　アウグストゥス初代皇帝から五賢帝までの時期、西暦一〇〇年前後、ハドリアヌス帝の頃がピークだったと言われます。その頃には、ローマ帝国は長城を作ってこれ以上領土を広げない方針を採りましたが、その結果として格差が広がり、貧しい人々が増えていきました。そこで、キリスト教が普及し始めたわけです。

島田　経済発展と宗教の発展は重なっているわけで、経済が伸びていくと人々の生活も変わる。そういう中で新しい宗教が求められるのが、ローマ帝国以来の伝統かなと思います。

水野　前にも話しましたが、「コンスタンティヌスの寄進状」という偽書がたいへんな役割を果たしましたね。ローマ帝国の皇帝で初めてキリスト教を信仰したのがコンスタンティヌス一世（在三〇六―三三七）ですが、この偽書の日付は三一五年となっているものの、実際には八～九世紀頃に作られたようです。内容は、ローマ教皇に広大な土地と権利を与えたというものです。

島田　世界一有名で、最も影響力の大きかった偽書ですね。

今、フェイクが新しい現象として取り上げられてますが、歴史を振り返ってみたら偽書の連続です。例えば、江戸時代に家康が定めた『宗門寺檀那《しゅうもんじだんな》請合之掟《うけあいのおきて》（『神君様御掟目《しんくんさまごじょうもく》十六箇条　宗《しゅう》門檀那請合掟《もんだんなうけあいおきて》』とも呼ばれる）』がありました。これは、「みんな、お寺の檀家になってお寺を支えなきゃいけない」、「葬式は全部お寺に任せなきゃいけない」、「戒名料もちゃんと支払わなきゃいけない」といった内容の掟書きが、神君、つまりは徳川家康が定めたものだということになっていた。寺小屋の習字のお手本になったりして、かなり普及したんですが、全くの偽書だった。

フェイクの度合いは、昔の方がより激しいですよ。教会にとっては、「コンスタンティヌスの寄進状」は大きい。自分たちの領土が保証されるわけですから。

水野 この偽書のおかげで、ローマ帝国からキリスト教帝国に変わったといっても過言ではありません。西ヨーロッパでは八世紀前半にはローマ教会に、一〇分の一税を納めるようになりました。農民は土地を持っている封建貴族にも税を納めなければならず、二重課税となっています。教会には裁判権もある。三権分立じゃなくて三権全部を教会が握ってしまった。

島田 キリスト教カトリックの一番大きな特徴は教会制度ですよね。それを確立したことが一番大きい。救いは教会しか与えることができない、信じないと地獄に落とされると強調していた。そういうものを作り上げたことが、他の宗教にはない特徴だった。

巨大で強大な組織なんてものは、昔は存在しなかったわけですね。カトリック教会は世界組織で、そんな組織は、人類社会には他に生まれなかった。ローマ教皇が頂点にいて、その下に枢機卿がいて、主教、司祭がいるピラミッド型です。教会は莫大な土地を寄進されて、教会領、教皇領を持って支配する構造を作り上げた。

水野　すごいですね。プロテスタントは、そういうことしませんよね。

†資本主義はいつ誕生したのか

島田　「長い一六世紀」に、そういう構造を崩すために教会権力を解体していったのが、プロテスタントの誕生ですね。経済史の中で、カトリック教会の果たした役割は非常に大きい。それも教会が法人、株式会社の前身に当たるものだからです。すると、教会と世俗権力との対立が当然そこで起こって、なかなか決着がつかない。そういう状態が長く続いていたわけです。ただ、ローマ帝国自体は東西に分裂し、西ローマ帝国はすぐに滅びてしまいます。東ローマ帝国、ビザンツ帝国は一五世紀まで続きますが。

その中で、イスラム教が八世紀に誕生し、古代文明が栄えた地域に広がっていったがゆえに、文明としては非常に高度に進んだという状況がしばらくの間続いた。それが、十字軍が起こることによって逆転した。ヨーロッパ社会が力をつけていく上で、十字軍が非常に大きな役割を果たして、その後一二世紀ルネッサンスが起こります。古代の文明、ギリシャの文明を基盤にしたヨーロッパ文明を築き上げる方向に行ったわけですね。

それによって、一三世紀に資本主義が生まれたというのが一つの説ですね。

水野　資本主義がいつ誕生したのかについては、大まかに三つの説があります。まず、一三世紀説で、これは歴史学者やエンゲルスが支持していました。次に一五、一六世紀説で、これはマルクスとケインズが支持していた。そして一八、一九世紀説があります。それぞれの説には理由があります。

一三世紀説では、初めて利子がつくお金、いわゆるキャピタルが出現したことが重要視されています。一五、一六世紀説では、キャピタリスト（資本家）という単語が初めて使われるようになったことに注目しています。一八、一九世紀説では産業革命を資本主義の開始とみます。

島田　資本主義の三段跳び形成説ということですね。水野さんは一三世紀説ですね。

水野　そうです。全国民が資本主義に飲み込まれたと考えれば、一八、一九世紀がその始まりです。無産階級の労働者と資本を所有する資本家が登場し、資本主義の歴史はおよそ二〇〇年から三〇〇年と考えることができます。しかし、資本主義の核心はキャピタル（資本）です。キャピタルという概念は、利息がつくお金を指し、その中には機会損失という概念も含まれています。ローマ時代では、インタレスト（利息）という言葉が使われ、機会損失を意味していました。インタレストにはもう一つの意味があり、それは境界線や中間の意味です。

たとえば、右派と左派の間にある境界線のようなものです。中学英語では、インタレストは「関心事」を意味しますが、インタレストレート（利子率）は人々の関心度合いを表し、三％や五％という数字は、将来どれだけ豊かになるかの尺度です。一三世紀から、人々の最大の関心事が現世の暮らしにシフトしてきたと言えます。来世の生活については、誰も具体的な報告をしていないですからね（笑）。

島田　どの宗教でもそうですけど、長い間、来世を信仰の中心に置いてきました。仏教でも、極楽と地獄があります。キリスト教は、天国と地獄があって、その中間に煉獄という概念を作り上げる。病院の待合室みたいなもので、天国に行くか地獄に行くかそこで決まるような場所です。

イスラム教では、今でもそうですけれど、現世においてちゃんと毎日お祈りをする、断食をする、喜捨をすることは、死んだ時に天国に生まれ変わる条件になっています。現世のことはある意味どうでもいいわけで、最終的に来世に天国に生まれ変われるかどうかが、イスラムの信仰の一番核心と考えられてきました。それがヨーロッパの場合、三段跳びの資本主義の形成史の中で、だんだんと来世に対する信仰が弱まってきた。

水野　そうです。一三世紀のキャピタルは、一部の商人が先駆者となり、リスクを取れば豊かになれるというお手本を示していましたが、全体にはまだ広がっていませんでした。一五、一六世紀までは、平均的に生命維持ギリギリのラインに収束する傾向があり、ほとんどの人々が生きるか死ぬかの境目で生活していました。本当に明日死んでしまうかもしれないという恐怖が多くの人にあったため、来世に希望を託すことが一般的でした。しかし、一五、一六世紀の大航海時代以降、徐々に生活水準が向上し始め、一九世紀半ばからは一人当たりの生活水準が上昇するトレンドに入りました。これがいわゆる「大分岐」と呼ばれる現象です。

島田　一六世紀に宗教改革が起こってプロテスタントが生まれて、来世よりも現世という傾向が強くなって、教会の力も奪われていきました。

水野　プロテスタントは禁欲的で、現時点の消費を抑え、その結果、貯蓄が増え、それが投資に結びつくという教えがあったのですね。今我慢すれば、三年後や一〇年後には良いことがある、という期待感がプロテスタントの中にあったのでしょうか。

島田　そうですね。我慢できるのは、将来が良くなるという見通しがあるからですね。三年後、五年後に豊かになれるかもしれないという予測が立たないと、我慢できない。ギリギリの状況だとそういう意識は生まれてこないですね。

†「ビジネスマン」は軽蔑語だった

島田　イスラム教はもともと商人の宗教で、一神教という点ではキリスト教と共通しますが、商売に対しては、キリスト教と違って非常に肯定的です。金は使わなきゃダメ。自分で貯め込むのは一番悪いことというのがイスラム教の考え方で、豊かになったら貧しい人に喜捨しなさい、それから経済活動をやって全部使いなさい。後のことを心配するのは神を信頼してないからだ。神がなんとかしてくれるから、使いなさいという理屈があるわけです。気前の良さが、逆に求められるんですね。

水野　イスラム教には、食事に困った場合のフードスタンプ的なものはあるのですか。

島田　あります。社会的に貧しい人に対して豊かな人がお金を出す、食事も与えるのは当たり前だという伝統があり、だからこそ喜捨がとても重視される。そこがキリスト教と違うところです。キリスト教は原罪の考え方があって、人間は罪深い、金に関しても商売で儲けるのはけしからん、そういう伝統が強かった。マックス・ウェーバー的に考えれば、それが逆転して資本主義を生み出すことになっていきます。

水野　とはいえ、これも以前に話したことですが、一七世紀でも「ビジネス」という言葉は軽蔑の対象です。「ビジネスマン」という言葉には「抜け目のない人」という意味があり、尊敬の対象とはまったくなっていませんでした。商人は、はかりの目方をごまかしたり、ワインを水で薄めたりしているのではないかと疑われていたのです。そのため、一七、一八世紀になると、イギリスで「礼儀正しい運動」が始まりました。たとえば、フォークの使い方や行動のマナーなどが強調されるようになりました。

当時、商人は財力があっても社会的地位が上がることはありませんでした。しかし、工場主や資本家になり、経済が成長し、人々の生活を目に見えて良くするようになると、しだいに尊敬されるようになっていきました。商人は単に右から左に商品を移すだけではないという見方が広がってきたのです。

それでも、商人の仕事は大変です。右で商品を仕入れて左に持っていっても、本当に売れるかどうかはリスクがありますし、途中で山賊や海賊に襲われて命を落とす危険もあります。そんな危険な仕事をしても尊敬されないのは、少し気の毒ですね。それに比べると、工場はある程度大資本であれば命がけでやらなくても大丈夫です。

島田 マルクスが『資本論』で延々と書いていますけど、その時代のイギリスの工場というものは、衛生状態は悪いし、極端な長時間労働で、とにかくひどかった。大工場が搾取の根源になるわけです。

†資本を定義できるか

島田 マルクスは、資本家も資本によって動かされているという捉え方ですね。あらためて資本とは何でしょうか。

水野 資本の定義は二一〇以上あるらしいです。そのリストを見たことはないのですけど、調べた先生がいます。

島田 宗教の定義もいっぱいある。定義というのはどの場合も困難なものです。資本と言われれば、みんなその意味が直感的にわかりますが、では資本とは何かを説明するとなると難しい。宗教もそうです。世界中に多くの宗教がありますが、中身は多様です。仏教とキリスト教は同じ宗教ということになっていますが、共通する要素は実は少ない。

水野 イギリスの経済学者ヒックスは、資本の定義が多すぎてコンセンサスを得るのが難しいため、資本を定義することは諦めようと言っています。その代わりに、資本の機能、つまりファンクションから見れば、資本には二つの主要な機能があると述べています。

一つは唯物論者が言う資本で、これは固定資産、工場、店舗、オフィスビル、道路といった目に見える社会資本や民間資本が含まれます。いわゆる固定資産に該当します。もう一つは資金主義者が言う資本で、いわゆる内部留保金です。

前者の資本は財・サービスを生産するために存在するものです。後者はいつでも資金化が可能である資本だと考えます。つまり貸借対照表の貸方（資金の調達サイト）の資本の部に計上されている内部留保金は、貸借対照表の資産に該当する現金や預金、短期有価証券、投資有価証券に対応しています。これが株価に反映され、いつでも換金して新しい事業やイノベーションに使えるというわけです。

新陳代謝を促進するためには、既存の資本だけでは不十分で、既存の工場を売却しても二足三文にしかならない。二一世紀に入ると、ＧＤＰはそれほど増えないので、資本家からすれば内部留保金の蓄積がより重要視されるようになっています。
これをマルクスの観点から見てみましょう。マルクスのG‐W‐G'‐W'…でいえば、W‐W'を繰り返すプロセスが唯物論者の資本機能で、G‐G'の繰り返しが資金主義者の資本機能となります。

島田　G（ゲルト）はお金で、W（ヴァーレ）は商品ですね。

水野　はい。ヒックスは近代経済学者であり、マルクスからヒントを得たとは明記していませんが、明らかにマルクスの「G‐W‐G'」の考え方を上手に置き換えただけです。

唯物論者の資本にあたる固定資産は日本では一九九九年度にピークをつけ、二〇世紀末以降、衣食住に関しては過剰供給が目立つようになりました。それほどに生産力を高めたということは、唯物論者の資本機能はその役目を終えたことになります。固定資産や工場などをこれ以上増やして、GDPを増やすのは難しくなってきています。消費者も、より高性能の自動車やスマホを求めることは少なくなっていますから。

一方、一九九九年度以降、資金主義者の資本、すなわち内部留保金が唯物論者の資本、すなわち固定資産と比べて、著しく増加するようになってきました。高度成長期には、固定資産を増やしていく時に銀行からの借入れに頼っていたのですが、徐々に利益を内部留保し、「内部留保金／固定資産」比率を上昇させていきました。二〇一二年度には一・〇を超えて、二〇二三年度には一・六四倍となっています。唯物論者からみれば、明らかに過剰資本となっています。

内部留保金は毎年の当期純利益（配当金控除後）を蓄積したものです。内部留保金が急増しているのは当期純利益の著しい増加によるものです。本来ならば、利益が増加していればそれに応じて人件費も増加して、国民所得（人件費＋利益＋減価償却費）も増加していなければなりません。その国民所得（概ねＧＤＰに等しい）を増やすには固定資産の増加が必要です。

ところが、固定資産が横ばいのなかで内部留保金／固定資産比率が上昇しているのは、人件費を抑制しているからです。正規労働者を非正規労働者に置き換えることで、本来固定費であった人件費が変動費化しているのです。企業経営者は一九九〇年のバブル崩壊後、そしてリーマンショックの後も「今年限りは」と言って、毎年生産性に見合った賃上げを回避してきたのです。

†近代経済学とは何か

島田　ここまでの講義で、古典派経済学やマルクス経済学のことは出てきましたが、その先の近代経済学の話はあまり出てこなかったように思うのですけれど、近代経済学は、一体どういうものでしょうか。

水野　古典派、新古典派、ケインズ、そして今のネオリベラリズムもすべて近代経済学に含まれます。大きく言えば、近代経済学とマルクス経済学という二分法なんですね。前者は資本主義や市場経済を認める立場であり、一方で、マルクス経済学は資本主義ではなく社会主義の立場に立つため、こちらはマルクス経済学と呼ばれます。『資本論』が発表されたのは一八六七年で、新古典派経済学が登場したのは一八九〇年代です。マルクスは、アダム・スミスを始祖とする古典派経済学を批判した。『資本論』の副題にも「経済学批判」とあります。

一八七〇年代には「限界」という概念が登場しました。これは、もう一単位の消費量や生産量を増やした時に均衡価格や均衡生産量がどう変化するかを分析する新古典派経済学の概念です。彼らは古典派の「労働価値説」を批判し、「効用価値」で価値が決まると主張しました。ただし、アダム・スミスの「見えざる手」の概念は受け継いでおり、古典派とつながりがあるため、これらもすべて近代経済学に分類されます。

ケインズの偉大なところは、古典派も新古典派も一括して批判した点です。彼は、需要と供給が一致したところで均衡価格が決まるという前提は間違っていると指摘しました。ケインズによれば、生産量が最初に存在し、常に余剰が発生するため、常に失業率が存在します。そのため、公的需要で生産量を調整しない限り、価格は動かないと主張しました。新古典派やアダム・スミスが言っていたように、需要と供給が市場メカニズムで一致するというのは誤りだというわけです。これはその通りです。

しかし、ケインズ経済学はスタグフレーションを解決できなかったため、新古典派の逆襲を受けました。ハイエクやフリードマンなど、一旦ケインズに敗れ、三〇年ほど出番がなかった人々が一九七〇年代半ばに再登場し、その後、我が世の春を謳歌するようになりました。

†物価二%上昇を目標にする理由

島田　今、経済学の流れとしては何が一番主流なのでしょうか。

水野　一九八〇年代以降、中曾根総理が国鉄の民営化をしたあたりからネオリベラリズムが経済学の主流となり、小泉さん、安倍さんがその流れを踏襲しました。いわゆるネオリベラリスト、新自由主義が一世を風靡《ふうび》した。黒田さんもその流れです。

島田　なんでも緩和すればいいということですね。

水野　二〇一三年に、当時日銀総裁の黒田さんが「二年間で消費者物価を持続的に毎年二%にします」とパネルを持って自信満々に記者会見しました。一〇何年経って最近三%消費者物価高ですけど、誰も黒田さんのおかげとは思ってない。プーチンが戦争するから、あるいは、コロナ・パンデミックで供給面がズタズタになったから物価が上がって、みんな迷惑しています。

物価が上昇する一方で、賃金がそれに追いつかなくなっており、一世風靡した人たちもみんな黙ってしまって、なぜ二％達成できなかったのかを反省しない。本来、二〇一五年には達成すべき目標でしたが、二〇一六年に黒田さんが出した反省文の中では、「原油価格が下がったから」と理由を述べています。また、「日本人は過去ばかり見て、私の言うことを信じない」とも発言しました。金融政策は宗教になったのだと思いました（笑）。

島田　そもそも二％物価を上げることを公約というか目標に掲げることの意味が、あの時からよくわからなかったんですが。

水野　一応、日銀は説明してます。物価が上がるということは、需要と供給が逼迫《ひっぱく》しているため、企業はさらに供給力を増やそうと投資を増やし、持続的に経済成長を促します。それで欧米の金融政策は二％の物価上昇を目標にしているわけです。でも、日本は既に成熟して状況が異なるから、他国に倣う必要なんてありません。だから「欧米が二％を目標にしているから」を理由に掲げると、日銀は主体性がないと言われてしまいます。

そのため、日銀はまず「真の消費者物価がわからない」と言うんですね。消費者物価は、調査員が一二日を含む週の水、木、金曜日のいずれかに六〇〇品目を調査していますが、まだこんな手法を使っているのかと思います。政府はＩＴ活用してマイナンバーを推進していますが、ＰＯＳシステムを使ってリアルタイムで物価を把握することを優先すべきだと思います。

実際、日本経済新聞社が東大発のベンチャー「ナウキャスト」と共同で、ＰＯＳシステムを利用した「日経ナウキャスト予測物価指数（商品名：日経CPINow・S指数）」を有料会員向けに公表しています。しかし、本来であれば政府がリアルタイムで今日の物価指数を毎日夜七時のNHKニュースで公表するべきでしょう。消費者物価は公共財ですから、これを一企業の有料会員だけに限るのは変です。

日本は外国と違ってスーパーが過剰に多く、都会では半径五〇〇メートル以内に三つほどあります。たとえば第一週目はイオン、第二週目はヨーカ堂で特売品があり、チラシを見た消費者はそれだけを購入します。消費者物価指数には特売品は含まれないため、実際の物価よりも一％ほど高く出ることがあり、それが「真の物価」よりも高く見える原因です。

この現象には根拠があります。米スタンフォード大学のボスキン教授が一九九六年にアメリカで調査したところ、一・一％ほど高めに出るという結論が出ました。日本やヨーロッパでも同様の傾向が見られます。日本銀行の分析によると、一九九九年時点で〇・九％の上方バイアスがあるとの結果が出ました。その後、上方バイアスは縮小していますが、アメリカでは二〇一八年でも〇・九％の上方バイアスがあります。仮に総務省が発表する消費者物価バイアスが〇・五％だとすると、日本銀行が目標とする消費者物価上昇率は〇・五％で十分です。この場合、「真の物価」上昇率はゼロ％となります。

アメリカのグリーンスパンは「望ましい物価とは、消費者が価格の将来を考えずに済む状態だ」と言っています。もしインフレが進むと、消費者は物価が上がる前に商品を購入し、それが一年間使用されないと無駄になります。企業も物価上昇を予想すると、生産した商品をすぐに売らず、倉庫に保管しておいて一年後に売ることで利益を得ようとする可能性があります。オイルショックの際、トイレットペーパーで同様の現象が起きました。生産者も消費者も、物価を考慮せずに行動できることが重要です。グリーンスパンの発言には一理あります。

ならば、消費者物価上昇率の目標は〇・五％で十分なはずです。しかし、日銀は「デフレになった場合、金利政策が行えなくなる」と主張しています。これは組織防衛の理屈にすぎないと感じますが、そうした理由で二％の目標が掲げられました。

島田　なんだか、わけがわからないですね。

水野　まるで漫画のような話です。日本銀行は金利を操作して物価を二％上昇させ、需要が供給を上回る状態を作り出し、投資を促して経済成長につなげるプロセスを生むということです。日本銀行の金融政策は、日本経済が成長することを前提としています。だけど経済成長は、技術進歩（全要素生産性、ＴＦＰ）と資本（Ｋ）と労働力（Ｌ）の三つの要素で決まります。労働力は、移民を受け入れない限り人口減で減少します。資本は、日銀短観などに見られるように既に過剰気味です。

残るは技術進歩率を引き上げることですが、アメリカの研究によれば、二〇世紀初めのエジソンやフォードの時代に比べ、現在のＩＴによる全要素生産性（ＴＦＰ）は半分程度です。アメリカのＴＦＰは一・五％程度で、日本ではＴＦＰが〇・七％程度です。ＴＦＰの経済成長へのプラス寄与と人口減少によるマイナス寄与（〇・六％）を考慮すると、今後の日本経済はせいぜいゼロ成長が見込まれるだけです。需要と供給が将来も同じであれば、物価が年二％上昇するというのは、あり得ない話だと思います。

なぜ「異次元」緩和だったのか

島田　物価が上がるというよりも、経済成長を目標にするということではダメだったんですか。

水野　金融政策は経済成長の引き金を引く役割です。金利を低くすれば、消費者は貯蓄よりも消費を選択します。そこで需要＞供給という状態が生まれて、企業は五年単位とか一〇年単位の投資を実施し、持続的な経済成長軌道に乗ることができます。

アベノミクスの第一の矢が、積極的な金融政策、つまり異次元金融緩和政策で、第二の矢が機動的な財政政策、そして第三の矢が経済成長です。日本銀行法の第二条に「通貨及び金融の調節を行うに当たっては、物価の安定を図ることを通じて国民経済の健全な発展に資する」とあって、手段が物価の安定であり、最終的には国民生活の向上が目標です。アベノミクスでは物価がプラス二％だったら需給が逼迫して、実質ＧＤＰ二％成長になって、生活水準も高くなっていくというつながりがあるんです。しかし、現状では企業がROEを引き上げるために賃金をどんどんカットしているため、国民生活の向上にはつながっていません。

島田　物価は上がってますね。

水野　上がってますが、名目賃金がそれに追いついていかないので、日銀の最終目的に対して中間手段が機能してない状況です。通貨の安定も完全に崩れています。「異次元金融緩和」政策が始まる直前の二〇一三年三月の円ドルレートは一ドル＝九四・七三円でした。いまからみると随分と円高水準ですが、日米輸出デフレーターで測った購買力平価（PPP）でみると二〇一三年の円は八二・七円でした。少し円安だったわけです。

プーチンが攻めてきた二〇二二年二月の円ドルレートは一ドル＝一一五・一六円でした。ところが、今一五〇円、一六〇円で輸入品が上がって生活が苦しくなっています。八月になると一転、円は一時一四一円まで上昇しました。ただ、輸出デフレーターによるPPPは一ドル＝八九円ですから、依然として円安です。ただし二〇一三年以降、円ドルレートはPPPから乖離したままであり、PPPが円ドルレートの適正値である保証はありませんが。

日本銀行に求められるのは、経済成長期にはインフレを警戒することでしたが、成熟経済では金融システムの安定が必要です。経済が成熟すると、バブルで利益を得ようとする投機家が現れ、バブルが発生し、やがて崩壊して経済が不安定になり、その影響を最も受けるのはいつも労働者です。金融政策として本当に物価二％目標を目指すことが国民生活に資するのかが今問われています。植田総裁が「異次元金融緩和」の総括を今年（二〇二四年）に発表する予定なので、それを楽しみにしています。

島田　日銀の役割は、国債を大量に買うことにシフトしましたね。量的緩和というか異次元緩和、何が異次元なのか庶民にはよくわからないですが、経済史の流れの中ではどうなんですか。何が異次元なんですか。

水野　「異次元」というのは、日本銀行が国債を大量に市場から購入することでマネーをこれまでにない「異次元」の規模で供給するということです。どれくらい日本銀行が「異次元」に国債を購入したかといいますと、一九九九年四月から異次元金融緩和が始まるまでは、年間三・九兆円だったのですが、二〇一三年四月から黒田日本銀行総裁が退任するまでは年平均で四五・一兆円も購入しました。一〇倍以上、国債を購入して市場にマネーを供給するのは確かに「異次元」です。

それでも二〇二〇年一月から新型コロナによるパンデミックでサプライチェーンが寸断され、二〇二二年二月のプーチンによるウクライナ侵略があって食料やエネルギー価格が上昇に転じて、二〇二二年四月に消費者物価は二・五％上昇となりました。消費者物価が二・〇％を超える上昇となっても、それが「異次元金融緩和」政策のせいだとは誰も思っていません。

†資本家の安楽死

島田　マルクスの言ってるイギリスの工場の悲惨さに比べると、今の日本は天国に思えますね。『資本論』を読むと、あの頃のイギリスの工場は搾取でなければなんだろうと。そういう事態は今の日本にはない。確かに経済は発展していないけれど、ではみんながみんな困っているのかというと、そうでもないですよね。

水野　日本は一九八〇年代に全体の生活水準が底上げされ、餓死する人はいませんし、アメリカのように昼間からアルコールを飲んでアル中になり、薬物中毒に陥って最後には自殺するような人もまだ少ないです。平均的に見れば、日本人は大丈夫ですが、二〇二三年時点で非正規雇用者は二一二四万人で、全雇用者五七三〇万人中の三七・一％に相当します。もちろん、自由な時間が欲しくて自ら非正規雇用を選ぶ人もいるでしょうが、正社員になりたいのに非正規で働かざるを得ない人もいます。年収が半分で、生涯賃金も当然半分、退職金もないため、結果的に半分以下になります。厚生年金をきちんと払えているかどうかもわかりません。

就職氷河期が一九九五年だったため、そこから四〇年経つと二〇三五年頃には、新卒時から非正規だった人たちが引退する時期が来ます。その時に大変な事態になる可能性があります。二〇二三年の調査によれば、給与口座以外に貯蓄がまったくない世帯は二四・七％です。これはアンケート調査なので正確かどうかわかりませんが、その人たちは今日の生活で精一杯で、明日何か予期せぬ事態が起きたら大変です。

サラ金会社が繁栄している社会はあまり健全とは言えません。駅前にサラ金ビルがたくさんあるということは、明日の生活費がないという人が一定数いることを意味します。明日の競馬資金がなくてサラ金に行く人は、そんなに多くないと思うんです。

島田　いや、わからないです。ギャンブルは怖いですからね。

今の世界、日本もそうですけど、資本主義の方向は一八、一九世紀ぐらいである程度形をなしてきて、それ以降はどうなったんですか。

水野　資本主義社会では、労働者階級と資本家という二つの階級に分かれました。資本を持っていない人は皆、労働者です。資本を持っているということは、労働しなくても三六五日自由な時間があり、利子や配当で生活していけることを意味します。今年は利子や配当があるから働かないけれど、来年は労働しなければならないという人はいませんね。

しかし、今のビリオネアたちは、数世紀分の消費をまかなえるほどの財産を持ちながら、それでもさらに財産を増やそうと懸命に働いています。ケインズは、当時の資本家を「利子生活者」と呼び、「いずれは利子生活者が安楽死することが望ましい社会だ」と言っていました。

島田　安楽死とは、どういうイメージですか。

水野 ケインズやマルクスの文章は、説明不足で想像を働かせる部分が多いです。私の解釈では、ゼロ金利になったら「安楽死」するという意味です。例えば、今の日本で三億円の株式や国債、預金など、何らかの利子や配当が得られる金融資産を持っていれば、年平均で三％のリターンが得られて九〇〇万円となり、働かなくてもかなり良い生活が送れます。

島田 いや、あんまりできないんじゃないですか。

水野 ダメ？ じゃ五億円にしましょう。三％の利子配当で一五〇〇万、結構いいでしょ。ゼロ金利になったら、五億円の利子配当が今日からありませんということです。人間は去年と同じ生活をしたいので、取り崩さなきゃいけない。三三年間で五億円がゼロになります。五〇歳くらいに五億円あったとしたら三三年で五億円がなくなります。八三歳になっていて、ちょうどご臨終。自分の代は優雅な生活を送れますので、「安楽死」ができます。だけど、子供や孫は相続財産がない。

なぜ資本家が労働力を提供しないのに三％のリターンを得られるかというと、それは資本が希少だからです。水とダイヤモンドの例でよく言われるように、水は生活に必要不可欠ですが、希少性のあるダイヤモンドの方が高価です。資本も同様に希少ですが、人間が作り出せるものなので、過剰に生産されれば希少性が失われ、ゼロ金利になると資本家は「安楽死」します。これは結構いいですよね。

†人間がいらない世界

島田　これからの世界というと、ＡＩについてはどう考えますか。生成ＡＩが出てきたことで、人間が考えなくてもいいという方向にだんだん来ている。文章を書くことをわざわざ習う必要はない。

水野　ＡＩの方がいい文章を書きますか。

島田　ちゃんとした文章は、ＡＩの方がすぐ書ける。ただ、ＡＩを操作するにはそれなりの知識なり経験は必要だと思うんです。

水野　私も大学の定期試験で出した「何々について述べよ」という問題をＡＩに試してみましたが、とんでもない答えが返ってきました。ＡＩは辞書の内容をそのまま引っ張ってきて、それをただ並べただけで、まったく意味をつなげていない。点を羅列するだけで、線や面にまとめることができていません。

たとえば、資本の機能とマルクスのＧ‐Ｗ‐Ｇ'を結びつけて書くようにという問題を出しましたが、ＡＩはちんぷんかんぷんで理解していない様子でした。ヒックスとマルクスをつなげるようにとも指示しましたが、ＡＩがヒックスの著作を理解しているのかも怪しいです。

島田　ＡＩの水準に達してる人はいいんですが、達してない人にとっては、ＡＩの方が知性として上に思えてきますよね。自分が書くよりもまともな文章ができるとなると、そっちに行ってしまう。

水野　ＡＩから出てきたものは点だけの文章で、立方体にする、三次元にする、あるいは四角形にする、そういう組み合わせの能力までできたらすごいのですが、それがないうちは、追いついてない人がＡＩを利用すると上ずってしまう。

ＡＩを開発した人は、自由時間をＳＮＳやゲームなどでＡＩ漬けにして、本来人間がどういう存在かといった重要な問題を考えさせないような方向にもっていこうとしている気がします。資本家や企業経営者は貨幣愛依存症に、労働者はＡＩ依存症になって余計なことは考えなくていい方向に向かっていくと、待ち受けているのは狂気の世界です。

島田　他の分野でも、ＡＩの活用は非常に進んでます。最近知った話では、エコー検査の解像度が非常に上がってきたので、そこにＡＩを組み込んで診断するシステムが出来上がっていて、人間が必要ない方向に行っている。科学が進歩することによって人間が必要なくなるから、少子化もその反映かなと思っています。経済的に目標を達成してこれより先はないとなると、人間自体がいらないという方向にまで来てしまったのかと思います。

†人類のゆくえ

水野　島田さんにぜひ尋ねたいことがあります。地球上のすべての資源、たとえば森林や海などを含め、人間が活動するために使っているエネルギーの観点から考えた場合、もし全人類がヨーロッパや日本人のような生活を送ると仮定すると、世界の収容可能人口は約二五億人になるという試算があります。また、近代文明を維持したまま、先進国が中所得国のレベルまで生活水準を下げると仮定すると、七四億人が収容可能だとされています。しかし、中所得国の生活水準は高所得国の三分の一程度ですので、高所得国がその生活水準を三分の一に下げることは現実的には難しいと思います。

結局マックス・ウェーバーの言うように、資本主義秩序、すなわち強力な秩序界（コスモス）は「現在、圧倒的な力をもって、その機構の中に入りこんでくる一切の諸個人の生活スタイルを決定しているし、おそらく将来も、化石燃料の最後の一片が燃え尽きるまで決定しつづけるだろう」というのが現実なのかと思えてきます。

SDGsなどの取り組みが叫ばれていますが、キリスト教の終末論のように、終末はそこまで来ているように感じられるのですが、島田さんはどう思われますか？

島田　今の高度資本主義社会は、「創世記」に出てくるバベルの塔のようなものかもしれませんね。人間はひたすら豊かさを求めて、経済を拡大させ、それにつれて人口が爆発的に増加してきた。どこかにその限界があるはずで、少子化をその観点からとらえることができる。少子化によって人口爆発を抑えるしかないとしたら、経済が発展した国で、驚異的な少子化に向かうのは必然ではないでしょうか。

そういう国じゃないところは、人口が増えていくかもしれないけれど、先進国では少子化に向かうスピードはかなり早い。中国がそうですけど、経済発展のスピードものすごく早かったけど、少子化もすごく早い。もしかしたら、世界の人口が三〇億ぐらいに収斂していった方が、救いになるかもしれません。

水野　東京がいい例で、出生率〇・九九になっています。韓国の出生率は〇・七二で、ソウルにかぎれば〇・五五です。子育ては非合理的にならざるを得ない。一方、東京やソウルは合理性の塊ですから、出生率は下がる一方です。

島田　少子化ということでは、韓国は日本より進んでいます。経済発展が遅れて始まったところの方が、少子化のスピードが早い、そういう法則性があるんじゃないですか。

水野　日本の高度成長期には、G7の中で確か一番人口が増えていました。急激に経済成長すると、人口も急激に増加しますが、その矛盾が出てくると人口減少に転じます。G7の国々は一九七〇年代半ばにみんな出生率が二を下回り、その後、二・〇を超えることはありませんでした。ただし、移民を受け入れているため、急激な人口減少を避けられている国もけっこうありますね。たとえばフランスでは、二〇一〇年には二・〇三まで回復しました。二〇一七年時点で一・八八。そのうち非移民は一・七七に対し、移民の出生率は二・六〇です（独立行政法人労働政策研究・研修機構）。二〇二三年にはさらに低下し、一・六八となりましたが、それでも日本よりは高い。

島田　フランスでは、移民が総人口の一〇パーセント前後ですね。旧植民地から来たイスラム系の人たちですね。

水野　ヒスパニックを除く白人は二〇二〇年国勢調査で五七・八％と、前回調査（二〇一〇年）の六三・七％から大幅に低下しています。アメリカのＷＡＳＰの人たちもまもなく五割を切ります。

島田　アフリカが最終的に一番増えると言われてます。人類はアフリカから生まれてきたんで、先祖返りかな（笑）。ただ、そういう予想も、どこかで変わってしまうこともありますね。

水野　人口統計は天気予報と同じぐらいに正確だと言われてますが、延長線上では正確ですけど、トレンドはまったく間違える。日本の七〇年代初めは社人研のレポートを読むと、一億四〇〇〇万人に増えていき、そこがピークではない。その先は点々になってさらに増えると予想しています。

島田　完璧に間違えていますね。

水野　転換点を見誤ることもありますから、将来の人口が四〇〇〇万や六〇〇〇万になるという予測も、どこかで間違える可能性がありますね。

†未来は予測できない

島田　これからの社会はどうなっていくんでしょうか。

水野　今後の社会についてはは予測できません。コペルニクスが宇宙論を発表した時、中世の社会が崩壊することはわかっていたでしょう。しかし、異端とされる恐れから、彼は出版をためらいました。最終的に、死期が近づいたことで弟子に背中を押され、出版に踏み切ったわけです。確かに中世は崩壊しましたが、近代の秩序が確立するにはホッブズが出てくるまで約一〇〇年かかりました。コペルニクスは新しい秩序については語らず、その後のホッブズの社会契約論まで一〇〇年の時間がかかった。画期的な宇宙論から画期的なホッブズの社会契約論まで一〇〇年ぐらいかかったわけで、その間に二人を合わせたような人は出現しませんでした。

島田　転換の兆候はあっても、どうなるかは神さまでもわからないでしょうね。
　水野さんが、経済の世界で仕事を始めた頃に考えてたことと、今とはどう違いますか。

水野　私は八〇年に証券会社で経済調査に配属されたのですが、その頃の調査はアメリカではこうなってるから日本ではこうなる、という天下り的なものでした。だから私も、アメリカのことを一生懸命調べて、日本もこうなるとレポートを書いていました。バチ当たりなことしていたと思います。天国には行けないかもしれません。

島田　その後、バブルになって崩壊した。バブルが終わった後にどうなるかに関する予測は、あったんですか。

水野　バブルを終えて二％成長できると、ネオリベラリズムの人たちは予測していました。本当は二％成長したらどうなるかを言わないといけないのに。二％の物価上昇と同じで、経済成長はあくまで手段であって、目標ではありません。私が思うに、最終的な目標は自由と平等の獲得であり、経済はそのための手段です。

お金をため込むだけでは自由にはなれません。日本にはいま、二一九九兆円の個人金融資産があるのですが、国民は政府を信用していないのでもっと貯蓄して老後の生活に備えようとしています。日本人は結局、自由を享受しないまま死んでいくのかもしれません。政府は、国民が安心してお金を使えるように、社会保障の制度設計をきちんと示す必要があります。

島田　結局、これからどうなるかは、誰もわかってないし、わかりようもないのでどうしようもない。

水野　マクベスの言うように「人生は歩く影法師、あわれな役者だ」と割り切れば、勇気が湧いてきます。

島田　幸せは自分で見つけてください（笑）。

おわりに

本書は島田先生の企画で始まりました。毎月一回の講義には、島田先生から事前に議論するテーマが送られてきました。私にとっては、野球の千本ノックではないかと思うほど、広範でかつ難しい内容でした。朝カル新宿教室で対談する直前までフラフラになりながら準備して臨みました。

対談はたいていがそうであるように、この対談も事前準備通りにはいきませんでした。毎回半分くらい時間が過ぎると、島田先生から思いもよらない鋭い質問が飛んでくるのです。千本ノックならぬ二千本ノックなのではと何度も思いました。

編集者の羽田雅美さんが対談のテープ起こしをしてくれました。それを読んで、島田さんの質問にちゃんと答えていない箇所が数多くあることに愕然としました。千本ノックが追加され計三千本ノックが続いた一年でした。新宿教室のオンラインで受講された方が本書を手にとって読んでくださったら、あれ、講義で話していたことと違うことが書いてあると思われるに違いありません。申し訳なく思っています。言い訳がましいですが、本書は対談の一・五倍くらいの価値があるのではと密かに思っています。

とてもハードな対談でしたが、とても楽しい対談でもありました。単著ですと、蛸壺化してしまう恐れがあります。今回の対談で、世の中で起きていることは経済学だけでは理解できないのだと痛感しました。とりわけ、資本主義は一三世紀に資本という概念が誕生して始まったわけですから、それを認めないキリスト教とそれに抗して命をかけてたたかった商人（高利貸）の苦悩を理解せずして資本主義とはなにかを語れないのです。

島田先生の博覧強記ぶりは前からそう思っていたのですが、今回あらためて確認できました。また、思い切りのいい人です。対談最終回の締めで島田先生は「これからどうなるかは、誰もわかってないし、わかりようもないのでどうしようもない」、私はなんと答えていいのかと迷っているうちに島田先生は力強く「幸せは自分で見つけてください」、とおしゃっていました。まさに名言です。一二回の長くて短い対談が「はい、幕」となったのでした。

この言葉を聞いて、今回の対談は苦しさの先に「楽しさ」、「幸せ」があるのだということがわかったのです。千本ノックの「限界苦痛逓増の法則」はある瞬間に「楽しさ」に変わったのです。これは新古典派の経済学では説明不可能です。実のある対談とはお互いがインスパイアされることだと思うのですが、まさに今回がそうでした。人間関係の大切さが「楽しく生きる」＝「幸せ」になる秘訣だと思います。

筑摩書房の編集者羽田雅美さん、思想家でライターの斎藤哲也さん、朝日カルチャーセンター新宿教室の平田友美さんの支援がなければ本書は完成しなかったと思います。あらためて感謝申し上げます。

二〇二四年一〇月

水野　和夫

ちくま新書
1830

世界経済史講義《せかいけいざいしこうぎ》

二〇二四年一一月一〇日　第一刷発行

著者　水野和夫（みずの・かずお）
島田裕巳（しまだ・ひろみ）

発行者　増田健史

発行所　株式会社 筑摩書房
東京都台東区蔵前二-五-三　郵便番号一一一-八七五五
電話番号〇三-五六八七-二六〇一（代表）

装幀者　間村俊一

印刷・製本　株式会社 精興社

ISBN978-4-480-07658-8 C0233

ちくま新書

1609
産業革命史
――イノベーションに見る国際秩序の変遷
郭四志
産業革命を四段階に分け、現在のＡＩ、ＩｏＴによる第四次産業革命に至るまでの各国のイノベーションの変転をたどり、覇権の変遷を俯瞰する新しい世界経済史。

1610
金融化の世界史
――大衆消費社会からＧＡＦＡの時代へ
玉木俊明
近世から現在までの欧米の歴史を見なおし、ＧＡＦＡが君臨し、タックスヘイヴンが隆盛する「金融化社会」に至った道のりと、所得格差拡大について考える。

1647
会計と経営の七〇〇年史
――五つの発明による興奮と狂乱
田中靖浩
簿記、株式会社、証券取引所、利益計算、情報公開。今やビジネスに欠かせない仕組みが誕生した瞬間を、見てきたように語ります。世界初、会計講談！

1740
資本主義は私たちをなぜ幸せにしないのか
ナンシー・フレイザー
江口泰子訳
資本主義は私たちの生存基盤を食い物にすることで肥大化する矛盾に満ちたシステムである。世界的政治学者がそのメカニズムを根源から批判する。（解説・白井聡）

1779
高校生のための経済学入門【新版】
小塩隆士
全体像を一気につかむ、最強の入門書を完全アップデート！ 金融政策の変遷、世界経済を増補し、キーワード索引でより便利に。ビジネスパーソンの学び直しにも！

1791
経済学の思考軸
――効率か公平かのジレンマ
小塩隆士
経済学はどのような〝ものの考え方〟をするのか、２つの評価軸をもとに原理原則から交通整理する。市場、格差、経済成長……ソボクな誤解や疑いを解きほぐす。

1823
バブルと資本主義が日本をつぶす
――人口減と貧困の資本論
大西広
株価の乱高下、不動産高騰と地方衰退。近代英国労働者のような低賃金と貧富の差。労働力不足と未曾有の人口減少。令和バブル崩壊で露呈する資本主義の限界とは。

ちくま新書

935 ソ連史　松戸清裕
二〇世紀に巨大な存在感を持ったソ連。「冷戦の敗者」「全体主義国家」の印象で語られがちなこの国の内実を丁寧にたどり、歴史の中での冷静な位置づけを試みる。

994 やりなおし高校世界史 ——考えるための入試問題8問　津野田興一
世界史は暗記科目なんかじゃない！ 大学入試を手掛かりに、自分の頭で歴史を読み解けば、現在とのつながりが見えてくる。高校時代、世界史が苦手だった人、必読。

1019 近代中国史　岡本隆司
中国とは何か？ その原理を解く鍵は、近代史に隠されている。グローバル経済の奔流が渦巻きはじめた時代から、激動の歴史を構造的にとらえなおす。

1080 「反日」中国の文明史　平野聡
文明への誇り、日本という脅威、社会主義と改革開放、矛盾した主張と強硬な姿勢……。驕る大国の本質を悠久の歴史に探り、問題のありかと日本の指針を示す。

1082 第一次世界大戦　木村靖二
第一次世界大戦こそは、国際体制の変化、女性の社会進出、福祉国家化などをもたらした現代史の画期である。戦史的経過と社会的変遷の両面からたどる入門書。

1147 ヨーロッパ覇権史　玉木俊明
オランダ、ポルトガル、イギリスなど近代ヨーロッパ諸国の台頭は、世界を一変させた。本書は、軍事革命、大西洋貿易、アジア進出など、その拡大の歴史を追う。

1177 カストロとフランコ ——冷戦期外交の舞台裏　細田晴子
キューバ社会主義革命の英雄と、スペイン反革命の指導者。二人の「独裁者」の密かなつながりとは何か。未開拓の外交史料を駆使して冷戦下の国際政治の真相に迫る。

ちくま新書

1206 銀の世界史 祝田秀全

世界中を駆け巡った銀は、近代工業社会を生み世界経済の一体化を導いた。銀を読みといて、コロンブスから産業革命、日清戦争まで、世界史をわしづかみにする。

1278 フランス現代史 隠された記憶 ――戦争のタブーを追跡する 宮川裕章

第一次大戦の遺体や不発弾処理で住めない村。第二次大戦の対独協力の記憶。見捨てられたアルジェリアのフランス兵アルキ……。等身大の悩めるフランスを活写。

1287-1 人類5000年史Ⅰ ――紀元前の世界 出口治明

人類五〇〇〇年の歩みを通読する、新シリーズの第一巻、ついに刊行! 文字の誕生から知の爆発の時代まで紀元前三〇〇〇年の歴史をダイナミックに見通す。

1287-2 人類5000年史Ⅱ ――紀元元年〜1000年 出口治明

人類史を一気に見通すシリーズの第二巻。漢とローマ二大帝国の衰退、世界三大宗教の誕生、陸と海のシルクロード時代の幕開け等、激動の一〇〇〇年が展開される。

1287-3 人類5000年史Ⅲ ――1001年〜1500年 出口治明

十字軍の遠征、宋とモンゴル帝国の繁栄など人や物の交流が盛んになるが、気候不順、ペスト流行にも見舞われる。ルネサンスも勃興し、人類は激動の時代を迎える。

1287-4 人類5000年史Ⅳ ――1501年〜1700年 出口治明

征服者が海を越え、銀による交易制度が確立、大洋を舞台とするグローバル経済が芽吹いた。大帝国繁栄の傍らで、宗教改革と血脈の王政が荒れ狂う危機の時代へ。

1287-5 人類5000年史Ⅴ ――1701年〜1900年 出口治明

人類の運命が変わった二〇〇年間――市民革命、市民戦争が世界を翻弄、産業革命で工業生産の扉が開かれた。ついに国民国家が誕生し覇権を競い合う近現代の乱世へ!

ちくま新書

1287-6
人類5000年史Ⅵ
――1901年～2050年
出口治明
ビジネス教養としての「現代史」決定版！ 戦争、経済構造、宗教、地政学……「世界がどう動いてきたか」がわかる。歴史を一望する大人気シリーズ、ついに完結！

1295
集中講義！ ギリシア・ローマ
桜井万里子
本村凌二
古代、大いなる発展を遂げたギリシアとローマ。これらの歴史を見比べると、世界史における政治、思想、文化の原点が見えてくる。学びなおしにも最適な一冊。

1335
ヨーロッパ 繁栄の19世紀史
――消費社会・植民地・グローバリゼーション
玉木俊明
第一次世界大戦前のヨーロッパは、イギリスを中心に空前の繁栄を誇っていた。奴隷制、産業革命、蒸気船や電信の発達……その栄華の裏にあるメカニズムに迫る。

1342
世界史序説
――アジア史から一望する
岡本隆司
ユーラシア全域と海洋世界を視野にいれ、古代から現代までを一望。西洋中心的な歴史観を覆し、「世界史の構造」を大胆かつ明快に語る。あらたな通史、ここに誕生！

1347
太平洋戦争 日本語諜報戦
――言語官の活躍と試練
武田珂代子
太平洋戦争で活躍した連合国軍の言語官。収容所から集められた日系二世の葛藤、養成の違いに見る米英豪加の各国軍事情……。語学兵の実像と諜報戦の舞台裏。

1377
ヨーロッパ近代史
君塚直隆
なぜヨーロッパは世界を席巻することができたのか。「宗教と科学の相剋」という視点から、ルネサンスに始まり第一次世界大戦に終わる激動の五〇〇年を一望する。

1400
ヨーロッパ現代史
松尾秀哉
第二次大戦後の和解の時代が終焉し、大国の時代が復活し、危機にあるヨーロッパ。その現代史の全貌を、国際関係のみならず各国の内政との関わりからも描き出す。

ちくま新書

1539
アメリカ黒人史
――奴隷制からBLMまで
ジェームス・M・バーダマン
森本豊富訳
奴隷制の始まりからブラック・ライヴズ・マターが再燃する今日まで、人種差別はなくなっていない。アメリカ黒人の歴史をまとめた名著を改題・大改訂して刊行。

1543
駒形丸事件
――インド太平洋世界とイギリス帝国
秋田茂
細川道久
一九一四年にアジア太平洋で起きた悲劇「駒形丸事件」。あまり知られていないこの事件を通して、ミクロな地域史からグローバルな世界史までを総合的に展望する。

1546
内モンゴル紛争
――危機の民族地政学
楊海英
なぜいま中国政府は内モンゴルで中国語を押しつけようとしているのか。民族地政学という新視点から、モンゴル人の歴史上の問題を読み解き現在の紛争を解説する。

1550
ヨーロッパ冷戦史
山本健
ヨーロッパはなぜ東西陣営に分断され、緊張緩和の後は一挙に統合へと向かったのか。経済、軍事的側面にも注目しつつ、最新研究に基づき国際政治力学を分析する。

1636
ものがたり戦後史
――「歴史総合」入門講義
富田武
既成の教科書にはない歴史研究の最新知見を盛り込みつつ、日本史と世界史を融合。二〇二二年四月から高校で始まる新科目「歴史総合」を学ぶための最良の参考書。

1653
海の東南アジア史
――港市・女性・外来者
弘末雅士
ヨーロッパ、中国、日本などから人々が来訪し、交易や植民地支配を行った東南アジア海域。女性や華人などを通して東西世界がつながった、その近現代史を紹介。

1655
ルネサンス 情報革命の時代
桑木野幸司
新大陸やアジア諸国から流入する珍花奇葉、珍獣奇鳥、玄怪な工芸品……。発見につぐ発見、揺らぐ伝統的な知。この情報大洪水に立ち向かう挑戦が幕を開けた!

ちくま新書

1694
ソ連核開発全史
市川浩
史上最大の水爆実験から最悪の原発事故、原発大国ウクライナの背景まで。危険や困惑を深めながら推し進められたソ連の原子力計画の実態に迫る、かつてない通史。

1707
反戦と西洋美術
岡田温司
戦争とその表象という古くて新しい議論。17世紀から現代に至る「反戦」のイメージを手がかりに、その倫理的、あるいは政治的な役割について捉え直す。

1744
病が分断するアメリカ
——公衆衛生と「自由」のジレンマ
平体由美
なぜアメリカは、コロナ禍で世界最悪の死者数となったのか？ 20世紀初頭以来の公衆衛生史を繙きつつ、収入・居住地域・人種などで分断された現状を探る。

1771
古代中国王朝史の誕生
——歴史はどう記述されてきたか
佐藤信弥
文字、木簡などの記録メディア、年号などの興りとは。古代中国人の歴史記述への執念、歴史観の萌芽。それらが司馬遷『史記』へと結実する。歴史の誕生をたどる。

1795
パリ 華の都の物語
池上英洋
ルーヴル美術館、凱旋門、ステンドグラスの教会、王たちが眠る墓……街に刻まれている時間を歩こう！ カラー図版とともに読んで旅するパリの歴史と文化と美。

1800
アッシリア 人類最古の帝国
山田重郎
アッシリアはいかにして西アジアを統一する世界最古の帝国となりえたか。都市国家アッシュルの誕生から、帝国の絶頂期、そして謎に満ちた滅亡までを一望する。

1805
沈黙の中世史
——感情史から見るヨーロッパ
後藤里菜
中世は、「暗黒の時代」ではない——。新進の中世史家が、祈る人、戦う人、働く人、そして沈黙を破る人たちの声をたどる。